Ritmo e Dinâmica
no Espetáculo Teatral

Coleção Estudos
Dirigida por J. Guinsburg

Equipe de realização – Edição de texto: Tania Mano Maeta; Revisão: Luiz Henrique Soares; Sobrecapa: Sergio Kon; Produção: Ricardo W. Neves, Sergio Kon, Raquel Fernandes Abranches, Luiz Henrique Soares, Elen Durando e Mariana Munhoz

Jacyan Castilho

RITMO E DINÂMICA
NO ESPETÁCULO TEATRAL

CIP-Brasil – Catalogação na Publicação
Sindicato Nacional dos Editores de Livros, RJ, Brasil

051r

Castilho, Jacyan
    Ritmo e dinâmica no espetáculo teatral / Jacyan Castilho.
– 1. ed. – São Paulo: Perspectiva ; Salvador, BA : PPGAC/UFBA,
2013.
    248 p. ; 23 cm.   (Estudos ; 320)

    Inclui bibliografia
    ISBN 978-85-273-0996-7

    1. Teatro brasileiro (Literatura). I. Universidade Federal da
Bahia. II. Título. III. Série.

13-07854

CDD: 869.92
CDU: 821.134.3(81)-2

10/12/201311/12/2013

Direitos reservados em língua portuguesa à
EDITORA PERSPECTIVA S.A.

Av. Brigadeiro Luís Antônio, 3025
01401-000 São Paulo SP Brasil
Telefax: (011) 3885-8388
www.editoraperspectiva.com.br

2013

Sumário

Agradecimentos. XIII

Prefácio – *Antonia Pereira Bezerra* xv

1. MÚSICA, MUSICALIDADE E ARTES DO
ESPETÁCULO. 1

    Elementos e Propriedades Musicais. 6
    Da Música Para Todas as Artes. 11
    Música e Musicalidade. 13
    Daí Para as Artes do Espetáculo... 14
    Possíveis Respostas... 16

2. RITMO E DINÂMICA NA MÚSICA 21

    Vamos à Etimologia 21
    Aquilo Que Flui ou Aquilo Que Estanca?. 22
    As Fontes do Ritmo 24
    O Tempo Que o Tempo Tem. 26
    Quem Ainda Pulsa 27
    Dinâmica 30

Acento. 32

O Ritmo Como Articulador 34

Harmonia: Da Música ao Drama 36

3. EM VERSO E PROSA: COMO BATE O RITMO
   NO TEXTO DRAMÁTICO. 43

Em Verso e Prosa 43

A Ver o Verso. 48

Na Cadência do Drama: O Verso na Tragédia . . . 53

Uma Leitura de *Agamêmnon*. 57

Shakespeare 60

Esticomitia: O Duelo Verbal 68

Discurso Prosaico 73

Nelson Rodrigues 79

A Implosão do Drama 84

4. RITMO E DINÂMICA NA ENCENAÇÃO 93

O Tempo da Encenação 93

Como Passam as Horas Para Quem Assiste 97

Como Fazer Voarem as Horas. 102

Linear *Versus* Descontínuo 104

Ritmo e Dinâmica na Encenação "Linear" 106

Ritmo e Dinâmica no Trabalho Com
Fragmentos: Colagem, Montagem 115

O Exemplo de Brecht: Uma Peça É Feita…
   de Partes!. 123

Uma Visão de *Mãe Coragem* 127

5. POLIFONIA, CONTRAPONTO, MEIERHOLD
   E O GROTESCO 135

Polifonia nas Artes do Espetáculo 135

Contraponto. 137

Meierhold. 139

Aproximação e Ruptura Com o Teatro de Arte
   de Moscou. 141

Demais Fontes de um Teatro de Convenção.... 144

Ainda as Fontes: Appia e Dalcroze............ 147

Tirar o Acaso da Arte........................ 151

A Música Como Rigor....................... 153

O Drama Musical 156

Bubus: O Tempodrama...................... 160

O Inspetor Geral: Composição Polifônica 163

Encenação-Sinfonia 168

Montagem de Fragmentos................... 172

O Grotesco................................ 175

O Jogo Musical na Forma Teatral............. 178

6. O ATOR QUE PULSA NO RITMO.............. 185

O Ator Múltiplo........................... 185

O Tempo-Ritmo de Stanislávski.............. 187

Ritmo = Emoção?.......................... 190

Tempo-Ritmo Interno *Versus* Tempo-Ritmo
Externo 194

Laban e o Tempo da Decisão................. 196

Ritmo-Espaço 197

Ritmo-Peso 198

Ritmo-Tempo 200

O Fraseado Expressivo e o Acento 201

7. DE PARTITURAS E PAUSAS.................. 205

O Ator Como Escultor..................... 208

O Som e o Silêncio 210

Pausas-em-Vida: Freando os Ritmos.......... 211

O *Sats* 214

Pausas Psicológicas: O Subtexto 216

O Vazio Impossível........................ 218

(Última Breve Digressão)................... 221

Referências.. 223

*Para Edson e Júlio,
companheiros de viagem,
marinheiros que encaram qualquer
bom ou mau tempo.*

Agradecimentos

Como em tantos outros livros cuja origem tenha sido uma tese de doutorado ou dissertação de mestrado, este é fruto de um só autor, porém com muitos colaboradores – aos quais eu gostaria de agradecer. A pesquisa acadêmica que lhe deu origem aconteceu no âmbito do Programa de Pós-Graduação em Artes Cênicas da Universidade Federal da Bahia (PPGAC-UFBA), ao qual agradeço todo o apoio na pesquisa e na edição do livro. Também a seus professores, meus colegas das escolas de teatro e dança da UFBA, o meu obrigado pelo diálogo e parceria.

Aproveito o ensejo para agradecer a todos os que fazem da Escola de Teatro (ETUFBA) um polo de investigação e criação: alunos, professores, técnicos e funcionários.

Uma vez que ninguém cumpre sua trajetória sozinho, eu gostaria de prestar homenagens a mestres que têm dedicado suas vidas a formar profissionais, indicando caminhos e apontando olhares, por vezes, alternativos, que fazem toda diferença: Ewald Hackler (BA), Angel Vianna e Eládio Perez--Gonzalez (RJ), os quais em suas inteireza e generosidade me abriram portas insuspeitadas.

E, por último, mas nunca menos importante, lanço um olhar de gratidão aos que vêm amorosamente sustentando comigo a viagem acadêmica, científica e artística, ao longo de já quase trinta anos: meus alunos, colegas de palco e de salas de aula, professores das mais variadas instituições, técnicos e funcionários dos mais variados teatros em todos os rincões do Brasil, empresas e instituições públicas e privadas que, em algum momento, investiram em nossos sonhos, sob forma de apoios, prêmios e patrocínios.

E, para minha família, meus parceiros de trabalho e meus amigos de todas as épocas, o meu maior amor.

Prefácio

Muito se falou e se escreveu sobre música e cena, sobre dramaticidade e ritmo. Pouquíssimo se discorreu, entretanto, sobre a questão do ritmo e seu impacto na dinâmica do espetáculo teatral. A arte do teatro é intersemiótica por natureza. Tão antiga quanto o homem, a noção de representação teatral está vinculada a rituais que envolvem sem pudor nem medida todas as possibilidades de expressão (musicais, visuais e sinestésicas). Interdisciplinar por excelência, o teatro serve-se tanto da palavra como de códigos vários, construídos a partir do gesto e da voz, responsáveis não só pela *performance* do espetáculo como também pela linguagem.

O aspecto singular da investigação da professora, atriz e pesquisadora Jacyan Castilho – antes de tudo, operária da cena teatral – reside em uma vitoriosa reflexão sobre a composição da cena a partir de seus elementos, sons, intensidades, intervalos, modos, tons de transposição. O desejo de conferir ritmo à cena é apenas um pretexto para presentear o leitor com uma reflexão pedagógica e artística – pois que expressa em linguagem refinada e poética que nada tem de manual, nem de enfadonhamente didática. Na trajetória da autora, o amor pela música conduz e consolida uma prática pedagógica voltada para a interpretação teatral, configurando-se – por que não dizer? – em uma espécie de militância em favor da inserção de elementos musicais na cena, na mais ampla acepção desse termo, incluindo até mesmo "a cena com música vocal ou instrumental".

Os conceitos de melodia e harmonia, indissociáveis da noção de ritmo, servem, nesta obra, à reflexão sobre "a questão da musicalidade no espetáculo cênico", a qual, na concepção da autora, não tem recebido, no teatro ocidental, a devida e merecida atenção, ficando relegada a segundo plano. Lacuna que, pelo menos no plano teórico, a presente investigação vem preencher! O resultado desse percurso reflexivo constitui um verdadeiro legado sobre a habilidade de conduzir bem uma composição cênica e enfatiza a ideia do relacionamento entre teatro e música como agentes de um fenômeno de refinada construção. Dialogando com clássicos e autores da contemporaneidade, Gógol, Shakespeare, Brecht, Meierhold, Appia, Nelson Rodrigues, entre outros, a pesquisadora delineia uma acepção de musicalidade como elemento dialógico privilegiado da cena teatral, pois que interage com os movimentos do ator, contracena com a luz, com o espaço em todas as suas dimensões.

Na atualidade já não é muito aconselhável falar de método ou de perspectivas metodológicas. Não obstante, ancorada em uma prática e em uma admirável capacidade de problematização, Jacyan Castilho aponta perspectivas de exercício e possibilidades de composição da cena. Sem desconsiderar a dimensão intuitiva, a reflexão é adensada ao se arrolar com leveza definições e conceitos oriundos do ensino musical, da psicologia da música e de disciplinas como a semiologia e pedagogia teatral, dentre as mais importantes.

O intuito consiste na organização de um conjunto de conceitos, ideias, aportes e funções dos elementos musicais no contexto da composição do espetáculo teatral, relacionando-os com as diversas questões enfrentadas pelo e no processo de criação. A discussão sobre a musicalidade do teatro, ao apontar pistas de elaboração de estratégias eficazes para a composição cênica, configura-se, ainda, como uma excelente contribuição aos encenadores, outra faceta do ofício teatral que a autora desempenha com mestria.

Antonia Pereira Bezerra
Professora da Escola de Teatro da UFBA, pesquisadora do CNPq
e coordenadora de artes/música na Capes

1. Música, Musicalidade e Artes do Espetáculo

Sala de ensaio, noite.

Cena primeira: atores que ensaiam um espetáculo de teatro realizam, perante o diretor e outros membros da equipe, um ensaio "corrido", que no jargão teatral significa um ensaio do início ao fim do espetáculo, sem interrupções para ajustes das cenas. Ao final, o diretor diz, estalando rapidamente os dedos da mão direita: "Falta ritmo. Vamos repetir, com mais ritmo."

Cena segunda: o mesmo, ou outro, diretor teatral, ainda em meio ao processo de montagem, constata que as cenas, já esboçadas espacialmente, ainda não se desenrolam de forma fluente, contínua. O esboço da peça, como uma totalidade, está alinhavado, mas algo parece estancar "entre" as cenas, como se a ligação entre elas não fosse fluida, natural, orgânica, e sim forçada. A peça dá a impressão de transcorrer "aos solavancos" (alguém que já tenha ensaiado um espetáculo teatral sabe a que sensação me refiro). O diretor conclui, para si mesmo ou para o assistente de direção: "Ainda não tem ritmo."

Cena terceira: o diretor (quiçá o mesmo) instrui seus atores, empenhados na composição de suas partituras corporais (sequências de ações psicofísicas que delineiam o percurso da personagem ou actante) a "variarem o ritmo" de suas ações, fazendo-as ora mais rápidas, ora mais lentas. Talvez ele se lembre de pedir-lhes que acrescentem pausas.

Cena última: o crítico teatral escreve, em seu reduzido espaço midiático, ou em artigo publicado em uma coletânea sobre teatro brasileiro: "o espetáculo carece de um ritmo mais dinâmico, caindo num tom monocórdio e arrastado, o que acaba cansando o espectador".

Todas as semelhanças das cenas citadas – fictícias (?) – com a rotina dos palcos não é mera coincidência. Todas ilustram o fato de que o ritmo, esse construtor de sentido, esse criador de *poiesis,* esse articulador do movimento e, para encerrar por enquanto, esse elemento semântico da composição do texto/tecido espetacular, seja de tão difícil definição: todos o desejam, mas poucos se dedicam a tomá-lo como objeto de estudo, com fins estéticos ou analíticos. Todos o intuem, satisfeitos com o fato de que o ritmo, intrínseco ao espetáculo, pode ser apreendido pela percepção sensorial; satisfeitos, portanto, com o fato de que podemos *sentir* o ritmo. E, de alguma forma, sabedores de que o ritmo, perceptível em nível cinético, provoca efeitos fisiológicos e até cognitivos tão imediatos e espontâneos (desde alteração na pulsação sanguínea e na contração muscular até alteração da consciência e dos níveis de atenção), que quase se torna dispensável que nos dediquemos a analisá-lo, a pensá-lo como signo constituinte do discurso. Por tantos equívocos, e por tanta potencialidade contida na noção de ritmo – como fator estruturante da musicalidade na obra cênica, como nas artes plásticas, na literatura e, é claro, na música –, proponho-me a levantar possíveis noções e apropriações desse conceito nas artes cênicas, mais precisamente no que denominarei teatro (excluindo a dança e a performance, aqui entendidas como categorias, de meu campo de interesse neste trabalho). É claro que esse interesse vem em decorrência de um amor pela música, e de uma curiosidade, surgida principalmente nos últimos anos de minha carreira artística, pelas relações da música com o teatro. Mas ele vem principalmente da prática pedagógica e da prática no campo da interpretação – sou professora e atriz –, nas quais costumo abordar certos aspectos musicais da cena. De toda e qualquer cena, diga-se de passagem, e não apenas daquela que conta com música vocal ou instrumental. Assim, as inquietações surgidas da práxis infiltraram-se no campo da pesquisa, para tentar construir, através da interlocução com outros artistas, pedagogos, pesquisadores e críticos, uma teia de pressupostos a partir dos conceitos musicais que não só estão presentes como verdadeiramente estruturam a poesia, justamente porque lhe conferem musicalidade: os elementos que compõem a música e as chamadas "propriedades do som".

É comum se ouvir, a respeito de um espetáculo teatral, que ele possui alto senso de musicalidade. Nem sempre se quer dizer com isso que ele apresenta canções, nem mesmo que conte com trilha sonora musical (embora, às vezes, seja esse o caso). Muitas vezes essa qualidade – no sentido de característica – é atribuída – no sentido de um elogio – ao espetáculo que se faz perceber, pelo espectador, como harmonioso, seja em sua duração, seja na adequação de seus elementos. Nesse caso, um espetáculo harmonioso é o que não deixa o espectador perceber o tempo passar. Isto é, a percepção temporal da plateia é induzida, pelo prazer da fruição, a entender como *curta* uma experiência que é gratificante. Ao contrário, espetáculos tediosos seriam os que causam a impressão de nunca acabar, ou de durar "além do necessário" – quando, aos olhos do espectador, ele já teria completado sua mensagem. (É famosa a anedota relatada pelo cenógrafo e diretor teatral Ewald Hackler sobre um lendário crítico teatral da Viena dos anos de 1920-1930, Alfred Polgar, que disse certa vez a respeito de um espetáculo, com a acidez que lhe era peculiar: "O espetáculo começou às 20h00. Depois de duas longas horas olhei no meu relógio: eram 20h10.")

Um espetáculo harmonioso poderia ser também o que concatena de tal forma (prazerosa) suas partes constitutivas (interpretação, texto, cenário etc.) que dá a impressão de que elas estão todas "em seus devidos lugares", em uma justa proporção, contribuindo para a construção de uma obra que, em sua totalidade, soa íntegra e adequada. Aristóteles, conforme será visto mais adiante, foi, talvez, o primeiro a reconhecer, em uma passagem deveras pouco comentada de sua *Poética* (no capítulo VII), que a beleza depende da proporcionalidade e da ordem da obra artística. Essa "justa forma" ganha, com frequência, a associação com uma sinfonia musical. Na composição musical, a harmonia é a combinação vertical dos desenhos de cada voz ou instrumento – no nosso caso, por analogia, ela poderia ser a combinação dos elementos que compõem a cena. Por isso se diz que um bom espetáculo "soa como música" – tal como o senso comum diz de um bom time de futebol, entrosado e com boas jogadas ensaiadas, que ele "joga por música".

É interessante notar que, em ambos os casos, a percepção da musicalidade é atribuída ao receptor, no sentido em que ela, a musicalidade, é considerada um atributo perceptível em maior ou menor grau, a depender da sensação de conforto ou desconforto do espectador. Talvez por estar tão intrinsecamente ligada a uma percepção sensório-emotiva, a questão da musicalidade no espetáculo cênico – sua definição, análise e os procedimentos para criá-la – tenha ficado, ao longo da história no teatro ocidental, relegada ao segundo plano. O fato é que não há muita literatura crítica a respeito, nem de análise nem de demonstração de exemplos, mesmo no campo da recepção teatral. Porém, é bom ter em mente que essa suposta despreocupação em analisar um fenômeno que é reconhecível intuitivamente está deveras ligada a certa tradição na abordagem da história do teatro e das estéticas teatrais – uma tradição que privilegia os sentidos da obra, em uma tentativa de apreensão semântica desta, em detrimento do estudo de suas formas, de seus procedimentos metodológicos de criação e da construção de sua sintaxe. "A especulação teórica em torno das grandes formas dramáticas sempre foi empanada, pela ênfase no tema ou atmosfera, em detrimento do específico 'ritmo' organizador de cada uma", concorda o teórico Marvin Carlson[1]. Essa ênfase no tema, ou atmosfera, configura uma tendência de se especular sobre o drama ocidental colocando em segundo plano sua estrutura formal, sua organização interna, seus modos de articulação, tanto no texto dramático como no texto espetacular. Nessa visão do teatro, torna-se mais premente a busca por seus sentidos – os temas, assuntos, relações morais entre personagens, aspectos sociológicos.

Entrementes, a musicalidade, entendida como uma construção dinâmica dos signos plásticos e sonoros do espetáculo, remete-nos àquele componente do fenômeno teatral que pertence ao domínio do imponderável, aquele que ninguém

---

1   *Teorias do Teatro*, p. 420.

consegue explicar, embora todos busquem seu segredo: o que faz de um espetáculo uma verdadeira sinfonia. O que nos leva a reconhecer, em determinado encenador ou ator, o domínio do *timing* certo, um determinado senso rítmico apurado. É o segredo conversado nas cantinas e restaurantes, após cada estreia, em todas as partes do mundo; é o quebra-cabeça dos críticos especializados, que tentam traduzir o intraduzível, definir o indefinível: por que um espetáculo "soa", "ressoa", provoca ressonâncias (afetivas) em quem o assiste, e em outro simplesmente... não.

Redobraram-se os esforços, compreensivelmente, para cartografar esse "fator imponderável" nos últimos anos, em que os estudos teatrais, notadamente os estudos sobre a performance do ator, começaram a traçar pistas de investigação sobre o que antes era do domínio da intuição. A partir do momento em que na contemporaneidade a encenação passou a ser vista como uma teia, resultante da urdidura de várias "partituras" concomitantes (do texto, do ator, do encenador, dos elementos cenográficos, musicais etc.), foram ampliados os campos de estudo da organização de cada uma dessas partituras. Ainda assim, elementos de difícil apreensão, como a plasticidade ou a musicalidade de um espetáculo – pertencentes ao universo léxico do espetáculo, estruturados não pelo tema ou mensagem ("o quê" se quer dizer), mas por "como" se diz –, permanecem ainda à mercê apenas daquela sensibilidade praticamente intuitiva que foi comentada no início. Merecem uma tentativa, não diria de sistematização – por considerar infrutífera e pouco razoável essa intenção –, mas de aprofundamento das atenções sobre eles, porque assim ajudam o artista-pesquisador a passar do campo intuitivo para o volitivo. Afinal, como poeticamente concorda Eugenio Barba:

dar um nome aos sabores, às experiências dos atores, às percepções dos espectadores [...] é a premissa para saltar de uma situação na qual estamos imersos e que nos domina a uma verdadeira experiência, ou seja, a algo que somos capazes de analisar, de desenvolver conscientemente e transmitir. É o salto do experimentar ao ter experiência[2].

---

2   *A Canoa de Papel*, p. 97.

Apoiando-me, assim, nos pressupostos musicais que, em uma ousadia metodológica, e sob o viés de um pensamento interdisciplinar, eu penso serem passíveis de serem deslocados do fenômeno sonoro para o fenômeno visual e para o cinético, afirmo que esses pressupostos são os estruturantes também daquilo que se convencionou chamar de musicalidade na cena. Com a espinhosa tarefa de delimitar uma noção que é tão subjetiva, elejo os conceitos de dinâmica e, principalmente, ritmo, para problematizá-los em seu deslocamento para o campo das artes espaço-temporais.

Elementos e Propriedades Musicais

Os dicionários classificam música tanto como "arte e ciência de combinar os sons de modo agradável ao ouvido" como "qualquer composição musical", ou mesmo "qualquer conjunto de sons" – todas essas definições são do *Novo Dicionário* de Aurélio Buarque de Holanda Ferreira, na edição de 1986. A escolha do dicionário não foi aleatória: o "Aurélio" sintetiza pelo menos uma dúzia de definições colhidas, inclusive em dicionários de música, que costumam oscilar entre conceituar a música como um conjunto "agradável" de sons ou simplesmente um conjunto de sons qualquer, soe ele agradável ou não a seu ouvinte. Todas, entretanto, reforçam, em maior ou menor grau, a noção de que se trata de um conjunto de sons, agrupados de forma combinada, segundo alguma lógica interna – a lógica da composição. Vamos, então, sintetizar para o nosso entendimento o conceito de música como uma combinação de sons, ou, antes, um agrupamento de sons combinados; isso me parece suficiente por enquanto.

A princípio, lembro aos que não têm qualquer conhecimento de teoria musical que usualmente são reconhecidos três elementos que, juntos, constituem "música": a *melodia*, que vem a ser uma combinação de sons consecutivos, ou sucessivos, por exemplo, uma escala musical; a *harmonia*, que seria tanto a combinação de sons simultâneos para produzir acordes como a utilização sucessiva de progressões de acordes; e o *ritmo*, que se refere à ordenação dos sons no tempo (considerando tanto

MÚSICA, MUSICALIDADE E ARTES DO ESPETÁCULO

sua duração como a articulação do tempo entre os sons, as pausas)[3]. Ora, um rápido olhar sobre as definições dos dois primeiros elementos já nos traz a impressão de que se referem também à ordenação dos sons no tempo, uma vez que remetem às noções de diacronia e sincronia. *The New Grove Dictionary of Music and Musicians*, uma "bíblia" para os musicólogos, afirma que o relacionamento entre os três é intrínseco:

> Ao lado da melodia e da harmonia, o ritmo é um dos três elementos básicos da música; entretanto, uma vez que melodia e harmonia contribuem, ambas, para a organização rítmica da obra, e já que nenhuma das duas pode ser ativada sem o ritmo, os três devem ser considerados como processos inseparavelmente interligados.[4]

A questão que importa, neste momento, é que a complexidade de relações entre melodia, harmonia e ritmo gera muitas possibilidades criativas de relacionamento entre as diferentes "vozes" (compreendendo que "vozes" podem ser partes, linhas melódicas ou instrumentos), o que produz diferentes texturas musicais. Esses modos de relacionamento mudam não só em função do gosto do autor, mas também de seu contexto histórico. Pensemos que a obra musical pode, *grosso modo*, estar estruturada das seguintes maneiras: 1. de forma uníssona (monofônica), na qual apenas uma "voz" se faz ouvir; 2. de maneira homofônica, quando diversas vozes são entrelaçadas em harmonia, mas ainda se pode reconhecer uma melodia principal, que permanece identificável por toda a obra em meio a esse acompanhamento[5]. Em uma relação homofônica, o acompanhamento pode colaborar para realçar a melodia principal, ou pode contradizer aquilo que ela sugere. No último caso, são criados efeitos surpreendentes, por vezes com a criação de tensões que, a critério do compositor, podem permanecer irresolvidas. (Não é difícil, já neste momento, pensar nas tradicionais relações de tensão entre personagens protagonistas, antagonistas e coadjuvantes, em torno das quais se

---

3   B. Med, *Teoria da Música*; S. Sadie (org.), *Dicionário Grove de Música*.
4   S. Sadie, op. cit., p. 805, tradução nossa, aqui e em todas as citações de obras estrangeiras, quando não informado diferentemente.
5   Monofonia = voz única. Homofonia = vozes compatíveis; cf. S. Sadie, op. cit., p. 733.

desenvolve o "conflito" principal, responsável pela unidade de ação nos enredos clássicos.)

Por fim, quando várias vozes são ouvidas em igual nível de importância, tem-se a polifonia. Nela, o compositor experimenta como as linhas melódicas se relacionam consigo mesmas. Então, as várias linhas são como que "trançadas", elaboradas em um entrelaçamento. Na verdade, a polifonia soa muito mais como várias conversações paralelas acontecendo ao mesmo tempo. Sua leitura é "horizontal", pois consiste na compreensão das várias linhas discursivas, que se relacionam em uma disputa entre si. Na maioria das utilizações modernas, a polifonia não se distingue do contraponto (*contra punctum,* "contra a nota"), que é o procedimento de se acrescentar uma parte à(s) outra(s) preexistente(s). Quando há distinção entre os termos, aplica-se mais à denominação em períodos históricos específicos: a polifonia é usada em referência ao final da Idade Média e da Renascença; o contraponto, em relação ao barroco, do qual as fugas de Bach são o exemplo mais notório.

Importantíssimo historicamente, porque tem sido o lastro de toda a música "construtivista" do barroco até hoje, o princípio da polifonia nos remete, por exemplo, ao que de mais inovador tem sido feito em teatro e cinema, inclusive em nossos dias. A opção por pulverizar a narrativa em vertentes paralelas, concomitantes ou consecutivas ou, ao contrário, por privilegiar, à maneira homofônica, um discurso único, que na maior parte das vezes é um enredo, é opção decisiva para o caráter formal de toda obra. Mais à frente serão observadas como as preferências autorais (do dramaturgo ou do encenador) recaem em uma ou outra vertente. Um olhar especial será lançado sobre a utilização do contraponto como estrutura de composição cênica.

Melodia, harmonia e ritmo, "inseparavelmente interligados", definem, portanto, *como* os sons serão arranjados, de forma a compor um conjunto, um agrupamento. E esse *como* faz toda a diferença. Entre o ruído de um avião trilhando o céu e um acorde perfeito maior, não há diferença de valor estético, isto é, não há por que considerar que um evento é passível de se transformar em música, e o outro, não (pelo menos não para a música contemporânea, que trabalha com ruídos de qualquer espécie em sua composição). A diferença está em "como" o compositor coloca esses sons, articula-os em associação. A estruturação da obra musical depende, então, da habilidade do compositor em "jogar" com as propriedades do som, do ruído e do silêncio. Em "com-por", em pôr (colocar) junto. A maneira de fazê-lo, isto é, como colocar juntos elementos extraídos de uma vastíssima complexidade de possibilidades, é que se constitui, em última instância, na *poiesis* da música.

As próximas ferramentas de investigação desse tema serão aqueles fenômenos físicos que se convencionou chamar de propriedades do som. As propriedades sonoras são de tal maneira perceptíveis (poder-se-ia dizer quase tangíveis), que, uma vez reconhecidas, podem ser organizadas na composição criando os mais diversos fenômenos artísticos. Uma delas é a *altura do tom*, do mais grave ao mais agudo. A altura pode ser medida porque é resultante da frequência com que vibra a onda sonora, sendo, portanto, um fenômeno físico. Outra propriedade é o *timbre*, uma espécie de "impressão digital" do som – uma característica que diferencia um som de outro, que lhe dá uma "cor", ou qualidade, única, resultante das peculiaridades do instrumento que emite o som. Cada instrumento soa, então, diferente do outro, porque os sons de cada um são produzidos em ambientes diferentes e diferentes meios (mecânicos e/ou fisiológicos), fazendo ressoar, no corpo que gerou o som, combinações específicas de comprimentos de ondas. (Diga-se de passagem que, no tocante ao timbre, a voz humana é o mais versátil dos "instrumentos", pois, com treinamento adequado, ela pode ganhar grande variedade colorística.)

A *intensidade* refere-se à quantidade de energia usada na emissão do som, comumente dita a força com que um som é emitido, podendo resultar do pianíssimo, de extrema suavidade, ao mais forte. A gradação da intensidade é dada pela amplitude da onda sonora. Não raro a intensidade é entendida como volume. Entretanto, a emissão de um instrumento pode ser suave, isto é, de baixa intensidade, e, se este for amplificado, sua reprodução pode resultar em um alto volume para quem ouve. Por isso, o parâmetro é sempre o da emissão. A sucessão de intensidades diferentes criará o plano dinâmico da composição, ou simplesmente sua dinâmica.

Por fim, a *duração*, como o nome indica, diz respeito ao tempo em que se manifestam os sons – e o silêncio entre eles, as pausas. A sequência de uma série de durações – positivas ou negativas, caso sejam representadas por sons ou silêncios – dá origem ao ritmo e ao que se denomina plano agógico da obra. Tal plano comporta indicações de andamentos, traduzidas por termos que apontam dos andamentos mais vagarosos (*lento*, *largo*, *adágio*) aos mais velozes (*vivace*, *presto*, *prestissimo*); também são indicados os momentos de mudança nesse andamento (*accelerando*, *rallentando*, *ritardando*, *ritenuto* etc.).

Tomando essas definições de forma simples, uma problemática muito interessante já se apresenta, ao transpormos esses conceitos para o universo teatral. Acontece que o ritmo (para grande parte dos autores consultados) é constituído igualmente por valores de duração e por valores de intensidade. Isso significa aceitar que o ritmo comporta em sua natureza uma dinâmica, feita de variações de intensidades. Ora, esses valores de intensidade, vistos agora sob o âmbito da psicologia da música, são valores afetivos ou, antes, emocionais – não só se referem à quantidade de energia desprendida na execução física da obra como indicam a provável repercussão emocional que a execução causará no receptor. Em suma, estão atrelados a valores passionais. É só atentar para o fato de que, na partitura musical, as indicações de andamento não raro são substituídas ou acompanhadas por indicações de "caráter", "estilo" ou "expressão" – as que conferem "temperamento" à obra: *doloroso* (dolorosamente); *legato* (ligado); *staccato* (destacado, curto e seco); *tenuto* (sustentado); *dolce* (docemente); *marcato* (marcado); *mesto* (triste); *giocoso* (jocoso); *pesante* (pesadamente); *appassionato* (apaixonadamente); *agitato* (agitado); *maestoso*, *misterioso*, *energico* e muitos outros[6]. Todos, sem exceção, termos que poderiam ser aplicados à prática teatral.

Mas o que parece ser bem resolvido na música nem sempre o é no teatro. Associar a intensidade – força com que é emitida, por exemplo, uma fala – à intensidade emocional resulta em um equívoco (muito comum, aliás) no teatro – mesmo que pareça conceitualmente correto na teoria musical. Alguns atores

6   R. Bennett, *Elementos Básicos da Música.*

e encenadores entendem que um volume alto da voz, ou dos ruídos produzidos no palco (o que, no presente contexto, seria o mesmo que dizer uma grande intensidade sonora), resulta no que consideram uma grande intensidade emocional (o que eu prefiro chamar de "alta voltagem emocional"). Nesses casos, é comum abusar desnecessariamente de gritos ou barulheira, especialmente em cenas que carreguem a conotação de fúria ou tensão. Da mesma forma, a suavidade na emissão é associada à suavidade emotiva, fruto quiçá da doçura, da nostalgia, do devaneio... É claro que determinadas atitudes físicas repercutem, emocional e psiquicamente, em um sistema de afinidades corpóreo-afetivas, que o pensador da dança Rudolf Laban, por exemplo, mapeou em seu sistema de análise de movimentos, conforme pode ser conferido em seus estudos[7].

Em contrapartida, uma leva de artistas do palco tende a trabalhar com a observação de que as intensidades emocionais podem ser criadas, justamente, a partir da variação das durações das cenas e das falas, alguns deles chegando a se esmerar em produzir essa dinâmica a partir da manipulação dos contrastes entre silêncio e som. Podemos falar, até mesmo, de um "teatro de pausas", como o sugerido pelo dramaturgo Anton Tchéckov, ou, ainda, de um "teatro de acelerações", em que o ritmo alucinante é o mote da composição, como indica o texto *Jet de sang* (O Jato de Sangue), de Antonin Artaud.

Seja através das durações e das pausas, seja através das intensidades, o fato é que conferir uma dinâmica ao espetáculo implica, necessariamente, criar um jogo de contrastes em seus ritmos. O ritmo em si, como será visto mais adiante, não é dinâmico, mas suas variações sim. São elas que criam, na obra teatral (como na música), os efeitos de tensão → soltura, suspense → alívio.

Da Música Para Todas as Artes

No dizer de José Miguel Wisnik, os sons entram em diálogo e "exprimem" semelhanças e diferenças dentro da complexidade da onda sonora; é o diálogo dessas complexidades que engendra

---

7   Sobre estas afinidades, pode-se consultar J.C. Oliveira, *Arte do Movimento*.

as músicas[8]. Eu diria que esse diálogo não engendra só a música. Sob esse ponto de vista, toda forma artística só é possível a partir das desigualdades e inter-relações de seus componentes. Dessa forma podemos transpor as fronteiras entre os eventos sonoros e outros eventos sensorialmente perceptíveis, como os visuais e os cinéticos. Mesmo que consideremos, de maneira um tanto redutora, que a música é uma arte da dimensão do tempo (em poética oposição feita por Mário de Andrade às "artes do espaço"), certos conceitos nascidos em seu âmbito podem ser apropriados na tentativa de abarcar um pouco da complexidade das artes visuais ou artes do espaço. As propriedades do som podem ser constatadas e valorizadas na organização de toda obra estética, isto é, produzida pelo homem – posto que, na natureza, essas propriedades, embora presentes, não se encontram organizadas de forma intencional. Talvez seja preciso um maior poder de abstração para que reconheçamos, por exemplo, o timbre e a altura de um fenômeno visual, mas podemos facilmente pensar em termos de intensidades e duração em uma obra pictórica (a primeira nos remetendo à dinâmica do quadro, com sua paleta de gradações mais fortes ou mais suaves, tanto na cor como na luz; e a duração, na observação, por exemplo, da regularidade de ocorrências de um motivo). Tal metáfora, verdadeiro *tropos* que reconhece noções temporais em uma obra "espacial", é bastante recorrente, e indica, a meu ver, que espaço e tempo não podem ser tomados como conceitos estanques, nem separados.

Considerando o teatro como uma "obra composta", uma imbricação de várias linguagens, não seria tolice considerar que esses elementos constituem também a poética do texto verbal, do jogo do ator, dos movimentos físicos, da disposição e uso do cenário, do uso da iluminação – e, por que não, também da incidência da música na cena. Enfim, propriedades do som e elementos componentes da música são aqui pressupostos como organizadores da musicalidade de qualquer evento estético, inclusive e principalmente nas artes cênicas.

Para conferir essa hipótese, tentarei arquitetar, para nosso entendimento, uma definição plausível de musicalidade, posto que sobre ela tampouco parece haver unanimidade.

---

8   *O Som e o Sentido*, p. 26.

MÚSICA, MUSICALIDADE E ARTES DO ESPETÁCULO

Antes, cumpre um esclarecimento: quando se fala no uso da música em cena, a referência mais imediata que surge é a da ópera. A ópera – que leva a alcunha de *dramma per musica* – tem sido objeto de estudo dos pesquisadores de música e de teatro, tanto na perspectiva histórica das formas de relacionamento entre as duas artes como nos processos de composição de diferentes autores, músicos e libretistas. Dada a existência desse farto material, dispensar-me-ei de comentá-la neste livro. Aqui, reitero, pretendo discutir a musicalidade do teatro, não o teatro musical.

Música e Musicalidade

É interessante colher a definição de "música" de Michel Brenet, atribuída a santo Agostinho: "A música é a arte de 'bem mover' (subentendem-se os sons e os ritmos)."[9] Brenet considera que essa definição é a mais precisa acerca do conceito de música na Antiguidade. Ainda que, nos tempos modernos, tal definição tenha dado lugar a outras, podemos pensar se ela não nos serve para delimitar o que seria esse aspecto musical de uma obra de arte. Sim, pois jamais lograremos êxito em recolher, dos dicionários ou das discussões dos musicólogos, uma definição consensualmente aceita, até porque o termo tem sido objeto de discussão no campo da cognição em música, que problematiza o entendimento que o senso comum atribui a termos como musicalidade, capacidade musical, habilidade musical etc.

Partamos, então, dessa definição – "a arte de bem mover" – para arquitetar a hipótese de que a musicalidade seja a principal habilidade de compor uma obra artística, na medida em que é a habilidade de "mover", isto é, selecionar e organizar as partes que lhe são inerentes. O artista "com-põe", ele "põe junto". Essa articulação seria a atividade intrínseca da criação artística. Quando reconhecemos o ritmo (que traz plasticidade), as variações de intensidade (que constroem uma dinâmica) em uma obra pictórica, por exemplo, estamos de certa forma reconhecendo e valorizando o esforço de organização do artista,

9 *Diccionario de la Música*, p. 341.

14   RITMO E DINÂMICA NO ESPETÁCULO TEATRAL

que produz em nós, intencionalmente, uma sensação de movimento – ou da ausência dele[10].

Da mesma forma, na dança, na arquitetura, na literatura… chamamos de "virtuoso" o artista que sabe dominar os meandros de tempo e espaço, moldando-lhes a forma, ritmo, pulsação, intensidade etc. Reconhecemos como obra de arte não apenas a que nos remeta a um referente ou nos envie uma mensagem, mas a que faz brotar uma lógica (sua lógica interna) da própria linguagem; obra tão mais significativa quanto mais for reconhecida a habilidade com que foram articuladas suas partes, sejam elas movimentos, linhas ou palavras.

Por isso levanto aqui a hipótese de ampliar o termo "musicalidade" para designar, enfim, a habilidade de articular intencionalmente os signos da obra artística, e não apenas aqueles referentes à obra musical; e que tal articulação pode vir a ser analisada, então, à luz das propriedades e dos elementos ditos musicais: altura, timbre, duração e intensidade, com seus corolários de *coloratura* e dinâmica; a harmonia e o contraponto (isto é, as formas de combinação "vertical" entre as partes de um todo); e o ritmo, que aqui chega a receber a função de organizador de sentido.

Daí Para as Artes do Espetáculo…

Partindo dessas premissas, a musicalidade, entendida neste contexto como habilidade de articulação dos signos, constrói o sentido.

Seria exagero afirmar que isso parece ser especialmente verídico nas artes do espetáculo? O teatro, ou melhor, as artes cênicas em geral (formadas por técnicas e linguagens cujas fronteiras entre si se tornam, a cada dia, mais tênues: dança, teatro, ópera, performance, teatro musical, circo, dança-teatro, teatro-dança, teatro físico, liturgias espetaculares etc.), são o "lugar", por excelência, onde se imbricam as dimensões do

---

10   Para um aprofundamento das noções de ritmo e temporalidade nas artes visuais, recomendo a leitura da obra de Fayga Ostrower, notadamente dos livros *Criatividade e Processos de Criação* e *Acasos e Criação Artística*, nos quais os processos criativos nesse campo são perscrutados pela autora em um potente viés interdisciplinar.

MÚSICA, MUSICALIDADE E ARTES DO ESPETÁCULO

tempo e do espaço, dado que, sempre, as ações praticadas na cena estão desenhando o espaço e moldando o tempo. Palavras e silêncios, gestos e posturas, cores, formas, desenhos, sons, movimentos, materiais, massas, volumes, luz, sombras são os elementos que estruturam essa obra tão aberta, parafraseando Umberto Eco. As trocas, ambivalências, paralelismos, recorrências, contrastes, rupturas ou contiguidades com que ocorrem são os procedimentos organizacionais. O resultado é a criação de texturas, densidades, intensidades, conceitos, desconstrução, linearidade ou circularidade temporal, dimensões afetivas e dimensões espaciais, dinâmica, relacionamentos. O principal eixo de concatenação disso tudo é o ritmo global da encenação, ou melhor, os ritmos da encenação, que causarão uma determinada sensação no espectador.

Lembremos mais uma vez que essa percepção é problemática: quase sempre é inconsciente, porque resulta de uma operação mental de associação dos sentidos – aí incluído o sentido cinestésico: difícil de perceber conscientemente, muito mais difícil ainda de analisar. O teatrólogo Patrice Pavis alerta para as dificuldades de se apreender o fenômeno do ritmo na encenação, dado que seria preciso, nesse caso, estudar o encadeamento do que chamou de quadros rítmicos de todos os elementos que a constituem (a fluência textual, a partitura do ator, a disposição e mobilização do cenário e objetos, a incidência da trilha sonora etc.). Ainda assim, o teatrólogo igualmente compreende que "a noção de ritmo não é então uma ferramenta semiológica recém--inventada para a leitura do texto dramático ou para a descrição da representação. Ela é constitutiva da própria fabricação do espetáculo". E entende que

após o imperialismo do visual, do espaço, do signo cênico no interior da encenação concebida como visualização do sentido, acabamos, tanto na teoria quanto na prática, procurando um paradigma completamente diferente para a representação teatral, […] o do auditivo, do temporal, da sequência significante, em suma, da estruturação rítmica[11].

Funcionando como um paradigma de ruptura na análise semiológica teatral, o ritmo carece, portanto, de uma tentativa

---

11 *Dicionário de Teatro*, p. 342.

de delimitação, nas artes do espetáculo, da mesma forma que é passível na música. Tarefa espinhosa, pois nas artes do espetáculo, ritmo e dinâmica são arquitetados, como vimos, por elementos sonoros e plásticos.

Em última instância, a grande dificuldade, afinal, consiste no seguinte dilema – aquele, comentado nas cantinas e coxias, ano após ano, temporada após temporada: se o "ritmo" é um elemento do espetáculo que pode ser conscientizado, analisado e, portanto, arquitetado, se faz parte da constituição do próprio espetáculo, por que em alguns dias ele "está lá" (o público "sente o ritmo") e, em outros dias, não?

Possíveis Respostas

A primeira pergunta a ser levantada é: "quem ou o que dá o ritmo da encenação?" A primeira resposta, evidentemente, seria todo o conjunto da encenação, com seu entrelaçamento de camadas. O fôlego do ator, tanto na elocução como na decisão ou lassidão de seus movimentos, seria um dos componentes isoláveis para fins de análise; outro poderia ser o texto dramático, o que provém de um autor-poeta que já sugere, na distribuição das palavras no papel, uma sintaxe, portanto uma sequência rítmica peculiar. Sem me decidir por nenhuma dessas opções como fator determinante, tentarei reconhecer ao longo deste livro, na delicada urdidura do espetáculo cênico, todos os aspectos relevantes para sua construção rítmica, tentando apontar quais desses aspectos teriam sido voluntariamente pensados por seus autores.

A trajetória de nosso pensamento parte, então, das conceituações do termo ritmo, que o definem como um dos elementos constituintes da arte musical. Veremos, entre seus postulados, aquele que mais serve aos nossos propósitos de construção de um axioma para a linguagem poética: o que define o ritmo como o fator articulador entre as partes, ou grupos, que compõem essa linguagem, scm perder de vista a sua totalidade.

A seguir, tentarei reconhecer, na escrita para o teatro, como a construção formal do texto propõe um sentido; o quanto contribui para a arquitetura rítmica da encenação; em que medida chega a orientar o trabalho do ator.

No terceiro capítulo deste livro, ao analisar o que costumeiramente é chamado ritmo global da cena, levantarei a questão de como o ritmo tem sido discutido – escassamente, diga-se de passagem – por teatrólogos e encenadores. Então, o maior interesse não será o de tentar chegar a uma definição plausível sobre em que consistem os ritmos de uma encenação, ou se ela apresenta musicalidade intrínseca ou aparente. A meu ver, a questão que interessa é, justamente, tentar identificar onde se apoiam os criadores do espetáculo teatral para imprimir uma marca rítmica a seus espetáculos. Se nos detivermos sobre determinadas práticas artísticas ou pedagógicas, veremos que essa marca pode receber denominações diferentes, que revelam os diferentes aportes com os quais lidam cada artista.

Assim, partindo da definição generalizante que contrapõe drama linear *versus* drama descontínuo, serão analisadas as operações de que um e outro tipo se utilizam para organizar suas unidades: o drama linear, em atos ou cenas, que mantém uma linearidade de causa e efeito, encadeados. O drama fragmentado, do qual o teatro épico é um emblema, em quadros ou cenas autônomos, elípticos, que encerram em si mesmos ciclos completos e ao mesmo tempo comportam entre eles muitas lacunas. Para os encenadores que abarcam procedimentos épicos em suas práticas artísticas, o ritmo pode aparecer como ferramenta que opera a montagem/colagem de fragmentos, na medida em que os articula, como parece ser o caso das encenações de Bertolt Brecht.

Brecht opera a descontinuidade como ferramenta para a construção de uma arte não ilusionista. Em seu projeto artístico-social, o fundamento da "não empatia" do público com a ação cênica se impõe como necessidade, para instaurar o desejado estado de conscientização da plateia. É possível reconhecer, na utilização da música, dos eventos sonoros, e, mais ainda, na organização dos elementos de ruptura da verossimilhança – inclusive na duração irregular das cenas –, a intencionalidade desse propósito. Como breve e emblemático exemplo de sua dramaturgia musical, lançarei um olhar sobre um fragmento da montagem de *Mãe Coragem e Seus Filhos*, de sua autoria e direção.

Vsévolod Meierhold é especialmente caro aos estudiosos das artes do espetáculo, por ter sido um dos raros homens de teatro que formulou um pensamento, oriundo e ao mesmo tempo base de sua pesquisa artística, sobre o papel da música e da musicalidade em um espetáculo. Para o encenador russo do início do século XX, o ritmo se define como a base principal, a grande ferramenta organizadora do rigor da encenação, afastando da arte performativa qualquer conotação ocasional e fortuita.

No quarto capítulo deste livro, ao percorrer em sobrevoo a trajetória artística de Meierhold, convidarei o leitor a ousar, comigo, aventar a hipótese de um "futuro teatral" que Meierhold nunca conseguiria desenvolver, por ter tido sua carreira precocemente interrompida pelo horror do regime stalinista. Apoio-me principalmente no trabalho de Maria Thais Lima Santos, que resultou no esclarecedor livro *Na Cena do Dr. Dapertutto* – estudos sobre a principal tradutora de Meierhold para o Ocidente, a francesa Béatrice Picon-Vallin –, e nos comentários de Juan Antonio Hormigón aos textos do próprio Meierhold; além, evidentemente, destes últimos – para oferecer, em um painel, as fontes e desenvolvimentos de sua obra que, acredito, teria sido ainda mais decisiva para a consolidação de tradições teatrais no Ocidente se não tivesse sido abafada em decorrência de uma dissidência política.

No penúltimo capítulo, o olhar que aborda o ritmo como uma qualidade que cabe ao ator moldar, através de seu relacionamento com o tempo, será analisado à luz das teorias de Constantin Stanislávski, do pensador da dança Rudolf Laban, de Eugenio Barba e seus estudos interdisciplinares, aos quais ele denominou "antropologia teatral". Veremos como o ator pode contribuir, por meio da construção de partituras psicofísicas, na construção dos ritmos da encenação.

Finalmente, no último capítulo, a reflexão sobre a composição dessas partituras psicofísicas induz-nos a questionar a função que a pausa – aí compreendida como silêncio – possui na composição dinâmica do espetáculo. Também nesse sentido, equívocos e preconceitos são frequentes; o mais comum deles é o de atribuir à suspensão da palavra a personificação de um vazio – quando o próprio silêncio é imbuído de conotações, tanto mais vastas porque menos explícitas.

Na tentativa de unir todos esses vastos caminhos, usarei o recurso da metáfora que atribui, a um espetáculo bem organizado, um caráter "musical". Recorro para isso a Meierhold em citação de Patrice Pavis, que circunscreve a importância que os elementos da composição musical têm para a montagem teatral:

A encenação é frequentemente comparada a uma composição no espaço e no tempo, a uma partitura que agrupa o conjunto de materiais a uma interpretação individual dos atores. A notação e a composição musicais fornecem o esquema diretor do jogo teatral, permitindo aos espectadores, assim como aos atores, "sentir o tempo em cena como o sentem os músicos". "Um espetáculo organizado de maneira musical não é um espetáculo no qual se toca música ou se canta constantemente atrás do palco; é um espetáculo com uma partitura rítmica precisa, *um espetáculo no qual o* tempo *é organizado com rigor*."[12]

---

12 V.E. Meyerhold, apud P. Pavis, op. cit., p. 255-256, grifo nosso.

2. Ritmo e Dinâmica na Música

Vamos à Etimologia

Parece ser impossível a tarefa de encontrar definições pontuais e unívocas para o conceito de ritmo, sua etimologia e derivações. A tarefa é tão atordoante que o musicólogo brasileiro Bruno Kiefer se escusa de propor uma delimitação do termo, justificando: "evitamos, de propósito, uma definição de ritmo, pois o fato de existirem centenas, muitas dos melhores autores, levanta a suspeita de que este fenômeno, em última análise, é indefinível"[1].

Ainda assim, podemos partir da definição que o próprio Kiefer nos oferece, tão poética quanto abrangente: "Resumindo: a palavra ritmo envolve as noções de fluir, medida e ordem."[2]

Longe, muito longe de nos solucionar a questão, esse "resumo" é só o início do problema.

Deixemos Bruno Kiefer, então, por alguns instantes, e voltemos ao ponto inicial da discussão: no estudo do radical etimológico que deu origem ao termo, chave do problema e, quiçá, também de sua solução.

---

1   *Elementos da Linguagem Musical*, p. 24.
2   Ibidem.

Aquilo Que Flui ou Aquilo Que Estanca?

Raymond Murray Schafer é músico e educador musical. Em seu livro de 1992, ele propôs mudanças de paradigmas no ensino da música que ampliariam o conceito de *paisagem sonora* para incluir, bem ao gosto da música contemporânea, toda espécie de som capaz de ser percebido pelo ouvido humano, passível, portanto, de ser utilizado no arcabouço da composição musical. Sendo também artista plástico, suas formulações musicais e pedagógicas são frequentemente sugeridas através de gráficos, desenhos e recursos visuais de toda espécie. Assim, não à toa, a primeira definição do termo "ritmo" na sua obra obra seja tão poética quanto plástica – e, diria eu, surpreendente: "Ritmo é direção. O ritmo diz: eu estou aqui e quero ir pra lá."[3]

Talvez por conceber o ritmo de forma espacial, Schafer "cai" no que parece ser uma armadilha, ao, logo depois, afirmar que "originalmente, *ritmo* e *rio* estavam etimologicamente relacionados, sugerindo mais o movimento de um trecho que sua divisão em articulações"[4]. Tal associação não está longe do que parece ser um ponto de concordância entre os autores – segundo muitos dicionários, *rhythmus,* em latim (correspondente ao grego *rhythmós*), está relacionado a *rheein* (em grego, "fluir"). Por isso, também Bruno Kiefer conceitua que "a palavra *ritmo* [...] designa 'aquilo que flui, aquilo que se move'"[5]. Entretanto, o próprio Kiefer adverte:

> Se pensarmos no fluir tranquilo e contínuo de uma corrente de água ou na emissão contínua de um som no qual nada se altere, não teremos a noção de ritmo. Falamos em ritmo a partir do momento em que o fluir apresenta descontinuidades. Exemplos: emissão de sons de duração desigual; determinado movimento dos braços; acidentes numa corrente de água[6].

O próprio autor, portanto, associa a noção de "fluir" à noção de articulação desse fluxo, noção defendida pela maioria dos autores consultados.

---

3 *O Ouvido Pensante*, p. 87.
4 Ibidem, grifo nosso.
5 Op. cit., p. 23, grifo nosso. Um provérbio grego antigo diz: *Panta rhei* (Παντα ξει – "tudo flui" ou, ainda, "nada é estável").
6 Ibidem.

RITMO E DINÂMICA NA MÚSICA

A armadilha a que me refiri está, ao que parece, já na raiz grega, na qual o significado que emerge é o de "medida, movimento medido", segundo o *Oxford* ou, ainda, "movimento regrado e medido", segundo o *Novo Aurélio*; e não o de "fluxo". Quem chama a atenção para essa interpretação já superada é o *New Grove*, citando Werner Jaeger:

> Etimologicamente, a palavra provavelmente indica "não o fluir, mas a interrupção e a firme limitação do movimento"[...]. A acepção amplamente aceita de *rhythmós* como derivação de *rheō* ("fluxo") perdeu terreno para uma derivação mais antiga vinda da raiz *ry* (*ery*) ou *w'ry* ("prender" [*to pull*]). A história da palavra *rhythmós* mostra que ela era próxima, em significado, a *schēma* ("perfil", "formato", "figura" [...]). Petersen caracterizou *rhythmós* como "a forma imóvel que surge através do movimento", o que também sugere uma origem artística da palavra[7].

Segundo o *Dicionário Etimológico Nova Fronteira*, *rhythmós* originou, ainda, *arithmetica* (em latim), do grego *arithmetiké*, por conter o elemento de composição *arithmós*, que significa "número". Nessa orientação etimológica deve ter se baseado Sérgio Magnani, autor que, literalmente, afirma: "De fato, a palavra ritmo, em grego, significa número (de onde aritmética), fundamento de todos os fenômenos naturais e de todos os desenvolvimentos."[8] Note-se, ainda, que, para o autor Paul Zumthor,

> *numerus* tornou-se o equivalente latino mais geral, com *rhythmus* tendendo a designar mais especialmente o que denominamos um verso, harmonia perceptível resultante de certo arranjo da linguagem. *Numerus,* por sua vez, significa menos "número" do que "ordem, sequência ordenada"[9].

Portanto, a medição, com fins de valoração quantitativa, é inerente ao termo "ritmo". Antes de designar "aquilo que flui", o que poderia supor uma torrente ininterrupta e contínua de movimentos, o ritmo bem que poderia ser definido como "aquilo que estanca", ou melhor, que ordena, regula e organiza o movimento contínuo em sequências de descontinuidades – sendo esse movimento, no mais comum dos sentidos, o tempo.

---

7   S. Sadie, *The New Grove Dictionary of Music and Musicians*, p.805.
8   *Expressão e Comunicação na Linguagem da Música*, p. 96.
9   *A Letra e a Voz*, p. 170, grifo nosso.

As Fontes do Ritmo

Já podemos, então, voltar a Bruno Kiefer e seu resumo de ritmo como um termo que envolve as noções de "fluir, medida e ordem". Vimos de onde surgiu seu sentido de fluência de movimento e, ao mesmo tempo, de sua contenção, sua medida. Agora veremos como o sentido de ordem também é inerente ao termo, talvez corroborando o que foi dito anteriormente, de que a ordem, isto é, a ordenação, é uma atividade poética, talvez a atividade poética em si.

Hoje nos parece muito provável, e lógico, que a primeira percepção humana de ritmo tenha sido a observação dos ciclos regulares da natureza – os ciclos lunares, circadianos, sazonais, das marés etc. –, concomitante à observação dos ciclos fisiológicos que regulam o metabolismo humano – a pulsação sanguínea, o batimento cardíaco, a respiração. Através da constatação da existência de ciclos de continuidade, alternados com descontinuidades, o homem primitivo também aprendeu a obter maior eficácia em seu labor com fins de subsistência física e/ou espiritual. Isso foi o que Rudolf Laban, pedagogo do movimento e dançarino, intuiu, no início do século XX, coreografando massas corais e observando como um extenso grupo de bailarinos "apreendia" o ritmo[10]. E pode ser comprovado por teorias provenientes da psicologia da música, como as de Carl Seashore, que admite que haja uma tendência espontânea do homem em perceber e agrupar padrões rítmicos, o que lhe facilita processos cognitivos e comportamentais, entre outros motivos, pela sensação de prazer advinda dessa percepção[11].

O fato é que cedo nossos ancestrais descobriram que a organização do movimento, que era o gerador de vida, lhes facilitava entrar em acordo coletivo para obter maior produtividade tanto no trabalho, que lhes garantia subsistência física (uniformizando, por exemplo, as batidas rítmicas dos pés na pisa de grãos, ou na puxada coletiva da rede na pesca), como no ritual, que lhes proporcionava contato com a dimensão sagrada à qual almejavam (como por intermédio do transe provocado pela percussão ou pelas danças circulares sagradas).

10 Cf. *Domínio do Movimento*.
11 Cf. *Psychology of Music*.

Por isso a diversidade de autores – de Roger Garaudy e os já citados Mário de Andrade[12], Kiefer e Seashore, aos dicionários *Oxford* e *Grove* – que preconizam terem sido exatamente estas as fontes do ritmo musical (listadas aqui sem pretensão de hierarquizá-las em importância): os ritmos exteriores ao corpo, como os ciclos naturais das marés, das fases lunares, das estações do ano, do movimento das ondas e outros; os ritmos psicossomáticos, internos ao corpo humano, como o batimento cardíaco, a pulsação sanguínea, a respiração; a cadência obtida pelo esforço ritmado e coletivo no trabalho e na oração. Além dessas, a própria fala, com suas articulações fonéticas, seria a origem do chamado "ritmo oratório". Portanto, na visão desses autores, todas essas fontes seriam as raízes do ritmo e da dança, dos quais nasceriam o teatro e a música. Podemos concluir, portanto, que antes de designar uma ordenação musical, temporal ou cinética, o ritmo estaria ligado a um movimento – o movimento medido, regrado, organizado em continuidades, alternâncias, rupturas, descontinuidades e agrupamentos – que apresentasse, enfim, regularidades e irregularidades.

Sim, porque o fluir apresenta descontinuidades – lembremo-nos da analogia anterior de Kiefer com os acidentes da corrente de água. O movimento contínuo, sem interrupções, sem alterações abruptas e sem destaques, não caracteriza um ritmo. Ciclos regulares repetidos *ad infinitum* começam a ser percebidos como um *continuum*, tal como o tique-taque de um relógio, que, à medida que se torna repetitivo, ultrapassa, em um determinado momento, o limiar de nossa percepção rítmica, tornando-se "figura de fundo" de nosso ambiente auditivo. Em contrapartida, o movimento eternamente desordenado, infinitamente irregular, tampouco apresenta um ritmo. Assemelha-se muito mais ao que se costuma chamar de "ruído branco" – uma "duração oscilante entre a pulsação e a inconstância, num movimento ilimitado", segundo Wisnik[13]. Nem o sempre constante, nem o sempre mutante: o ritmo vem da ordenação, pela contenção e pelo agrupamento de células em movimento, que marcam a passagem da confusão (descontinuidades caóticas) ou do imobilismo (forma constante) para a

---

12   Cf. respectivamente *Dançar a Vida* e *Introdução à Estética Musical.*
13   *O Som e o Sentido*, p. 27.

ordem – para o movimento ordenado. Em outras palavras, do ruído para o som articulado, seja ele música ou fala. Isso supõe certa regularidade das descontinuidades.

O Tempo Que o Tempo Tem

O primeiro movimento articulado foi o tempo.

Todos os autores citados caracterizam, em algum momento, o ritmo como organização ou subdivisão de lapsos do tempo em seções perceptíveis. Mário de Andrade chama a atenção para o fato de que o tempo – entidade subjetiva – já é por si só uma organização abstrata do movimento. Abstrata e consciente: para melhor manipular o movimento, que é a própria vida, o homem o organizou em minutos, horas, dias, semanas etc.[14] Há divergências sobre o mais curto e o mais longo período de tempo que o ser humano pode conscientemente reconhecer, mas elas não nos interessam neste estudo. Muito mais interessante é a ideia, defendida por Andrade, de que, se o tempo é uma organização abstrata do movimento, o ritmo é sua organização expressiva. Surpreendentemente, o autor parte do seguinte princípio: embora os ritmos estejam presentes na natureza – o que é indubitável se pensarmos nos ciclos das marés, ciclos lunares, sazonais etc. –, eles se encontram nela em forma latente, quem os organiza, através da percepção, é o homem. Essa percepção, a princípio inconsciente, pode vir a tornar-se consciente, quando o homem, então, tenta reproduzir intencionalmente os ciclos naturais ou, ainda, ao criar seus próprios ritmos. Não por coincidência o autor de *Homo Ludens*, Johan Huizinga, também especula sobre o primeiro ato "artístico" do homem, vinculando-o ao jogo: quando o homem primitivo, brincando com pedrinhas, arrumou-as pela primeira vez em séries de distâncias iguais, criou para si, conscientemente, o princípio da regularidade, o qual mais tarde seria aplicado às colunas dos templos áticos e tantas outras formas arquitetônicas regulares. Seja consciente ou inconscientemente, essa organização é sempre, portanto, uma organização expressiva.

14 M. de Andrade, op. cit.

Como pode se dar essa organização? As pistas talvez estejam na miríade de definições sobre o termo "ritmo" encontradas no campo da teoria musical. Ele pode ser apresentado, conforme o *Oxford*, como "o elemento característico da composição musical que depende do agrupamento sistemático das notas de acordo com suas durações", ou "a disposição ou união dos tons musicais, os quais são agrupados segundo uma certa ordem e em certas proporções"; ou, ainda, de acordo com a obra de S. Sadie, como "o agrupamento de sons musicais, principalmente por meio de duração e ênfase"[15]. Todas as definições apenas corroboram o que já foi descrito sobre o conceito de ordenação e agrupamento, nesse caso, dos sons. Porém, a última é a que deixa a melhor pista sobre como se dá essa ordenação.

É importante, em primeiro lugar, reforçar a ideia de que esse "agrupamento sistemático" segundo "uma certa ordem e em certas proporções" não implica, como já foi visto, regularidade absoluta. Muito pelo contrário. Na música, é a disposição de períodos mais longos com outros mais curtos e a distribuição de acentos e pausas em intervalos variados que proporcionam a riqueza rítmica. A medida nunca pode ser a mesma, sob o risco da monotonia – a não ser que seja uma monotonia deliberada. A percepção rítmica, portanto, se completa na comparação entre os períodos, fragmentos, intervalos – sejam estes de frases inteiras, compassos, palavras ou até de fonemas. A regularidade à qual me refiro, e à qual os autores parecem se referir, é a de periodicidades de elementos, se não iguais, pelo menos compará-veis. Essa será outra noção importante a ser ressaltada quando analisarmos as considerações sobre ritmo nas artes do espetá-culo, pois, ao que tudo indica, são as possibilidades de compa-ração entre os fragmentos, sejam eles cenas, atos ou blocos, que possibilitam a percepção rítmica do espectador de teatro.

Quem Ainda Pulsa

Voltemos, então, à pergunta que deixamos em suspenso em um parágrafo anterior: como se dá essa ordenação? Bem, depois

15 *Dicionário Grove de Música*, p. 788

de tudo que foi discutido, comecemos por dizer, com Bruno Kiefer, que os fatores que geram o ritmo são as variações, graduais ou repentinas, das propriedades do som: a duração, a intensidade, o timbre e a altura.

Por enquanto, neste escrito, parto do princípio de que a propriedade responsável por definir a periodicidade rítmica seria a duração. Ao tomarmos um som, inicialmente contínuo, e introduzirmos nele cortes com durações desiguais, já surge um ritmo (desde que, naturalmente, atendendo certa ordem). Nossa percepção imediatamente medirá e comparará essas durações, criando um horizonte de expectativa de sua repetição – expectativa, aliás, que pode ser quebrada a qualquer momento. Para os gregos, a duração temporal foi não só o principal fator gerador de ritmo, como a base mesma de todo seu arcabouço artístico. A alternância entre valores de longa e curta duração fez surgirem os primeiros ritmos gregos, tanto na versificação como na música (e consequentemente na dança e na tragédia), que se tornaram paradigmas para a métrica ocidental: o iambo (som breve, som longo); o troqueu (som longo, som breve); o dáctilo (som longo, som breve, som breve), só para citar alguns. A alternância mais básica, entre um som forte e um fraco, repetidamente, produz uma pulsação: a pulsação binária ou pulso binário. É essa pulsação que divide, de maneira regular e *ad infinitum*, o "vácuo" manifestado tanto pela uniformidade como pelo caos. O que costumeiramente chamamos de pulso seria o "batimento" de marcação do tempo binário, basicamente inspirado na pulsação sanguínea.

Na música ocidental o tempo foi inicialmente organizado para estabelecer uma pulsação regular, pelo menos até o advento da música contemporânea, que afronta muitas vezes essa regularidade. Foi justamente a observação da pulsação sanguínea que alicerçou as divisões rítmicas que viriam a ser construídas (como a divisão em compassos). Não é difícil entender por que, dado que ela é de percepção mais imediata – bastou, fisiologicamente, *sentir o pulso*.

Aliás, é muito interessante notar que essa percepção do pulso musical continua sendo altamente subjetiva, apesar da invenção de todos os mecanismos de medição e batimento do tempo, como o metrônomo. Os valores de duração constantes na partitura são, afinal de contas, meras indicações de tempo que, inapelavelmente, variam de executante para executante. Quando se pensa na velocidade com que essas durações são executadas (o andamento), a margem de subjetividade aumenta, uma vez que a percepção de rápido, lento ou meio lento também varia de intérprete para intérprete. Posto que o pulso primordial equivalia ao fluxo da respiração fisiológica, essa respiração é grandemente responsável pelas diferenças de interpretação entre diferentes musicistas, da mesma forma que entre diferentes regentes de orquestra, ou entre diferentes fases da vida do mesmo regente. A respiração, como se sabe, é totalmente comprometida pela situação emocional em que se encontra o indivíduo, e fatores como nível de ansiedade, disposição física e idade influenciam a cada momento sua estabilidade. Por isso, o metrônomo é um auxiliar por vezes encarado pelo intérprete com, poder-se-ia dizer, certa... desconfiança. Não que não seja confiável – pelo contrário, ele estabelece um pulso significativamente mais preciso, objetivo, que o tempo da pulsação sanguínea; porém, assim, ele também "fecha", de certa maneira, um campo de possibilidades de pequeníssimas flutuações nesse pulso – flutuações interessantes, à mercê do fluxo emocional do executante da obra musical. Solistas podem e costumam moderar o tempo estipulado pela partitura para criar determinados efeitos; por exemplo, baixando um pouco a velocidade antes de uma passagem virtuosa, na qual lhe serão exigidas técnica apurada e rapidez. O contraste entre o lento e o rápido aumenta a sensação de rapidez (e consequentemente de virtuosidade) no trecho mais difícil, em comparação com o trecho mais lento anterior. É como se fosse uma fraude, uma ilusão: pequenas oscilações agógicas[16] que não comprometem o andamento estipulado. Seria verdade também a velha máxima de que intérpretes mais velhos tocariam mais devagar, não pela diminuição da velocidade de suas funções vitais, mas porque

---

16   A agógica, do grego *agogé* (movimento), é, segundo o *Novo Aurélio*, a "doutrina das modificações passageiras do andamento de um trecho musical, tais como aceleração, precipitação, retardamento etc., suas causas determinantes e seus efeitos". Trata-se de uma leitura interpretativa do ritmo na partitura, e por isso mesmo está conceitualmente mais ligada aos acentos provocados pela duração do que pela expressividade, ou seja, a aspectos quantitativos mais do que qualitativos; cf. E. Willems, *El Ritmo Musical*.

dominariam com mestria a *respiração*, sua e da música, se comparados aos intérpretes mais jovens e mais impetuosos, que ainda são ansiosos por dominar sua linguagem?

A organização do tempo em pulsos derivou sua subdivisão em grupos regulares, os compassos. Esses grupos, geralmente compostos por duas ou três unidades (ou seus compostos, como quatro ou seis, resultando em compassos ternários, quaternários etc.), estabelecem a métrica de uma composição. A velocidade das pulsações é o seu andamento[17]. É interessante notar que, para o senso comum, a pulsação é geralmente confundida com a métrica, também com o andamento, e, no mais das vezes, com o próprio ritmo da composição. O fato é que esses conceitos estiveram sempre muito próximos, e também muito próximos de se confundirem, porque na música ocidental cedo se estabeleceu um metro paradigmático de toda arquitetura rítmica. O metro ocidental tornou-se, até as contestações levantadas pela música contemporânea, o parâmetro de pulsação, o "ritmo" fundamental, a favor do qual, ou contra o qual, toda harmonia se instaurava; mas sempre tendo-o por referência.

Dinâmica

Além das variações de duração e andamento, entende-se que o ritmo inclui também variações de intensidade. Essas variações, que compõem o plano dinâmico de uma obra musical (ou simplesmente sua dinâmica), são relativas à alternância entre intervalos de sons fortes e fracos (indicados na partitura por termos como *pianissimo*, *piano*, *forte*, *fortissimo* etc.), bem como à transformação de uns em outros (*crescendo*, *diminuendo*, *sforzando* etc.). Os gregos deram a esses momentos de alternância entre impulso e repouso os nomes de *arsis* e *tesis*, respectivamente. Como sempre, basearam-se na observação de um comportamento corporal: a batida ordenada dos pés no chão, no amasso dos grãos e das frutas (as células rítmicas do verso grego receberam, por isso, o nome de *pés*)[18]. Esse movimento

---

17 Cf S. Sadie; G. Grove (eds.), *The New Grove Dictionary of Music and Musicians*.
18 S. Magnani, op. cit.

é considerado, por isso mesmo, um "ritmo gestual", em oposição ao "ritmo oratório", proveniente da entonação retórica da palavra falada, mais livre e variável. O tempo correspondente à preparação do movimento, o momento de impulso, quando o pé é erguido, foi chamado de *arsis*, e está associado ao esforço. O tempo marcado pela descida do pé ao chão foi chamado de *tesis*, e está associado ao repouso. As células rítmicas gregas, sempre formadas por dois ou três elementos, consistiam basicamente nessas alternâncias de esforço/relaxamento, o que conferia a cada uma delas um *ethos* particular.

Bruno Kiefer atribui igual importância às variações de intensidade e tempo, na constituição do ritmo. "O fator intensidade é tão importante, e corresponde [tanto] a uma necessidade nossa que, se o instrumento tocasse sons de mesma intensidade, nós ouviríamos sons de intensidade desigual"[19], ele acrescenta. É fácil perceber que as velocidades e intensidades têm afinidades, digamos, "inatas": é só identificar a tendência natural que todos nós temos (ouvintes ou intérpretes) de associar movimentos fortes com rápidos, e os suaves com os lentos. Na execução de um movimento musical (e mesmo de um movimento físico ou vocal), a indicação de *acelerando* (acelerar) costuma induzir a um *crescendo* (tornar mais forte); a de *rallentando* (desacelerar) induz ao *diminuendo* (tornar mais suave). É uma afinidade fácil de constatar: tente dizer a alguém para falar mais rápido. Automaticamente, ela falará mais "forte". Se pedir-lhe que fale mais suavemente, ela naturalmente vai desacelerar o andamento. O mesmo se dá com o movimento, como é fácil de se perceber no trato corporal com crianças e adultos.

No entanto, essas afinidades "naturais" podem, e até devem, ser afrontadas pelo compositor e pelo intérprete da obra. É importante ter essa possibilidade sempre em vista, principalmente nas artes cênicas, área em que a pouca importância atribuída por grande parte dos encenadores ao "plano dinâmico" do espetáculo leva a confusões da espécie "falar mais forte = falar mais rápido" e vice-versa. Sem jamais procurar fugir a essa tendência, sem jogar com as infinitas possibilidades de dissociação entre as características de tempo e intensidade, tudo o que se

---

19 Op. cit., p. 25.

32 RITMO E DINÂMICA NO ESPETÁCULO TEATRAL

faz é desperdiçar a chance de estruturar dois signos de forma que se completem, se complementem, por vezes até se contradigam. Equivale a utilizar a força somente para reforçar ou ilustrar aquilo que a velocidade já está significando, ou o inverso.

Acento

A noção de acento está intimamente ligada ao fator intensidade, embora, tecnicamente falando, o acento também possa ser criado pela duração. Mário de Andrade atribui ao acento toda a responsabilidade pela ordenação rítmica, pois sustenta que a natureza não produz ritmos, apenas "contém o ritmo em latência". Dou-lhe a palavra, que é, ademais, bastante poética:

> Mas se o ritmo tem esta importância fisiológica tão grande não se deve concluir que ele seja uma criação de pura necessidade fisiológica e dela provindo. [...] A natureza, quer exterior, quer do ser físico da gente, não produz ritmos, contém apenas em seus movimentos orgânicos passos, marés, pulsações cardíacas, giro terrestre etc., apenas contém o ritmo em latência. Porém são meras sucessões de movimentos seriados sem expressão alguma. O homem é que cria o ritmo inexistente nas coisas naturais ajuntando a essas sucessões, e às novas séries que cria por necessidade de expressão, um novo elemento fundamental do ritmo que a natureza desconhece. Esse novo elemento é o acento. [20]

Fica evidente que ele aponta o acento como uma ferramenta para realizar escolhas expressivas. O acento é um tipo de ênfase que, é preciso esclarecer, não coincide necessariamente com o "tempo forte" da pulsação musical. Há todo um conjunto de procedimentos na música, como a síncope, o contratempo e a quiáltera, que provocam alterações rítmicas no compasso e deslocam o acento de seu lugar "naturalmente" esperado para os pontos em que o compositor deliberadamente deseja enfatizar, causando com isso surpresas e estranhezas as mais diversas, e consequentemente uma grande diversidade rítmica. Por isso o acento se reverte, para o compositor, em uma escolha expressiva. Se pensarmos ainda no intérprete, e nas liberdades que

---

20 Op. cit., p. 74-75.

este pode tomar em relação à partitura, veremos que a questão da escolha expressiva se amplia vertiginosamente.

Agora veja que interessante seria, no caso do acento, o paralelismo com o discurso verbal, ou, mais especificamente, com o texto escrito. Partamos de Michel Brenet, autor do *Diccionario de la Música*, que entende que o ritmo é o equivalente musical à pontuação no discurso (verbal). Assim, tomando em mãos um discurso escrito, vemos que há um encadeamento rítmico, dado pela pontuação, que quase sempre procura estabelecer uma lógica de sentido (salvo em casos específicos, como a escrita automática, experimentos linguísticos e outros). Tal texto indica acentos claros, ênfases possíveis e ritmos quase "naturais" a ele. O exemplo mais imediato é o do texto em verso: a métrica, e consequentemente a cadência do verso, produzem um efeito de repetição. Esse efeito é muito mais evidente se o verso for rimado, posto que a rima prepara e concretiza uma expectativa, fazendo recair o acento sempre nos lugares previamente esperados. Ainda assim, o leitor, e principalmente o orador (o ator, por exemplo) que diz o verso, tem livre-arbítrio para selecionar acentos secundários, escolhendo, pelo sentido ou pela cadência, quais palavras ele deseja enfatizar. Eu diria, *grosso modo*, assim como Anne Ubersfeld, que existem acentos "inexoráveis", dos quais não há como fugir, porque foram impostos pelo autor[21]. No entanto, a distribuição de acentos secundários demonstra a escolha do orador por recortar este e não aquele aspecto do texto, o que fará mudar todo o sentido. Essa é uma lógica tão antiga quanto o próprio teatro: atores diferentes farão as mesmas personagens de forma diferente, justamente por suas diferenças na compreensão da figura e em sua interpretação, isto é, por suas diferenças de enunciação.

Em uma atitude ainda mais radical, o intérprete pode optar por "sincopar" o acento "natural" – aquele que seria "inexorável" – deslocando a ênfase para um lugar surpreendente. Isso produz uma estranheza no ouvinte, que é "sacudido" em sua expectativa de regularidade. Esse procedimento rompe com a regularidade rítmica, e, o mais importante, rompe com a

21 Cf. *Reading Theatre III*.

regularidade da lógica do sentido, provocando no espectador o súbito abandono da cômoda sensação de ser capaz de antecipar a progressão da fábula.

Assim, também parece bastante evidente que a distribuição dos acentos é uma das atribuições mais importantes do encenador, dado ser ele o grande responsável pela construção rítmica global do espetáculo. Para um encenador de razoável sensibilidade rítmica, é fácil perceber, mesmo intuitivamente, que é preciso dispor periodicamente, ao longo do espetáculo, de momentos de ênfase, de tensão, seguidos por momentos de relaxamento ou de preparação da próxima ação. Essas ênfases podem já estar presentes na condução do enredo – como na construção da "curva dramática", na alternância de clímax-relaxamento – ou, ainda, na disposição das palavras, como já foi citado. E, claro, podem ser criadas pela própria encenação, pelo uso da luz, pela dinâmica de movimento, pela alternância de tensão-repouso no corpo do ator e no movimento cênico do grupo. Essas alternâncias, muitas vezes, vão criar as "atmosferas" da encenação, que abordaremos oportunamente.

O Ritmo Como Articulador

A esta altura, a consideração sobre possíveis definições de ritmo leva-nos à noção deste como o fator articulador entre as partes de uma composição. O mestre Eugênio Kusnet, em seu famoso livro dedicado à pedagogia de atores sob a inspiração dos métodos de Stanislávski[22], inicia um já notório "Capítulo Sete" (o capítulo sobre "tempo-ritmo") justamente com uma tentativa de conceituar o termo. Revela Kusnet ter encontrado, no dicionário consultado, uma definição que dizia: "em artes plásticas e na prosa, [ritmo é] harmoniosa correlação das partes"[23]. E o mestre se pergunta, intrigado: "Em que consiste essa harmonia? Como se processa a correlação das partes?"[24]

No que ele bem poderia ter sido respondido pelo *Oxford*, por mim consultado, que diz ser o ritmo, no tocante às artes

22 E. Kusnet, *Ator e Método.*
23 Ibidem, p. 83.
24 Ibidem.

em geral, a: "correlação adequada e interdependência das partes, produzindo um todo harmonioso".

Parece evidente que a harmonia à qual se referem os dois autores não é tanto aquela à qual me referi na introdução deste trabalho, de cunho musical, porém muito mais a uma sensação harmoniosa, de adequação, de beleza, na relação entre diferentes partes – exatamente como o senso comum compreende essa palavra. Entretanto, parece-me urgente neste momento problematizar essa sensação harmoniosa, justa, "adequada", como uma meta a que se deve almejar. É preciso sempre enfatizar que o ritmo deve ser visto como um articulador de intervalos, de partes, de fragmentos, que não necessariamente resultam "harmoniosos" aos nossos ouvidos, mas que mantêm sua harmonia intrínseca justamente porque mantêm uma interdependência, algum tipo de correlação e de periodicidade.

Na história do teatro ocidental, por exemplo, tal articulação foi responsável por modelos estéticos bem definidos, uma vez que obedeciam por vezes a poéticas hierarquizadas. Cada época cunhou paradigmas para a organização da peça escrita para o teatro, em função da extensão das cenas, sua divisão em atos, quadros etc., e ainda pelo número de personagens e a distribuição das réplicas. Acontece também que a história do teatro ocidental apresenta, já há alguns séculos, exemplos de dramaturgia que operavam com sequências irregulares de cenas, "desproporcionais" para os cânones de suas épocas. Nas obras de Jakob Lenz (século XVIII), Georg Büchner (século XIX) e Bertolt Brecht (século XX), encontramos esse modelo de fragmentação e irregularidade que afronta a clássica unidade de ação que tem sido o paradigma de proporção ideal desde a tragédia grega. A dramaturgia contemporânea parece mesmo rejeitar esse específico sentido de harmonia, preferindo por vezes eleger como tema justamente a desorganização da forma. Nem por isso deixa de engendrar um sistema rítmico complexo, rico em possibilidades; nem por isso deixa de estabelecer alguma relação de proporção entre suas partes. Na análise realizada mais adiante de textos dramáticos, veremos exemplos de harmonias criadas dentro e fora da tradição clássica.

Por tudo isso, opto por descartar o sentido de ritmo como produtor de uma sensação harmoniosa e, em vez disso, opto por eleger a assertiva poética do educador musical Schafer, quando diz:

> No seu sentido mais amplo, o ritmo divide o todo em partes. O ritmo articula um percurso, como degraus (dividindo o andar em partes) ou qualquer outra divisão arbitrária do percurso. [...] Pode haver ritmos regulares e ritmos nervosos, irregulares. O fato de serem ou não regulares nada tem a ver com sua beleza.
>
> [...] Pelo fato de o ritmo ser uma seta que aponta numa determinada direção, o objetivo de qualquer ritmo é o de voltar para casa (acorde final).
>
> Alguns chegam a seu destino, outros não.
>
> Composições ritmicamente interessantes nos deixam em suspense.[25]

Ao articular esse percurso, o ritmo molda o desenvolvimento da obra. Dá-lhe uma forma, um perfil, um *schema*. Aparece como um organizador de sua sintaxe, mas na verdade, ao promover a interação contextual de seus componentes, confere-lhes uma semântica.

O assunto é caudaloso e merece desdobramentos. Vamos a eles.

Harmonia: Da Música ao Drama

Segundo o *Novo Aurélio*, harmonia, do grego *harmonía,* significa a "disposição bem ordenada entre partes de um todo". Originalmente, em grego, a palavra significava "união, proporção, acordo"[26]. Por isso, o termo ganhou conotação de adjetivo, caracterizando como harmonioso todo sistema, ou melhor, toda união de partes que se relacionem de forma acordada, em consonância.

Musicalmente, o termo tem, porém, mais implicações. Épocas distintas da música ocidental esposaram ideias diferentes sobre que tipos de harmonia eram aceitáveis ou válidos. Conforme foi visto anteriormente, o dicionário define harmonia como a combinação das notas soando simultaneamente para produzir acordes; e também a sua utilização sucessiva

---

25 R.M. Schafer, *Dicionário Grove de Música*, p. 87-88.

26 Conforme o *Dicionário Etimológico Nova Fronteira*.

para produzir progressões de acordes[27]. Assim, ela funciona basicamente em um sentido vertical, o de um entrelaçamento contínuo de sons, quer em conformidade, quer em dissonância.

Já a aplicação do termo às artes cênicas é encontrada pela primeira vez na *Poética*, de Aristóteles. Logo em seu primeiro capítulo, Aristóteles faz a distinção de quais seriam as "artes de imitação" – todas as formas de poesia, dança e música, como a epopeia, a tragédia, a comédia, os dramas satíricos, a aulética e a citarística[28]. Em todas elas, "a imitação é produzida por meio do ritmo, da linguagem e da harmonia, empregados separadamente ou em conjunto"[29]. Parece bastante clara a importância central que é dada a essas características, mas a compreensão das singularidades de cada uma e dos limites entre elas é mais complexa, sob parâmetros atuais. O filósofo preconiza que a aulética e a citarística, por exemplo, só utilizam a harmonia e o ritmo, o que contemporaneamente seria, no mínimo, objeto de discussão. E que na dança, por sua vez, entra só o ritmo, sem o concurso da harmonia. Por conta destas distinções, parece que Aristóteles refere-se à harmonia, nesse trecho, em um sentido estritamente musical.

Nunca saberemos ao certo como ele definia o termo, porquanto tudo indica que, entre os fragmentos atualmente considerados perdidos de sua *Poética*, constasse justamente o tratado sobre música. Entretanto, a harmonia, entendida como a correta adequação de proporções entre as partes, está presente, sim, em seu estudo sobre os princípios gerais da tragédia, especialmente no capítulo VII. Ali, Aristóteles determina que a fábula deva ter certa complexidade – apresentando uma ação completa – e certa extensão. Alerta, ainda, que nem a extensão nem a complexidade do enredo devem ser demasiadas, sob o risco de se perder a clareza da fábula, sua vista geral. E acrescenta, no capítulo VIII, que a unidade da fábula é resultante da unidade do objeto. Afinal, "o que dá unidade à fábula não é, como pensam alguns, apenas a presença de uma personagem principal; no decurso de uma existência produzem-se em quantidade infinita muitos acontecimentos que não constituem

27 S. Sadie (org.), *Dicionário Grove de Música*, p. 407.
28 Artes de tocar flauta e cítara, respectivamente.
29 Aristóteles, *Arte Retórica e Arte Poética* (Capítulo I; 4).

uma unidade"[30]. A tragédia, então, deve ser uma imitação "una e total" de uma ação[31]. Suas partes devem estar "de tal modo entrosadas, que o deslocamento ou a suspensão de uma delas já bastaria para modificar todo o conjunto"[32]. Estão configuradas, de forma bem clara, as noções de proporção e de relação.

Para o autor Robert Abirached, não parece ser tão importante o que os termos significavam originalmente. Interessante, para ele, é a apropriação que se pode fazer deles hoje. Se nos prendermos ao sentido básico dessas palavras, ele diz, veremos que elas são perfeitamente suscetíveis de serem, em sua acepção comum, aplicadas genericamente à linguagem teatral. Pois o ritmo (como se tem visto) remete-nos à ideia de cadência: para tanto, implica os modos de enunciação, uma inscrição peculiar no espaço-tempo, uma dinâmica interna rigorosamente regulada, características próprias a toda obra teatral[33]. Aristóteles, obviamente, referia-se, como será visto mais adiante, ao verso grego. Porém, o fato é que cada país e cada época moldaram suas formas de enunciação rítmicas, suas próprias eloquências, com suas prosódias em maior ou menor grau de codificação. A ordenação rítmica também é testemunha do ambiente cultural de uma época.

Já a harmonia implica, como vimos, a proporção interna, a produção de uma ordem coerente por meio da correlação das partes com o todo e entre si. Isso significa que cada obra engendra uma possível lógica interna, regida por um tipo de organização precisa, que, no entanto, não é definitiva. Sua importância reside no fato justamente de poder ser engendrada por diferentes leituras, por meio de diversas camadas de organização, daí surgindo uma espécie de polifonia de discursos em uma mesma obra. São as "sucessivas estruturas combinatórias", no dizer de Evelina de Carvalho Sá Hoisel[34], dos signos que tecem a obra – palavras, gestos, movimentos, formas.

Essas combinações, evidentemente, são construídas com base na diversidade de leituras sobre a mensagem, sendo assim

---

30   Ibidem, VIII, 1.
31   Ibidem, VIII, 4.
32   Ibidem, VIII, 4.
33   Cf. *La Crisis del Personaje en el Teatro Moderno*.
34   *A Leitura do Texto Artístico*, p. 14.

práticas pertinentes à órbita da recepção. Mas também é evidente que a primeira estrutura apresentada (não a que deva ser considerada *a priori*, ou a portadora da *essência* da obra, mas apenas a primeira) é a que é proposta pelo emissor da mensagem, seja este o conjunto da encenação ou, ainda, o texto do dramaturgo. É como diz Anne Ubersfeld: "o poeta não escolhe suas palavras simplesmente por seu valor informativo, mas segundo um modo de seleção que leva em conta a relação delas com o texto, como um todo"[35]. A proposta do autor representa, portanto, a sugestão de um encadeamento, um entrelaçamento de repetidas ou variáveis combinações, que insinuam uma harmonia intrínseca, mas ao mesmo tempo abrem um leque de possibilidades de leitura que garantem à obra – e não me refiro somente ao teatro – sua natureza aberta, isto é, sua condição polissêmica.

Ubersfeld parece basear-se, assim, na categorização formulada por Roman Jakobson, na década de 1960, das funções dominantes da linguagem: a função poética seria definida como a que tem o foco prioritário na própria mensagem; por conseguinte, ela, a linguagem, enfatiza o caráter palpável dos signos e objetos que a constituem. De acordo com Ubersfeld, a linguagem poética é, então, aquela que prioriza a concretude da mensagem sobre o conteúdo que é expresso. Não é difícil concordar que essa predominância desloca o discurso cotidiano de seus níveis de significação usuais para um território específico, codificado e artificial – e, como será visto mais adiante, com ritmos próprios. Poder-se-ia mesmo dizer que a linguagem artística constitui – o que corrobora a autora – uma "segunda linguagem" ("sabemos que poética é a totalidade de procedimentos de escrita que constituem uma segunda linguagem, uma linguagem artística"[36]) e que essa segunda linguagem possui uma harmonia específica. Por fim, é uma linguagem que constrói outra realidade, uma "segunda" realidade.

Reporto-me, nesse contexto, aos autores dramáticos que fizeram da construção de uma "outra língua" seu projeto artístico. Brecht é de novo um bom exemplo – e, não por acaso, ele nos oferecerá um belo objeto de estudo mais adiante. Como

---

35 A. Ubersfeld, op. cit., p. 119.
36 Ibidem, p. 119.

tantos outros literatos e poetas, Brecht cria uma *língua de arte*, que é artística e artificial ao mesmo tempo. Artística por sua precisão poética, e artificial porque é uma língua específica do palco, não falada em qualquer outro lugar. Para chegar a isso, Brecht, em sua lírica, canções e peças, opera com várias convenções da língua, ou, poderíamos ainda dizer, com vários idiomas: o alemão luterano, "inventado" por Lutero em sua tradução da *Bíblia*; a língua rebuscada, quase cifrada, e um tanto áspera dos burocratas; e, como já é notório, o "empréstimo" de textos alheios, recurso a que Brecht recorria com frequência. Com esses elementos, ele cria uma língua que é pertinente apenas a seu teatro, o qual já não comporta o diálogo clássico, incapaz de dar conta do revolucionário projeto poético e social do artista. Não vou me ater, aqui, às implicações consideráveis que sua forma de tratamento do diálogo provocou na estética contemporânea, porque é assunto que escapa ao nosso ponto central de interesse. Basta lembrar, por enquanto, que, com seu modo de operar a língua, Brecht abre caminhos e deixa herdeiros. Heiner Müller, Peter Handke e Bernard-Marie Koltès são exemplos de autores contemporâneos, cujo maior objetivo parece ser a criação dessa *língua de arte*. Ela se torna o tema central em suas dramaturgias, porque espelha uma crise do indivíduo, consequentemente uma crise da linguagem (apontada já, diga-se de passagem, pelos absurdistas).

Se essa formatação da linguagem ganha, como foi citado, relevância central na mensagem artística, no teatro ela chega a se tornar um ponto axial. Tão importante quanto o conteúdo da mensagem são os aspectos "palpáveis", "concretos" dos significantes. No caso da palavra, a importância também recai sobre seus aspectos fonéticos:

> O teatro é feito para ser ouvido. O componente musical do diálogo teatral é uma parte essencial de sua poética [...]. Não se trata somente de um ornamento (verso, rima etc.), é algo essencial para nossa compreensão do significado do texto: permite-nos ouvir e entender aquilo que, se não fosse por esse componente, continuaria a ser apenas da ordem da comunicação funcional.[37]

---

37 Ibidem, p. 128.

Em se tratando de uma língua teatral, é de tal importância sua materialidade fonética que, creio, antes mesmo do sentido (significado), o que nossa memória retém é, muitas vezes, "como as coisas são ditas"[38]. Eis por que o ritmo, em nenhuma instância, pode ser considerado um "adendo", um "ornamento", ou mesmo uma "utilidade" na constituição da linguagem poética. A articulação da cadeia sonora, observa Ubersfeld, é uma das propriedades essenciais da poética, justamente porque edifica um "segundo" modo de articulação. O teatrólogo Patrice Pavis concorda:

> O ritmo do texto poético não se encontra "acima" do sentido sintático-semântico, mas o constitui. É o ritmo que dá vida às partes do discurso; a disposição das massas dos diálogos, a figuração dos conflitos, a divisão dos tempos fortes e fracos, a aceleração ou a diminuição das trocas, tudo isso é uma operação dramatúrgica imposta pelo ritmo ao conjunto da representação. [...] *Procurar/encontrar um ritmo para o texto a ser representado é sempre procurar/encontrar um sentido.*[39]

Por que tanta importância dada ao ritmo, alçado dessa forma à condição de significado? Porque, e não custa repetir, o ritmo é o principal articulador do discurso. É ele que, verdadeiramente, colhe as palavras de seu lugar-comum, do discurso habitual, e lhes inscreve em outro espaço-tempo, o espaço-tempo poético. Da mesma forma que na música, são as lacunas, as incompletudes, as rupturas de linearidade, tanto quanto as recorrências e periodicidades, não usuais no discurso comum, que transformam a linguagem informativa na linguagem poética. No próximo apanhado de fragmentos textuais que corroboram, a meu ver, essa hipótese do ritmo como articulador da linguagem poética, poderemos reconhecer alguns dos aspectos que nomeio aqui como responsáveis pelo caráter musical da linguagem. É evidente que esses aspectos não são perceptíveis, de forma alguma, em estruturas rígidas. A feitura poética envolve saberes e fazeres que abrangem diversos tecidos de significação ao mesmo tempo, entrelaçados de tal forma que se torna impossível distingui-los. Assim, peço ouvidos pacientes quando aplicar, aos textos dramáticos que citarei a seguir,

---

38 Ibidem.
39 *Dicionário de Teatro*, p. 343, grifo nosso.

conceitos como contraponto, dinâmica ou andamento. Esses conceitos deixarão de ser conceitos musicais e serão empregados, metaforicamente, como qualidades musicais reconhecíveis em um texto. Uma metaforização necessária, à qual espero que o leitor possa aderir sem problemas.

3. Em Verso e Prosa: Como Bate o Ritmo no Texto Dramático

Em Verso e Prosa

O teatro é para ser falado, destacam os semiólogos e analistas, sempre enfatizando o caráter, digamos, corpóreo, inerente à poesia dramática. Não é impossível imaginar que, para boa parte dos dramaturgos, o ritmo da oratória tenha sido levado em conta na hora de redigir seus textos. Gosto mesmo de pensar que os autores de todas as épocas tenham escrito seus textos "com os ouvidos", isto é, "ouvindo" o que escreviam. Todos os autores que admiro me dão essa convicção. E me pergunto, então, o que me causa essa sensação. A resposta sempre será: a fluência verbal. Aos meus ouvidos de atriz, parte da compreensão do que está escrito é conseguida quando consigo captar... o ritmo das frases.

Cada dramaturgo forja e ao mesmo tempo é forjado pelo cerimonial de linguagem de sua época, mesmo quando se insurge contra a forma poética dominante. Sempre, em todos os casos, o poeta deve impor uma forma a sua narrativa, e quando essa forma é traduzida em palavras, estas prestam-se a serem proferidas pelos atores, o que possibilita sua projeção física no espaço. Tal forma pode ser altamente codificada, como o verso, e, nesse caso, ditará uma prosódia calcada na tradição. Pode, como na dramaturgia realista, reproduzir poeticamente um discurso identificável de forma imediata. Ou pode, na dramaturgia contemporânea, evitar toda identificação. Ainda assim, e sempre, essa forma será realimentada pelas escolhas expressivas do ator, pela maneira com que distribui os acentos em seu discurso. Trata-se de um trabalho mútuo de proposição de sentido, entre texto escrito (o texto do autor) e texto falado (pelo ator), no qual até a pontuação pode ser significativa e, portanto, expressiva.

É por isso no mínimo discutível a opinião de Jean-Pierre Ryngaert, que atribui responsabilidade quase exclusiva aos atores pelo ato de conferir ao texto o seu sentido[1]. É claro que é da própria natureza do teatro a experiência de se alterar, durante o processo de ensaios, a pontuação do texto, quer por iniciativa dos atores, quer por solicitação do diretor. O desafio para atores e diretores é justamente eliminar a natureza escrita do texto, regulamentada pelo vernáculo, e atualizá-lo na cena em uma condição de espontaneidade, a da fala. Isso não quer dizer que se ignore por completo a fluência que o texto orienta.

E mesmo que, como lembra Ryngaert, vários autores contemporâneos renunciem à pontuação corrente, limitando-se a pontos de exclamação e interrogação (Michel Vinaver e Valère Novarina são os exemplos citados), nem por isso seus textos se apresentam "numa relativa indiferenciação, sem que a sintaxe decida o sentido de maneira definitiva"[2]. Parece-me claro que a suposta indiferenciação é, sim, um indicativo de ritmo e sintaxe, e que, dessa maneira, o autor oferece ao ator uma proposição de sentido – cabendo a este último, evidentemente, escolher segui-la ou não. Porém, afirmar que somente "é a voz do ator, seus ritmos pessoais, que orientam o texto escrito e decidem uma 'pontuação oral' calcada na respiração"[3] subestima por demais a intenção poética do autor dramático. E reduz de forma simplista a complexa rede de relações texto-ator, quando supõe que "o texto pontuado pelo autor fecharia

---

1   *Introdução à Análise do Teatro.*
2   Ibidem, p. 48.
3   Ibidem.

portas demais quanto à maneira de dizer, o que explica essa delegação ao ator"[4].

Seria viável não considerar uma intenção poética à pontuação muito peculiar de Bernard-Marie Koltès, Nelson Rodrigues e Peter Handke, só para ficar nos exemplos que levantarei a seguir?

A partir de agora tentarei revelar algumas pistas dos vestígios dessa oralidade que parece impregnar o texto dramático, o qual, entre outras peculiaridades, tem a de ser produzido para os ouvidos (excetuando-se por certo o "teatro para ser lido na poltrona"). Veremos como essa fluência ou, antes, essa cadência da fala tem merecido tentativas de tradução no texto dramático em momentos e estilos distintos. Mais adiante, nos concentraremos por um breve instante nos momentos em que o teatro pretende produzir sentido sem as palavras, mas ainda com ritmo: seus momentos de silêncio.

Vários dos autores citados atentam para o fato de ser a peça em versos a de mais fácil percepção da materialidade fonética do discurso artístico. Anne Ubersfeld diz ser por conta da "restrição material" que ele impõe (a rima, a métrica)[5]. Ryngaert lembra que não só os ritmos, mas as transposições, assonâncias, rimas, contribuem para isso[6]. E Abirached afirma que o verso naturalmente torna a fala "mais esbelta, mais concisa, mais essencial"[7], o que lhe confere esse caráter de especialidade na linguagem. Sobre a peça em verso falarei mais adiante, conferindo especialmente o uso que William Shakespeare faz dele.

Antes, porém, entremos em acordo que a escrita em prosa não é menos estilística. Há uma "poética da prosa", no relato de Ubersfeld, "na qual percebe-se a influência recíproca entre o verbal e o acústico, como é o caso das imagens e dos *tropos*"[8]. Há, ainda, prosas altamente "codificadas", como em *Dom Juan*, de Tirso de Molina, ou em *As Bodas de Fígaro*, de Beaumarchais (às quais eu acrescentaria as peças de Federico García Lorca), nas quais as palavras são, de acordo com Abirached,

---

4   Ibidem.
5   *Reading Theatre III*, p. 119.
6   Op. cit., p. 46.
7   *La Crisis del Personaje en el Teatro Moderno*, p. 28.
8   *Reading Theatre III*, p. 119.

RITMO E DINÂMICA NO ESPETÁCULO TEATRAL

"regidas por uma métrica geral igualmente rigorosa, que realça fortemente as palavras das personagens"[9]. Não só nesses casos, evidentemente: a prosa dramática será sempre uma mensagem estética, cuja função é determinada pela predominância do meio sobre o conteúdo.

Na verdade, não é tão simples a distinção entre prosa e verso; menos do que o senso comum pode adivinhar, ainda mais se considerarmos que o verso nem sempre é em rima, como é o caso no "verso branco". Em um artigo, Fernando Marques sistematiza diversos graus de versificação, de acordo com a regularidade rítmica com que são enunciadas as palavras faladas ou cantadas em cena[10]. Haveria, assim, como que uma trajetória de complexidade rítmica, que partiria do "ritmo mais frouxo" da palavra em prosa para o "grau mais ou menos solto" do verso livre e sem rimas. Deste, conforme o rigor crescente de codificação, passaríamos ao verso medido (com métrica), ainda branco (sem rimas); o verso medido e rimado; e, por último, ao verso metrificado, rimado e cantado, chegando, assim, ao patamar do canto vocal. Bem, as distinções de Marques dizem respeito à elocução na cena. São claras e não trazem problemas de conceituação. Entretanto, também não problematizam a questão da interpretação do texto, quando ainda não se tem claro e decidido de antemão se o que o ator tem nas mãos é um texto "em prosa" ou em "verso livre". O que impediria uma fala, estruturada em linguagem corrente e habitual, em uma distribuição próxima do discurso cotidiano, de ser considerada um poema? Parafraseando os dadaístas, será um poema tudo o que for chamado de poema?

Tudo indica que poucas conclusões podem ser tiradas a respeito, se formos considerar, como Paul Zumthor, que tudo é poesia[11]. Não desejo aprofundar essa discussão, mas gostaria de retomar, sobre o tópico, a palavra do medievalista, apenas para averiguar o que as duas formas têm em comum, em vez de insistir em suas diferenças. Em seu trabalho sobre as relações entre literatura e oralidade na Idade Média, Zumthor defende a ideia de que, em primeiro lugar, a poesia é "aquilo que o público,

9   Op. cit., p. 28.
10   A Palavra no Palco, *Folhetim*, n. 16, p. 82-89.
11   Cf. *A Letra e a Voz*.

EM VERSO E PROSA: COMO BATE O RITMO NO TEXTO DRAMÁTICO   47

leitores ou ouvintes, recebe como tal, percebendo e atribuindo a ela uma intenção não exclusivamente referencial"[12]. Ele desloca, portanto, para o receptor a atribuição da função poética de um discurso. Desse modo, tudo pode ser poema, dado que "o poema é sentido como a manifestação particular, em certo tempo e lugar, de um vasto discurso que, globalmente, é uma metáfora dos discursos comuns mantidos no bojo do grupo social"[13]. Voltamos, assim, às definições anteriores, especialmente à de Anne Ubersfeld, para quem discurso poético é todo discurso que redefine o discurso comum ou, ainda, de novo segundo Zumthor, "todo discurso que gera um ritmo particular na duração coletiva e na história dos indivíduos"[14]. O que esse autor chama de discurso poético, portanto, abrange as duas formas, e para ele a sua especificidade é, justamente, o fato de ser um discurso ritmicamente marcado. Ele ainda avança em uma discussão da legitimação histórica dos termos "verso" e "prosa", que foram retirados do vocabulário musical latino e acabaram designando duas espécies de discurso oriundas do mesmo esquema rítmico sequencial – o *cursus* (que designaria o discurso "cursivo", o que se universalizou chamar de "prosa") e a "sequência" propriamente dita (o verso). A distinção entre elas, até onde o autor ousa aventar, seria a de que o verso constituiria um discurso formalmente mais coeso, e por isso teria sido percebido diferentemente em relação a todos os outros, amalgamados no termo banalizado como "prosa".

Talvez seja possível, finalmente, ultrapassar a discussão sobre as peculiaridades rítmicas de verso e prosa e tentar formular um "axioma geral" do discurso poético. A tarefa, por mais pretensiosa que seja, é premente neste momento. Assim, podemos determinar que: chamo de poético todo discurso que, articulado de forma ritmicamente distinta do discurso referencial, tem como característica enfatizar a materialidade e as propriedades dos significantes (vocabulário, sons, imagens, objetos), tanto no processo de seleção como de ordenação destes, arquitetando, em cada obra, um senso de medida e proporção entre eles e o todo que, finalmente, articula a própria

12   Ibidem, p. 159.
13   Ibidem.
14   Ibidem, p. 68.

obra e a carrega de sentido. O que pode parecer algo impreciso foi apenas a tentativa necessária de síntese, da organização da memória e do direcionamento de tudo que foi falado até aqui. Porém, de uma coisa pouca gente iria discordar: se a função poética está centrada no significante e sobre as combinações possíveis dos elementos concretos da linguagem, o exemplo primeiro de um discurso poético que nos vem à cabeça ainda é… o verso. Ou não é?

A Ver o Verso

Parece evidente que o verso, rimado ou branco, "suspende" o discurso funcional, ao alterar os lugares comuns da língua, justamente por alterar o arcabouço formal do discurso cotidiano. Basta pensarmos nas assonâncias, nas recorrências, nas transposições e nos recursos de metaforização e demais *trópos*[15], dos quais o verso tanto lança mão; em teoria literária, muito já foi empenhado para mapear esse efeito de deslocamento, ou de deslumbramento, que o verso causa sobre o receptor.

Mas o verso no teatro tem características ainda mais curiosas. A depender do momento histórico em que ele é produzido, seu efeito pode ser de extrema familiaridade ou de profundo estranhamento. Não obstante, a enunciação do verso em cena mobiliza sempre aspectos recônditos da sensibilidade do espectador, como o pensamento por associação de imagens, processos de condensação, deslocamento e reconhecimento, e qualidades cinéticas e sinestésicas, por vezes não despertadas pela relação dialógica não versificada, o tal diálogo cotidiano.

Por isso, o autor Fernando Marques, no artigo já citado, cogita que o verso, notadamente o verso medido e rimado, estaria apto a produzir, no espectador, as mesmas "qualidades dinamogênicas" que Mário de Andrade atribui à música. Seriam elas qualidades sensoriais e fisiológicas, que, consideradas

---

15 Tropos são, gramaticalmente, palavras e expressões usadas em sentido figurado, do grego *trópos*, que significa "desvio". Podem ser figuras de linguagem, ou simplesmente um truque retórico usado por escritores e poetas para dar uma "virada" inesperada na argumentação, surpreendendo o leitor. Uma frase do tipo: "Consideremos que até aqui estivemos equivocados e vamos analisar agora sob a luz contrária" é um tropos.

quase em oposição às qualidades especificamente intelectuais, têm a virtude de "estimular nossos ritmos orgânicos, comunicando-se com eles de modo direto"[16]. Esse seria, para o autor, um motivo, ou vantagem, de se usar o verso em cena (e, acrescentaria eu, de se usar o verso em cena hoje, dado que, como será visto mais adiante, ele exerceu habilidades específicas ao longo da história da dramaturgia ocidental): o verso seria uma possibilidade de "bulir com o espectador"[17].

Essa capacidade de "bulir" com a sensibilidade rítmica do espectador fica mais evidente quando tomamos aquele que é o principal elemento a cadenciar o verso – a rima. Etimologicamente, inclusive, a rima quase se confunde com o ritmo. De fato, o *Oxford* afirma que as formas oriundas do francês *rhytme* e *rhyme* são variações gráficas, estando estreitamente relacionadas. A rima gera ritmo porque é uma recorrência, um fenômeno de repetição acústica, com periodicidade regular.

E quanta regularidade! Por sua condição de repetição e regularidade, a rima acaba por produzir uma memória fonética, que por sua vez gera sempre a expectativa de sua nova ocorrência. Essa memória, por assim dizer, não é só uma lembrança (e ao mesmo tempo expectativa) do som, mas de certa forma do sentido, que já se adivinha na linha/verso seguinte, tendo em mente as linhas/versos anteriores. Assim, dois essenciais elementos rítmicos, o paralelismo e a repetição, desempenham papel fundamental na construção poética, posto que remetem o tempo todo o auditor da obra à totalidade desta, demandando um papel ativo de sua memória. Uma vez que gera expectativas, a rima permite ao receptor da obra antecipar – e gozar – a experiência que virá (e da surpresa por, às vezes, ela não vir). É por isso que, a meu ver, a rima é um recurso eminentemente rítmico – não apenas pela métrica rigorosa e pelos acentos; mas porque, moldando a forma presente, ela apresenta recorrentemente o passado e engendra uma expectativa de futuro.

Há diferenciação rítmica entre o verso "lírico", o "épico" e o "dramático"? Há. Quem o afirma são Emil Staiger, em *Conceitos Fundamentais da Poética*, e Anatol Rosenfeld, em um livro

16   Op. cit., p. 84.
17   Ibidem, p. 86.

bastante difundido, *O Teatro Épico*. Evidentemente, não vou reproduzir aqui o delicado trabalho dos autores na delimitação e problematização desses procedimentos de linguagem que, em diferentes estudos, já foram categorizados como "gêneros", "estilos" ou, ainda, "modos" poéticos. É preferível, para isso, reportar-se às obras dos próprios, e de seus críticos. Recorto apenas o que nos interessa neste contexto, retirando da polêmica conceituação de "gênero" literário o que pode nos auxiliar a compreender o verso em sua relação com o tempo e a duração. Por isso lembro que Rosenfeld inicia a definição de alguns traços fundamentais do que ele chama de "gênero lírico" pela sua "relativa brevidade": sendo a manifestação verbal imediata (nas palavras do autor) de uma emoção ou sentimento do eu lírico, o poema lírico não pode ser encompridado, porque sua "extrema intensidade não poderia ser mantida através de uma organização literária muito ampla"[18]. E acrescenta:

> À intensidade expressiva, à concentração e ao caráter "imediato" do poema lírico, associa-se como traço estilístico importante, o uso do ritmo e da musicalidade da palavra e dos versos. De tal modo se realça o valor da aura conotativa do verbo que este muitas vezes chega a ter uma função mais sonora que lógico-denotativa.[19]

No que parece ter se baseado em Staiger, quando este diz:

> O valor dos versos líricos é justamente essa unidade entre a significação das palavras e sua música. É uma música espontânea, enquanto a onomatopeia – *mutatis mutandis* e sem valoração – seria comparável à música descritiva. [...] Em consequência disso, cada palavra ou mesmo cada sílaba na poesia lírica é insubstituível e imprescindível.[20]

Por conta dessa profunda identificação entre a forma métrica e a significação das palavras, Staiger lembra que, por uma consequência lógica, "deve haver em criações líricas tantas estruturas métricas quantos possíveis climas [*Stimmungen*] a expressar-se". A antiga poética (entendida dessa vez como estudo e classificação dos gêneros poéticos), afirma o autor,

---

18 *O Teatro Épico*, p. 24.
19 Ibidem, p. 25.
20 *Conceitos Fundamentais da Poética*, p. 22.

EM VERSO E PROSA: COMO BATE O RITMO NO TEXTO DRAMÁTICO

tinha dificuldades em classificar a lírica, justamente pela variedade de métricas existentes, dado que cada uma corresponderia à "disposição anímica" (*Stimmung*) de cada poeta. Chegou-se ao auge disso quando não apenas cada poeta, mas ainda cada composição tinha seu próprio tom, sua estrofe e métrica características, como nos casos dos primeiros poemas curtos de Goethe. Finalmente a poética encontra a melhor saída, dizendo que essa "variedade" é uma característica do gênero.

Em contrapartida, continua Staiger, o verso épico é imutável em sua métrica[21]. Pois, paralelamente à presença de um "eu narrador" ou um "eu lírico", as diferenciações entre a poesia lírica e a épica parecem estar também na forma. Para Staiger, na medida em que o narrador épico pouco se envolve, não se imiscuindo no fato narrado (o que lhe permite, por exemplo, as inúmeras digressões na narrativa, típicas da epopeia), a torrente de acontecimentos não o arrasta, como ao poeta lírico. Este, submetido aos altos e baixos da inconstante disposição anímica, muda de métrica a todo instante. Aquele mantém seu verso inalterado, porque é um verso já "refletido", reflexionado. Um verso que narra, discorre, aponta, mostra. Mas não necessariamente se emociona. Segue, assim, fiel sempre a um mesmo humor, uma mesma disposição, que se reflete na inalterável simetria da composição. Para Staiger, "a simetria faz parte da essência da obra épica"[22].

Ocorre ainda que, quem narra, narra a alguém – e deve fazê-lo com interesse e clareza. "O gênero épico é mais objetivo que o lírico", concorda Anatol Rosenfeld[23]. Ora, quem poetiza com lirismo o faz tão embebido em sua própria subjetividade que pouco pensa em quem vai ouvi-lo – como quem cantarola uma canção para si mesmo, canção em que põe toda a sua alma, mas que não almeja prioritariamente ser compreendida. Mas quem narra uma história toma cuidados para que a função comunicativa seja ressaltada. E para isso utiliza todo o tempo do mundo. Daí o caráter extenso da maioria dos poemas épicos, como os gregos ou os hindus (por exemplo o lendário *Gilgamesh*, um longo poema-teogonia). Por isso também o fato

21 Ibidem, p. 76.
22 Ibidem.
23 Op. cit., p. 24.

de o narrador precisar de maior fôlego para desenvolver, com calma e lucidez, um mundo mais amplo, cheio de peripécias e reviravoltas. Disso decorre, em geral, uma sintaxe e uma linguagem mais "lógicas".

E quanto ao verso dramático?

Nada encontrei nos dois autores sobre a especificidade rítmica do verso nesse "gênero". Nem sobre a extensão no tempo, seja em concisão ou dilatação. Talvez seja ainda reflexo do que a autora Cleise Furtado Mendes considera uma ilusão proveniente das "estratégias do drama": o hábito da crítica literária de relegar ao segundo plano a construção sintática, em detrimento da análise semântica, na apreciação do "gênero dramático"[24]. Para a autora, uma das principais questões do drama é que, no intuito de imitar a ação por meio da linguagem, ele usa de estratégias (como a máxima elisão do autor) que fazem com que a linguagem "desapareça", transformada justamente em... ação: "A estratégia dramática consiste em ocultar, pela força da ação, a construção linguística dos caracteres."[25]

Se pensarmos no texto dramático de caráter realista ou naturalista, a questão levantada faz todo sentido. Mas e no caso da peça em verso? É possível "esquecer" uma forma tão artificial de sintaxe? O autor consegue elidir sua presença da obra, ao escolher uma forma tão codificada, cujo ritmo antinatural desloca o discurso de sua função habitual na conversação? Sim, se levarmos em conta que, se hodiernamente a escolha pela produção em verso é uma tomada de posição artística, uma afirmação por uma linguagem – eu diria, em desuso –, é bom lembrar que, desde o nascimento da escrita teatral (refiro-me evidentemente à escrita do texto) até séculos bem recentes, esse tipo de linguagem era o código usual, digerido pelos espectadores de forma muito natural. Pode-se até imaginar, nesses tempos, em um esquecimento da presença do autor diante da intriga do drama, embora seja difícil pensar em Jean Racine ou Pierre Corneille "ausentes" da discussão sobre a forma do verso, mesmo em seu tempo.

---

24 Cf. *As Estratégias do Drama.*
25 Ibidem, p. 37.

Na Cadência do Drama: O Verso na Tragédia

Se hoje nos parece natural ouvir uma peça teatral em prosa, é bom ter em mente que, na literatura dramática, o verso foi a organização predominante, no Ocidente, desde o nascimento da tragédia grega até a virada do século XIX para o XX, quando o discurso prosaico passou a se impor como fiel espelho da modernidade no teatro. Se traçarmos um percurso desde os tragediógrafos da Grécia do ano V a.C., como Ésquilo, Sófocles e Eurípides, seguindo por Sêneca, já no começo da Era Cristã, pelos poucos autores que nos restaram da Idade Média e pelos renascentistas europeus, constataremos que, até a segunda metade do século XIX, a quase totalidade do acervo literário do teatro ocidental foi produzida em verso[26]. Somente com o advento do drama realista na virada do século, capitaneado pelo desafio de Émile Zola a seus contemporâneos de retratar em cena o burguês "mediano", o "homem comum", é que foi consolidada a tradição da escrita em prosa, de uma fala que desejava se aproximar do discurso cotidiano, posto que se inseria em uma estética que punha em cena os dramas pessoais desse homem[27]. Com Henrik Ibsen e suas "peças sociais" estabeleceu-se de vez uma estética realista, que passou a preponderar de forma tão avassaladora, no decorrer do século XX no teatro ocidental, a ponto de hoje mal podermos imaginar que essa produção, em prosa, é, comparativamente à tradição em verso, recente.

A origem desse fenômeno ainda me parece plausível sob a leitura que Friedrich Wilhelm Nietzsche, em seu famoso *O Nascimento da Tragédia no Espírito da Música*, publicado pela primeira vez em 1871, faz do surgimento da tragédia ocidental. Para o filósofo alemão, a tragédia, como tentativa de forma total de arte, uniria o espírito fluido, o *melos*, de Dionísio, ao aspecto plástico, visível e ordenado, de Apolo. Ela teria se originado na música ritual dos cultos em homenagem ao primeiro, o ditirambo.

Na formulação nietzschiana, ainda amplamente corroborada, o espírito trágico seria, em sua origem, musical, e o drama grego teria nascido do canto coral – sendo, na visão do autor, o coro, o personagem axial desse drama.

---

26 M.B. de Albuquerque, *O Engenho e a Arte.*
27 Ibidem.

De fato, a autora Nilthe Miriam Pirotta, em trabalho intitulado *O Melos Dramático: Pequena Introdução ao Estudo das Relações Drama-Música no Teatro*, relata como a escola de antropologia clássica de Cambridge, ao estudar as raízes da tragédia, chegou a uma conclusão que, na impossibilidade de ser consensual, parece confirmar a tendência de reconhecer origens ritualísticas na tragédia grega: sua forma derivaria da forma de um ritual primevo, celebrado em honra de *Enniautos Daimon*, um "deus"[28] das estações. Em tempos posteriores, esse *daimon,* ente mitológico cuja simbologia é o do renascimento sazonal (a cada ano seria morto e desmembrado no inverno, renascendo na primavera), provavelmente teria se fundido com os mitos, em diferentes grupos sociais, de Osíris, Ur, Adônis e outros, de fabulação semelhante. Finalmente, ele poderia ter sido eclipsado pelo mito de Dionísio, entidade tardia no panteão ateniense, cujo culto se difundiu por toda a Ática.

Aos poucos, os ditirambos foram ganhando acréscimos de diálogos e partes representadas, passando a compor o que se convencionou chamar de drama lírico. Ainda nessa fase, constituía uma unidade perfeita com a música, porque ela ainda era a razão de ser do drama. Sempre é relevante frisar a importância que a música teria para os gregos. Embora não tenhamos hoje mais que hipóteses de como seria a música grega da Antiguidade, imagina-se que, mais do que uma expressão artística, ela seria uma disciplina formativa do caráter do cidadão, sendo ainda considerada indissoluvelmente ligada à palavra – o verso – e à dança – o movimento. (Já foi visto como os versos gregos ganharam sua nomenclatura associada ao movimento.) Assim, um poema lírico não se destinava apenas a ser ouvido; era também cantado e dançado, pelo coro ou por um solista. O elemento de ligação entre as formas era, como sempre, o ritmo, que ditava a dança, o canto e a palavra, chegando a valer uma mesma porção de tempo para as três formas[29]. As variáveis de combinações rítmicas eram, assim, essenciais para a arte grega.

---

28 As aspas referem-se ao fato de que um *daimon* não chegaria a configurar exatamente um deus no panteão olímpico, mas um espírito imortal intermediário. Impossível não enxergar imediatamente a origem etimológica da expressão "Demônio".

29 *O Melos Dramático.*

EM VERSO E PROSA: COMO BATE O RITMO NO TEXTO DRAMÁTICO   55

A partir da inclusão de partes "dramáticas", o ditirambo desmembrou-se em duas vertentes: uma lírica, que continuou a fazer parte das Grandes Dionisíacas, e outra dramática, que daria origem à tragédia e à comédia, com a inclusão gradativa de mais personagens, novidades trazidas pelos tragediógrafos mais conhecidos: Ésquilo, Sófocles e Eurípides.

Mais tarde, já no momento em que a tragédia clássica é pela primeira vez objeto de categorização, Aristóteles apresenta sua mais famosa definição – que reproduzo aqui apenas para destacar, a seguir, contribuições à nossa conversa:

> A tragédia é a imitação de uma ação importante e completa de certa extensão; num estilo tornado agradável pelo emprego separado de cada uma de suas formas, segundo as partes; ação apresentada, não com ajuda de uma narrativa, mas por atores, e que, suscitando a compaixão e o terror, tem por efeito obter a purgação dessas emoções. Entendo por um "estilo tornado agradável" o que reúne ritmo, harmonia e canto. Entendo por "separação das formas" o fato de estas serem umas manifestadas só pelo metro e outras, ao contrario, pelo canto. Como é pela ação que as personagens produzem a imitação, daí resulta necessariamente que uma parte da tragédia consiste no belo espetáculo oferecido aos olhos; vem em seguida a música, e, enfim, a elocução. Por estes meios se obtém a imitação. Por elocução entendo a composição métrica, e por melopeia [canto], a força expressiva musical evidente para todos.[30]

A força expressiva musical é tão evidente que Aristóteles dispensa maiores esclarecimentos: a música, para o drama grego, é sua força-motriz, a ponte entre as ideias e os fenômenos. Ainda assim, o filósofo evidencia a consagração de uma nova forma poética – a tragédia – exatamente pela "separação das formas", isto é, pelo paralelismo entre "metro" (palavra) e "canto". Nesse contexto o coro ainda continuava a ser o grande responsável pelas partes "cantadas" da tragédia, os estásimos. Tais odes corais tinham uma duração maior do que a dos diálogos presentes nos episódios (as cenas dramáticas representadas entre as partes cantadas). Assim, a impressão predominante é a de que a tragédia seria essencialmente musical. Acho que podemos concordar que a dinâmica de atuação do coro contribuía para essa impressão: suas entradas e saídas processionais, no *párodos* e no *exodus*; e

---

30 *Arte Retórica e Arte Poética* VI, 2-6.

o fato do coro se expressar também com movimentos de dança, no lugar à frente do palco chamado *orchestra*[31].

Podemos aventar, hoje, que essa divisão formal entre partes cantadas (a melopeia) e faladas (a elocução a que se refere Aristóteles) tivesse uma referência extremamente importante no contexto social em que se desenvolveu a tragédia clássica. No entendimento de Jean-Pierre Vernant e Pierre Vidal-Naquet, a tensão entre as duas formas de enunciação – de um lado, o coro, com uma língua que, em suas partes cantadas, prolonga a tradição lírica da poesia, que celebrava as virtudes de deuses e heróis antigos; e, do outro, uma ou mais personagens individualizadas, em uma forma dialogada cuja métrica, embora ainda em verso, seria "mais próxima da prosa"[32] – reflete o "debate [do presente] com um passado ainda vivo" que subsiste na narrativa mítica dos heróis. O mito passa a ser narrado justamente porque já não é mais presente, sentido, vivido, de forma quase palpável, na *polis* grega. "A tragédia nasce [...] quando se começa a olhar o mito com olhos de cidadão", dizem os dois autores[33].

Consequentemente, no íntimo de cada protagonista, encontra-se a tensão que notamos entre o passado e o presente, o universo do mito e o da cidade. A mesma personagem trágica aparece ora projetada num longínquo passado mítico, herói de uma outra época, carregado de um poder religioso terrível, encarnando todo o descomedimento dos antigos reis da lenda – ora falando, pensando, vivendo na própria época da cidade, como um "burguês" de Atenas no meio de seus concidadãos.[34]

Enquanto reflete os feitos e destemperos de heróis e reis, enunciados por uma personagem coletiva e anônima, por sua vez encarnada por um colégio de cidadãos, o coro literalmente canta. Seu papel é exprimir, em seus temores, esperanças, interrogações e julgamentos, os sentimentos dos espectadores que

---

31 *Párodos* era a rampa de entrada por onde o coro podia subir ou descer ao *proscenio*, o palco. Essa rampa era utilizada em sua primeira entrada, quando o coro fazia sua primeira intervenção com texto e canção, e na saída, *exodus*, sua última intervenção. É sempre interessante notar que a tradição teatral helênica, que viria fundamentar o teatro de todo o Ocidente, nasceu das configurações espaciais e rítmicas dessas liturgias religiosas.

32 *Mito e Tragédia na Grécia Antiga*, p. 12.

33 Ibidem, p. 20.

34 Ibidem, p. 21.

compõem a comunidade. Quando são tornados visíveis aos olhos dos cidadãos, e, de certa forma, são postos em questão através dos debates que os opõem uma a outro, ou aos coristas, as personagens heroicas são tornadas próximas, pelo uso de uma linguagem quase comum, prosaica. Não seria à toa que, com o desenvolvimento da tragédia, gradativamente, o coro tenha perdido espaço para a ação praticada por protagonistas e antagonistas, e, paralelamente, de Ésquilo a Eurípides, o movimento e canto corais tenham cedido terreno para o diálogo. Onde Dionísio já não estava presente, diz Nietzsche com evidente nostalgia, prevalece Apolo:

> Munida com o chicote dos silogismos, a dialética otimista expulsa a *música* para fora da tragédia; quer dizer, destrói a própria essência da tragédia, essência que tem de ser interpretada como manifestação e objetivação de estados dionisíacos, como simbolização visível da música, como o mundo onírico de embriaguez dionisíaca.[35]

Entretanto, algo subsistiu desse nascimento da tragédia no espírito da música: o diálogo ocidental nasceu em verso, isto é, segundo uma métrica e um tempo ordenados pela cadência rítmica dos primeiros ritmos gregos. Assim, em verso, perdurou até o teatro moderno, na virada do século XIX para o XX. Interessante registrar, e é o que farei a seguir, com breves exemplos, como, mesmo ainda dentro da tradição, a peça em verso teve sua forma rítmica variada tantas vezes e de tantas formas quanto as "disposições anímicas" de seus autores. A genialidade deles advém, em grande parte, da maneira como souberam dispor do verso, dentro da tradição (e por vezes presos à forma da métrica ocidental), com liberdade e inventividade, na intenção de construir o significado. Por muitas vezes, essa ousadia foi tomada na forma, na distribuição, e, finalmente, no ritmo.

Uma Leitura de Agamêmnon

O primeiro bom exemplo nos chega da própria tragédia ática: *Agamêmnon*, de Ésquilo, esse primor de construção formal.

---

35 *A Origem da Tragédia*, p. 90.

Agamêmnon é uma tragédia política. Como toda tragédia grega, ela faz referência a acontecimentos míticos anteriores à fábula que vai, de fato, narrar. No caso, o ciclo dos Átridas inicia-se com a maldição que recai sobre os pais de Agamêmnon e Egisto, que são antagonistas nesta tragédia, descendentes ambos de Tântalo, que ousara afrontar os deuses e fora por isso amaldiçoado. A maldição passa de geração a geração, até levar os pais de Agamêmnon e Egisto à disputa de terras e pelo reino de Micenas. Revezando-se no trono, eles permanecem em litígio; assim permanecem os filhos.

No momento em que começa a tragédia, Agamêmnon está ausente de casa há dez anos, guerreando em Troia[36]. O trono é, então, ocupado por Egisto, que o usurpara em sua ausência, unindo-se à rainha, Clitemnestra. Uma sentinela à espreita – há muito tempo à espreita, aliás – narra, em versos de dez sílabas, a espera angustiosa pelo desfecho de sua vigília. De repente, vê o sinal da vitória, aguardado há dez anos (um sinal de fogo), o qual porá fim à angústia da cidade. Retira-se, para contar a novidade aos demais cidadãos. O coro faz seu *párodos*, sua primeira entrada, para lembrar o início de tudo: uma injúria (o rapto de Helena) conclamara os gregos à guerra contra os troianos.

Desenvolve-se, até esse ponto, o verso de uma maneira que eu chamaria, parafraseando Staiger, de épica: o grau de envolvimento emocional ainda é relativamente moderado, o pensamento é organizado, a narrativa é explicativa. Mas eis que um dos anciãos do coro decide rememorar o momento da partida dos navios gregos: momento traumático, que seria, anos depois, o motivo alegado para o desencadeamento de toda a tragédia que virá – o sacrifício de Ifigênia, filha do rei, a mando da deusa Ártemis. Esse momento, de intensa comoção, mesmo lembrado tantos anos depois, desencadeia uma espécie de confusão no arcabouço formal da obra: versos de dez e doze sílabas passam a se alternar, em uma nova organização que pode ser percebida até tipograficamente, pela distribuição entrecortada no papel. É uma nova regularidade rítmica, mais variada e impulsiva, que substitui a anterior, de caráter mais calmo e previsível. Não por coincidência, é o momento em que o texto se remete a

---

36   A versão utilizada para este estudo foi traduzida por Mario da Gama Kury.

episódios cruciais e sanguinolentos: o ataque de duas águias a uma lebre com filhotes no ventre, interpretado como augúrio da batalha que se seguiria; o longo tempo de calmaria (sem ventos), que impediria as naus de partir durante muitos meses, semeando ócio, fome, dispersão e doença entre os guerreiros; e a exigência de sacrifício da virgem inocente para que a calmaria cessasse. Já não há, nem na forma, nem no conteúdo, o sentimento entorpecido pela espera, pela angustiosa espera, do princípio da cena. Vendo-se joguete ao sabor dos interesses dos deuses, o ancião invoca benevolência, com fervor, por um fato já acontecido – "Zeus! Seja Zeus quem for! Que a minha invocação, se lhe aprouver, tenha boa acolhida!"[37] – como se pudesse ainda evitá-lo, tantos anos depois, tal é a comoção que o fato ainda lhe causa. Ao coro, resta intercalar o lamento do ancião com um estribilho: "Tristezas, canta tristezas / e possa o bem triunfar."[38] Com essa interpelação recorrente, o coro ratifica o horror das palavras do cidadão, como a marcar--lhe um passo, um batimento, uma cadência.

De repente, silêncio. É a rainha Clitemnestra que entra, restabelecendo a ordem – e a regularidade do verso de dez sílabas. Restabelecendo, pois, com sua presença, o princípio hierárquico e a serenidade imperial na forma e na narrativa dos acontecimentos. A partir daí, e ao longo de alguns estásimos e episódios, seja através do diálogo entre arauto e corifeu, ou nas falas da rainha, ou nas intervenções do coro, tudo o que se faz é conjecturar sobre os destinos dos guerreiros da batalha, inclusive do rei que retorna. Muito tempo e papel são gastos nessa conjectura, pois o motivo da tragédia é justamente a volta desse rei: se a história de Agamêmnon não for lida como uma tragédia doméstica (a rainha, que já se ligara a um amante, mata o antigo marido, por quem nutria rancor), e sim como uma tragédia política, essa apreensão se explica: um reino que, durante a ausência de seu rei, se estabeleceu sob uma nova monarquia, unificadora das famílias antigamente rivais (as de Egisto e Clitemnestra), e que vê tal estabilidade ser abalada pela volta do rei antigo – ainda por cima um monarca não confiável, que entrara em guerra e prolongara sua ausência por motivos

37 Ésquilo, *Oréstia*, p. 25.
38 Ibidem, p. 23-25.

fúteis. Talvez por isso, a próxima desorganização métrica vá acontecer justamente no momento em que o monarca chega. O coro se inquieta com a incerteza dos acontecimentos. E se divide – fala em lealdade, mas reconhece que, no passado, censurara o rei. Por isso, também, se divide na métrica. Mais à frente, no momento em que o rei for assassinado, o coro se dividirá explicitamente, individualizado em cidadãos que hesitam entre acudir ou ignorar os apelos da vítima. Nesse momento, não "cantará" de forma coral – será desmembrado, em diálogos atribuídos a cada um dos anciãos. É como se, a um clímax de tensão, o autor precisasse corresponder um ritmo mais ágil, entrecortado, com trocas mais rápidas entre os atores, feitas de duas ou três linhas no máximo – no lugar das longas tiradas e discursos que caracterizam a ode coral.

Shakespeare

Herdeira da tragédia helênica, toda dramaturgia textual ocidental que se seguiu foi-lhe fiel na versificação, tomando o metro como base. Mas sucederam-se os exemplos dos dramaturgos que, não obstante a aparente limitação formal (ou, ainda, graças a ela), usaram com mestria as estratégias do verso dramático. O exemplo mais famoso, e próximo, do qual não temos como fugir, é o de Shakespeare.

Sabe-se que Shakespeare escreveu sua obra predominantemente em versos, utilizando preferencialmente o pentâmetro iâmbico – linhas de dez sílabas em que se alternam sílabas átonas e tônicas, através do padrão curto-longo. Patsy Rodenburg, professora da Escola Guildhall de Música e Teatro, de Londres, especialista em Shakespeare, vê nesse ritmo oriundo dos gregos – o iambo – um padrão universalmente básico, porque mimetiza as batidas do coração; o primeiro som que ouvimos, ainda no ventre de nossa mãe, e o último, na hora de nossa morte[39]. Essa pulsação fraco-forte dita, assim, "naturalmente", a marcação do andamento do verso, da mesma forma que aponta

---

39 Cf. *Speaking Shakespeare*. Foi o padrão breve-longo que chamamos de pulsação, ou pulso, primordial.

seus momentos de ímpeto, de impulso, de ênfase. A produção em versos iâmbicos, tão comum na época de Shakespeare, soava com muita naturalidade aos ouvidos dos espectadores de então. Isso pode ser em parte explicado pela forte presença da retórica em muitos aspectos da vida comunitária. Não por acaso, muitos atores e dramaturgos renascentistas vinham da área da jurisprudência, que usava a retórica como método de raciocínio no discurso e na argumentação. É possível dizer que a técnica (e arte) da versificação no teatro seja consequência dessa função vital que ela tinha na vida pública e nas artes da época.

Em geral, a variação mais frequente no pulso de dez sílabas era o uso do verso de onze sílabas. No entanto, é notório, segundo Rodenburg, que, apesar de seguir essa "norma" métrica, Shakespeare sentiu-se à vontade para quebrá-la, alternando partes em "prosa" com as partes em verso e, ainda, utilizando-se deste último em diferentes métricas. Embora não seja a intenção deste trabalho efetuar um extenso levantamento de exemplos em sua dramaturgia, quero chamar a atenção, mais uma vez, para a diversidade de significados que o autor consegue, justamente pela mera (!) escolha e distribuição das diferentes métricas. Em outras palavras, pode-se auferir como Shakespeare diz o que quer dizer, através da forma como constrói seus versos, alterando, primordialmente, seu ritmo! É assim que também pensa Rodenburg:

> Chamado pentâmetro iâmbico, esse é o modelo de construção do verso dramático inglês. Podemos considerar tal tipo de linha como um tamanho padrão. Entretanto, muito do que é mais interessante no verso de Shakespeare tem a ver com as variações desse verso, variações que deve [o ator que pretende interpretar Shakespeare] aprender a identificar. Regular ou não, o ritmo de suas linhas é totalmente associado ao significado e à emoção. [...] O gênio de Shakespeare é de tal ordem que, na medida em que você segue seu ritmo, você se aproximará e estará inteirado do significado do texto.[40]

Se, em Shakespeare, como em todo bom poeta, todas as palavras são importantes, nem todas podem ser igualmente acentuadas – da mesma forma que, na música, todas as notas são importantes, mas devem soar com ênfases diferentes. O ritmo,

40 Op. cit., p. 84-85.

62   RITMO E DINÂMICA NO ESPETÁCULO TEATRAL

então, nos move, ou conduz em nós um movimento, de forma a captar aquilo que, no discurso, por soar mais acentuado, aparece como o mais significativo.

A primeira forma de perceber essa associação entre ritmo e significado é ver como isso é feito ainda dentro da tradição métrica. Com a alternância de sílabas acentuadas e não acentuadas no verso iâmbico, Shakespeare *dirigia* seus atores em uma época em que ainda não havia surgido a figura de um encenador, nem mesmo a de um diretor de cena, ou de alguma pessoa responsável pela organização polissêmica do espetáculo. No caso, o próprio texto possivelmente orientava os atores quanto aos acentos principais; ou seja, quanto ao componente significativo mais importante. Com o uso do metro regular, o autor cria um sistema de significação, utilizando as sílabas átonas, ou curtas, para preparar o conteúdo emocional e significativo forte que estará assentado nas sílabas tônicas, ou tempos longos; assim, como naquela batida rítmica dos pés, os momentos de *arsis* são preparatórios para fazer retumbar as sílabas, ou fragmentos de palavras que carregam com mais intensidade a carga de significação do pensamento – como é o caso de seu verso mais famoso: "To *be* or *not* to *be* – that *is* the *ques*tion."[41]

Fica evidente que, nesse verso, a regularidade iâmbica faz o acento cair nas sílabas mais "importantes", como o componente verbal *be*, que significa "ser", e o *not,* "não", deixando o conectivo *or* ("ou") e o componente verbal indefinido *to* nos "locais" átonos. Note-se que "questão" é palavra que, em inglês, carrega a tônica para a primeira sílaba (*question*), diferentemente do português. O fato de legar à última sílaba um caráter fraco ou "feminino" (*feminine ending*), na visão de Paul Heritage, professor de Drama e Performance na Escola Queen Mary, da Universidade de Londres, ajuda a "deixar em aberto" a tão famosa questão. No seu entendimento, na base de toda dramaturgia de Shakespeare está a figura da antítese, seja ela formal ou conceitual; pensamento com o qual é fácil concordar, se lembrarmos dos sonetos e de obras como *O Mercador de Veneza, Hamlet, Otelo, Ricardo III* e outras. Teria sido o iambo de sua época, dotado de uma pulsação antitética por excelência,

41   W. Shakespeare, *The Complete Works*, p. 390.

uma conveniente coincidência, ou teria sido o conteúdo de sua obra moldado pela tradição formal sob a qual se inscrevia, e com relação à qual tomava liberdades?

Falando nelas, é principalmente quando o bardo inglês toma liberdades com o verso padrão que os exemplos são mais reveladores. É o caso das *short lines*, os versos curtos, que, se cumprem geralmente a função de assertiva breve e decidida no enunciado das personagens, por diversas vezes têm uma curiosa função: a de captar a imediata atenção do espectador, para algum relato impactante que se vai fazer. Temos como exemplo a réplica de Bernardo, guarda do rei, que vai relatar a Hamlet, já na primeira cena, a aparição do fantasma que ele presenciara. Ao ser inquirido pelo príncipe, ele inicia sua narrativa, na primeira linha, com apenas quatro sílabas: "*Last night of all* [...]". Ou seja: "Ontem à noite [...]" que, seguida por brevíssima pausa, cria o suspense necessário para reter a atenção da plateia, antes de seguir com o relato da visão do fantasma[42]. Ou, ainda, na fala do oficial que, na cena 2 do Ato I de *Macbeth*, responde a Malcolm e Duncan, que o inquirem sobre o resultado da batalha entre o então leal súdito Macbeth e o inimigo do reino, Macdonald:

> MALCOLM: [...] Dá ao rei conhecimento da batalha
> no ponto em que a deixaste.
> OFICIAL: Indecidida.[43]

Com a curta sentença, o oficial deixa em suspense o resultado da contenda. E, a partir, daí, inicia um quase sem fôlego relato da sangrenta batalha, na qual Macbeth dera incansáveis provas de sua lealdade ao rei.

Lembremos, neste ponto, da insistência de Hamlet, em versos tão curtos quanto desesperados, instando o fantasma de seu pai a lhe falar, na mesma cena primeira do primeiro ato: "*Speak to me*" (em duas ocasiões) e "*O, speak!*"[44]

Além delas, Shakespeare usa abundantemente o recurso das *split lines*. Diferentemente das *short lines*, as *split lines* são versos

---

42 W. Shakespeare, op. cit., p. 1028.
43 "*MALCOLM*: [...] *Say to the king the knowledge of the broil / As thou didst leave it.* // *CAPTAIN*: *Doubtful it stood*"; ibidem, p. 999.
44 Ibidem, p. 1030.

longos, porém "fragmentados", "divididos" por mais de uma personagem. Seria como um mesmo pensamento que percorresse as mentes de mais de uma pessoa, ao mesmo tempo, fazendo-as reagirem da mesma maneira, "irmanando-as" em seus propósitos. De novo a primeira cena de *Hamlet* pode nos prover um bom exemplo, quando as três testemunhas do encontro do príncipe com o fantasma partem de espada em punho contra este último, unidas no objetivo de não deixá-lo fugir:

> MARCELO: Posso atacá-lo com minha alabarda?
> HORÁCIO: Se não se detiver, ataca!
> BERNARDO: Está aqui!
> HORÁCIO: Está aqui!
> MARCELO: Foi embora![45]

Esses exemplos, parcos, se comparados à amplitude da obra do dramaturgo, indicam apenas que, ao manipular a forma do verso, Shakespeare e seus seguidores conseguiam fazer precisas indicações da significação que pretendiam. Quando obedece ao ritmo-padrão da fala poética de seu tempo, o autor se afina ao ouvido do espectador, levando-o pela mão, ou pelo ouvido, a compartilhar e comungar de sua fábula. Utiliza a seu contento tanto as linhas de dez sílabas, com final tônico, ou "masculino", como lembra Patsy Rodenburg, para concluir com impacto certos pensamentos[46], como conduz o leitor, através da linha de onze sílabas, com final suave, ou "feminino", a seguir rapidamente para a próxima, como se houvesse uma urgência em concluir o pensamento mais adiante, em um procedimento que costuma ser chamado de *enjambment*.

Em contrapartida, ao estabelecer rupturas súbitas ou cesuras no meio da frase, o autor introduz uma fragmentação do pensamento ou do sentimento. A personagem, no entendimento de Rodenburg, denota estar agitada ou com a confiança abalada. Falas que se iniciam no meio da linha interrompem

---

45 "MARCELLUS: *Shall I strike at it with my partisan?* // HORATIO: *Do, if it will not stand.* // BERNARDO: *'Tis here!* // HORATIO: *'Tis here!* // MARCELLUS: *'Tis gone!*"; ibidem, p. 1030.

46 O final forte (*end-stopped*) é modelarmente usado no pentâmetro iâmbico, posto que a sílaba acentuada é sempre a segunda em cada pé, inclusive no final da linha/verso (quinto pé).

EM VERSO E PROSA: COMO BATE O RITMO NO TEXTO DRAMÁTICO · 65

o fluxo anterior e, consequentemente, o fluxo do pensamento. Indicam, na maioria das vezes, alguma agitação. E versos curtos ou que se iniciam no final da linha indicam pausas – de suspense, de tomada de decisões, de mudanças de planos. À maneira de um regente, diz a autora, o ritmo dá as pistas para a elocução do ator[47].

O que faz com as linhas, Shakespeare faz com os blocos de cena, quando então a escolha das formas de discurso, ora usando métricas variadas, ora passeando livremente entre prosa e verso, chega a cartografar as peculiaridades de cada personagem. É como se a métrica ditasse as características de cada uma delas, incluindo os momentos de ruptura, saltos, mudança de direção em seu discurso – que, mais do que sinalizar suas mudanças de espírito, efetivamente efetuam essas mudanças – e, consequentemente, as peripécias da fábula. Marcos Barbosa de Albuquerque, autor de um estudo sobre a tradução em verso da obra de Shakespeare, exemplifica:

> A alternância verso/prosa é um contraste empregado com claros propósitos na obra de Shakespeare. É assim, por exemplo, que diante do corpo de Júlio César, Brutus discursa em prosa, ao passo que Marco Antônio o faz em verso; de forma similar, podemos distinguir o Hamlet "louco" do são porque aquele fala em prosa e este em verso.[48]

Paul Heritage enfatiza que a escrita em prosa, por ser rara e, em geral, em latim, na época do dramaturgo, pode ser considerada hoje uma ação mais revolucionária do dramaturgo Shakespeare. O verso, além de ser uma tradição, ajudou a formar o teatro isabelino: não só dava a cadência da fala, como, por si só, valorizava as palavras, permitindo-lhes tomar uma "forma" sonora mais fácil de ser captada nas ruidosas apresentações a céu aberto, nas quais o texto facilmente se perdia. Além disso, era mais fácil de decorar, o que representava uma grande vantagem nos modos de produção da época, em que o texto da peça era distribuído aos atores por partes[49]; por tudo

---

47 P. Rodenburg, op. cit., p. 95.
48 M.B. de Albuquerque, *O Engenho e a Arte*, p. 12.
49 Os atores recebiam suas falas em pequenos rolos de papel (*roles*, termo que mais tarde viria a significar "papel" no sentido de "personagem"), contendo apenas a parte de suas falas, e as indicações de sua entrada (sua "deixa", termo

isso, o verso, que já "diz" tudo, era o padrão, ao passo que a fala em prosa, que exigia muito mais arbítrio do ator na valorização das palavras, na escolha de intenções e na cadência da cena, era dedicada aos atores mais experientes.

O próximo exemplo nos foi gentilmente sugerido por Marcos Barbosa de Albuquerque, e mostra como a mudança quase abrupta de sentimentos da personagem Lady Ana para com a personagem Ricardo Duque de Gloster, em *A Tragédia do Rei Ricardo III*[50], se faz notar tanto pela alteração rítmica como pela mudança do, digamos, jeito de falar.

Quando, na cena 2 do Ato I, o esquife com o cadáver do Rei Henrique VI, morto por Ricardo de Gloster, é introduzido em cena, Lady Ana tem 32 linhas de versos em dez sílabas (de final "feminino", o que supõe um pensamento que quase não se detém) para lamentar a morte do rei e a de seu marido (filho do rei) e maldizer o assassino de ambos. Gloster entra e segue-se um diálogo de enfrentamento entre os dois, ainda em métrica regular, mas com falas mais curtas, de duas a seis linhas. Ana, então, tem de novo uma longa fala, de dezoito linhas, forte em imagens e veemente na escolha das palavras, que sugerem um fluxo que poderia ser chamado de "livre" ou "sem controle", seguida de uma fala curta de Gloster:

> ANA: Diabo podre, vai-te e não nos tentes.
> Da terra alegre tu fizeste inferno,
> Encheste-a de ganido e maldição.
> Se tens prazer em ver teu feito abjeto,
> Repara neste exemplo de matança.
> Olhai, olhai: Do morto Henrique as chagas
> Degelam os lábios, vertem sangue novo!
> Agora cora, abcesso informe e podre!

ou a fala do ator anterior a sua entrada) e de sua saída (a rubrica *exit*, "saída"). As razões eram econômicas – as companhias de teatro tinham dificuldades financeiras, inclusive para cópias em papel – e, principalmente, de segurança. Não havendo ainda meios de proteção aos "direitos autorais" na época, era possível a qualquer um – inclusive atores – copiar uma peça inteira e montá-la como se fora de sua autoria. Deixando de imprimir as peças, os donos de companhias protegiam seus interesses.

50 O título Ricardo Duque de Gloster é o tratamento escolhido por Marcos Barbosa de Albuquerque, tradutor dessa versão, para uniformizar as variadas formas com que a personagem é chamada, nas diferentes versões dos originais de Shakespeare (*Glouster, Gloster, Glocester, Glo.* etc.).

EM VERSO E PROSA: COMO BATE O RITMO NO TEXTO DRAMÁTICO

Pois tua presença aqui exala sangue
De veias onde sangue nenhum mora.
Teu feito, desumano e aberrativo,
Provoca tal dilúvio aberrativo.
Deus, que este sangue fez: vinga essa morte.
Chão, que este sangue bebe: vinga a morte.
Ou o céu com um raio este assassino mate,
Ou abra-se o chão, largo, e o coma vivo,
Tal como engole o sangue deste rei,
Que um braço endemoniado descarnou.
GLOSTER: Não conheceis as leis da caridade
Que paguem mal com bem e, com bênçãos, pragas.
ANA: Tu desconheces leis de Deus e de homens.
A fera bruta ao menos tem piedade.
GLOSTER: Mas eu não tenho e assim eu não sou fera.
ANA: Oh, maravilha, o diabo diz verdades![51]

Ao que tudo indica, Gloster ouve em silêncio a longa exalação de fúria de Lady Ana. Então, com uma fala curta, ele interrompe o fluxo de ira que jorra da dama, tentando surpreendê-la na forma rápida e no conteúdo absurdamente doce (aos ouvidos da *lady*) com que ele se contrapõe a seu discurso feroz. Mas Lady Ana não se deixa envolver, e devolve com a mesma rapidez de raciocínio e forma breve. Gloster tenta "mudar-lhe" o ritmo, para mudar-lhe o sentimento – só que a mulher acompanha o novo ritmo, mas com a mesma disposição anímica anterior. Com a continuação da cena, vemos que ela retoma as palavras de seu algoz, mediante o espelhamento de versos e andamento, mas justamente para contrapor-se aos seus desígnios:

GLOSTER: Mais maravilha é um anjo tão irado.
Eu rogo, divinal mulher perfeita,
Dos crimes alegados libertai-me
Por circunstância, para que eu me absolva.
ANA: Eu rogo-te, infecção difusa em homem,
Dos males comprovados me liberta
Por circunstância, pra que eu te esconjure.
GLOSTER: Mais bela que o dizível, dai-me a vossa
Paciência, pra que eu possa desculpar-me
ANA: Mais podre que o pensável, não terias
Desculpa a menos que tu te enforcasses.

51 *O Engenho e a Arte.*

GLOSTER: Um desespero tal me inculparia
ANA: E em desespero tu te escusarias,
Valendo sobre ti vingança digna
Da morte indigna que trouxeste aos outros.
GLOSTER: Dizei que não os sangrei.
ANA: Dirás que não sangraram?
Por ti, demônio escravo, foram mortos.
GLOSTER: Não matei vosso esposo.
ANA: Então ele está vivo
GLOSTER: Não. Morto está. Sangrou-o a mão de Eduardo.
ANA: Mentira podre: Margaret, a rainha,
No sangue dele viu ferver tua adaga.

Ainda não foi dessa vez que Gloster conseguiu dobrar ou mesmo surpreender Lady Ana. A *lady* é rápida, e chega a contrapor-lhe até os surpreendentes versos curtos (*short lines*) com versos igualmente curtos, porém opostos na intenção. As últimas dez linhas são dignas de um duelo de *western*. E, nesse efeito de sacar mais rápido e ser mais certeiro, o autor recorre a um instrumentozinho tão preciso quanto rítmico: a esticomitia.

Esticomitia: O Duelo Verbal

Bons de gatilho, os duelistas seguem adiante. O andamento acelera, acompanhando a alteração do batimento do pulso de Lady Ana, quando Gloster lhe declara seu amor. Por várias vezes, as trocas de falas são tão rápidas quanto ríspidas: assumem a forma de esticomitia, um tipo de diálogo curto de apenas uma linha em cada fala:

ANA: Tua noite assombre o dia e a morte a vida.
GLOSTER: Não te maldigas, bela, pois és ambos.
ANA: Quisera eu fosse e em ti me vingaria.
GLOSTER: É uma querela muito inusitada
Vingares-te daquele que te ama.
ANA: É uma querela justa e razoável
Vingar-me de quem matou o meu esposo.
GLOSTER: Quem te privou, senhora, de um esposo,
Fez isso pra te dar melhor esposo.
ANA: Não há melhor que ele sobre a terra.
GLOSTER: Há alguém de amor melhor que o que ele tinha.

EM VERSO E PROSA: COMO BATE O RITMO NO TEXTO DRAMÁTICO

ANA: Quem é?
GLOSTER: Plantageneta.
ANA: É o nome dele.
GLOSTER: O mesmo nome, mas melhor pessoa.
ANA: Onde ele está?
GLOSTER: Aqui. (*Ela cospe nele.*)
    Por que tu cospes?
ANA Que fosse, para ti, mortal veneno.
GLOSTER: Jamais correu veneno em lar tão doce.
ANA: Jamais veneno ungiu tão podre sapo.
    Desaparece! Infectas os meus olhos.
GLOSTER: Teus olhos, doce lady, os meus infectam.
ANA: Que fossem basiliscos, pra matar-te.

Essa forma de diálogo linha a linha, ou até, em certos casos, hemistíquio a hemistíquio (metade de um verso a outro), pressupõe, concorda Anne Ubersfeld, uma cena de respiração acelerada, seja ela trágica ou cômica[52]. Comparada a uma batalha verbal, geralmente é usada para caracterizar o ápice de um conflito. O termo vem do grego e posteriormente do latim, originado de *stikos* = verso (linha) + *mythos* = narrativa[53]. Ubersfeld aponta outro maravilhoso exemplo desse recurso, dessa vez em nosso já citado *Agamêmnon*, na magistral cena em que Clitemnestra tenta convencer o marido, a quem pretende assassinar, a pisar o tapete vermelho que o conduzirá para dentro de casa. O general, em supersticiosa negativa, parece suspeitar que um castigo pode advir de sua falta de humildade. A tensa relação do casal é expressa no diálogo certeiro:

CLITEMNESTRA: Juraste aos deuses, em perigo, ser modesto?
AGAMÊMNON: Se agi assim, moveu-me boa inspiração.
CLITEMNESTRA: Se vencedor, que pensas que faria Príamo?
AGAMÊMNON: Decerto marcharia sobre teus tapetes.
CLITEMNESTRA: Não deves, pois, temer que os homens te censurem.
AGAMÊMNON: É muito forte o julgamento popular.
CLITEMNESTRA: Só não existe inveja se não há valor.
AGAMÊMNON:As mulheres não devem sustentar querelas!
CLITEMNESTRA: Também os fortes podem dar-se por vencidos…
AGAMÊMNON: Desejas ser a vencedora no debate?[54]

---

52 *Reading Theatre III*, p. 50.
53 P. Pavis, *Dicionário de Teatro*, p. 146.
54 A. Ubersfeld, *Reading Theatre III*, p. 50-51.

A angústia da morte é, de maneira soberba, pressagiada no ritmo marcado, preciso, da esticomitia, no único momento da tragédia em que o diálogo entre os dois se dá dessa forma, dado que em geral o texto evolui em longas tiradas.

Esse tipo de troca verbal marca, segundo Patrice Pavis, o momento em que emerge o aspecto mais emocional, incontrolado, talvez até inconsciente do discurso da personagem. Mais uma vez, no caso, a forma molda o conteúdo: quanto mais o texto do dialogante se reduz, maior a probabilidade de mudanças súbitas no contexto de seu pensamento, pois não há discursos longos durante os quais seu pensamento possa *evoluir*. Por isso, a esticomitia constitui uma forma, de certa maneira, "exagerada" do discurso teatral, na opinião de Pavis[55]. Ela exagera, explicita, potencializa um momento de comoção violenta.

As palavras do teatrólogo parecem feitas sob medida para boa parte da dramaturgia de um dos maiores autores brasileiros, Nelson Rodrigues. Com sua estrutura de personagens que evoluem "aos saltos", isto é, sem transições psicológicas lineares, Nelson Rodrigues exagera na forma e no conteúdo, na medida em que pretende abarcar cargas enormes de significação intelectual e emotiva, em diálogos por vezes curtíssimos. Nesses momentos, o que desempenha um papel tão importante quanto o da escolha da palavra adequada é o ritmo dos diálogos, que faz "exagerar", pela forma concisa, a intensidade do discurso. Um dos exemplos mais enxutos que me ocorre é este hilariante diálogo de aproximação do cafetão Bibelot à beldade Aurora, a quem ele mal conhecera e já convida para um encontro, em *Os Sete Gatinhos*:

BIBELOT: Espera!
AURORA: Que é?
BIBELOT: Bolei outra ideia!
AURORA: Olha a hora!
BIBELOT: É cedo.
AURORA: Diz.
BIBELOT: Primeiro responde: você é corajosa?
AURORA: Que espécie de coragem?
BIBELOT: Coragem para ir a um lugar, assim, assim...
AURORA: Tira a mão!

55 Op. cit., p. 147.

BIBELOT: Vai?
AURORA: Onde?
BIBELOT: Lá.
AURORA: Depende.
BIBELOT: Ia ser bacana!
AURORA: Onde é?
BIBELOT: Copacabana.
AURORA: Longe![56]

Da mesma natureza firme, rápida e incisiva de Lady Ana (respeitadas, evidentemente, as devidas proporções, estilísticas e de época, entre as duas personagens...), Aurora não sucumbe fácil aos rápidos e cortantes "ataques" sedutores de Bibelot, atenta até mesmo ao movimento de sua mão boba. Mais uma vez, a esticomitia se presta a um delicioso duelo verbal, nesse caso característico da sedução sexual, a deixar enervado – porque com nervos à flor da pele – o ouvinte da cena. (Não sei por que, mas a "música" desse diálogo me remete aos *sambas de breque* cariocas, típicos de Moreira da Silva e outros sambistas malandros... Falando em samba, aliás, nos vem à lembrança o adjetivo "sincopado", muitas vezes usado em relação ao diálogo rodriguiano.)

Fica-nos, então, a noção de que, qualquer que seja a finalidade dessa forma de diálogo, sua característica é a impressão de nunca ter "apenas acontecido", de forma natural ou mundana. É evidente que qualquer elocução dramática nunca é "natural" – já vimos como os autores de teatro operam uma *segunda língua* – mas, às vezes, como no caso da esticomitia, pode-se perceber mais claramente a ferramenta que foi usada pelo poeta, e com que finalidade. Assim, tem-se a nítida impressão de que o intento do poeta é a criação de tensão, conflito, seja ele trágico ou cômico. As ferramentas usadas são a velocidade das trocas, a curta duração das sentenças, o sentido de oposição, os paralelismos e recorrências; recursos de ordem rítmica, em sua maioria. Ferramentas que engendram, nas palavras de Ubersfeld, "pedras preciosas delicadamente lapidadas, que ao mesmo tempo se prestam a duelos, onde as armas são palavras"[57].

---

56 *Teatro Completo*, v. 3, p. 188-189.
57 Op. cit., p. 52.

Voltemos agora a Ricardo III, nosso exemplo em estudo. Onde mesmo se dá a tal "virada" nas atitudes de Lady Ana, rítmica antes de tudo, que faláramos no início?

Ela ocorre exatamente depois de uma longa tirada de Ricardo de Gloster, em que o assassino do sogro e do marido de Ana se mostra arrependido, compungido e apaixonado, chegando a pedir à dama que o mate. Emocionada, talvez vencida pelo cansaço e pelos apelos do ainda vilão, a *lady* finalmente capitula. Diante da insistência com que Gloster lhe convida a matá-lo, ou a ordenar-lhe que se mate, ela, após o que parece ser um breve silêncio (embora não indicado por rubrica, mas que em tudo pode ser suposto, dado que a mudança de atitude parece ter sido pesada e decidida nesse momento), deixa entrever uma possibilidade de perdão, e, mais ainda, de complacência com o amor do assassino. E o faz, não usando palavras diretas, mas tomando, pela primeira vez, a iniciativa de propor frases curtas!

> GLOSTER: [...] Dize outra vez e, a uma só palavra,
> A mão que por amor matou-te o amante,
> A amar-te matará mais vero amante
> E de ambas mortes tu serás a causa. [? Silêncio ?]
> ANA: Quisera ler-te a alma.
> GLOSTER: Figura em minha língua.
> ANA: Eu temo-as ambas falsas.
> GLOSTER: Então ninguém é franco.
> ANA: Pois bem, pousai a espada.
> GLOSTER: Declara a nossa paz.
> ANA: Depois tu saberás.
> GLOSTER: Mas vivo em esperança?
> ANA: Espero-a viva em todos.
> GLOSTER: Aceita o meu anel.
> ANA: Tomar não é ceder.
> *Ela põe o anel.*

Bingo! O vilão a conquistou.

Apresentada assim, fragmentada para os devidos comentários, a cena de Lady Ana e Ricardo de Gloster talvez não revele de todo o primor de construção rítmica que é, quando é lida, ou acompanhada ao vivo, por inteiro. A cena possui uma dinâmica intrínseca, conseguida pela alternância de momentos fortes e fracos, nos quais estes últimos, longe de representarem um

EM VERSO E PROSA: COMO BATE O RITMO NO TEXTO DRAMÁTICO

alívio na tensão reinante, parecem mesmo é funcionar como *arsis*, preparação para um novo momento cruciante. A diversidade rítmica é conseguida pela imbricação das falas curtas, alternadas com tiradas maiores, que propiciam o momento de respiração do leitor/ouvinte, em óbvios movimentos de aceleração e desaceleração do andamento da cena. Não seria inclusive devaneio admitir que, no momento em que a *lady* cospe no rosto de Ricardo, um certo deslocamento é produzido, como se o ritmo recorrente até então fosse interrompido. À maneira de uma síncope musical[58], um deslocamento de acento "quebra" com a expectativa de progressão da cena, que estava "sob domínio" de Ricardo de Gloster, fazendo-a tomar novo rumo, arrebatada pela ação (verbal) de Lady Ana.

Cabe aqui uma breve observação: naturalmente, a dramaturgia em verso, de métrica e acentuação tão definidas, traz o perigo da estéril obediência a uma cadência preestabelecida, ainda mais quando o é tão bem estabelecida, no caso dos autores talentosos a quem acabo de nomear. Por conta disso, por exemplo, Patsy Rodenburg chama a atenção dos atores que terão a tarefa de dizer o texto de Shakespeare para o quanto é importante a escolha de acentos secundários, de cunho subjetivo, na enunciação do texto[59]. Essa dinâmica básica, constituída de acentos fortes/fracos, como no pentâmetro iâmbico, pode aprisionar o enunciador (leia-se aqui, agora, não mais somente o ator, mas também o encenador) em uma técnica normativa, pura adequação a um cânone estabelecido. Tomando-se o devido "cuidado" com o perigo desse aprisionamento, o verso metrificado pode ser altamente libertador.

Discurso Prosaico

Tudo o que foi discutido em relação ao verso, no tocante à função poética ser calcada no significante, e sua escolha, baseada não somente na ideia que expressa, mas em sua abordagem material (sonora, e, portanto, rítmica), vale também para a dramaturgia

---

58 A síncope é um deslocamento do acento rítmico normal do tempo forte de um compasso para outro que, usualmente, tem batida fraca.

59 Cf. *Speaking Shakespeare*.

em prosa. "Há poesia também na prosa", lembra Ubersfeld[60], ainda que mais sutil: "o teatro foi feito para ser ouvido. O componente musical do diálogo teatral é uma parte essencial da sua poética, mesmo quando é difícil de ser percebido por uma simples leitura do texto"[61].

O que ocorre é que essa percepção, que apreende os recursos de mudança de andamento, de distribuição de acentos, de pulsação, é menos óbvia em um texto "cursivo". Mas a narrativa em prosa possui sua peculiaridade rítmica, e como tal pode ser submetida ao mesmo processo de análise.

Vejamos a forma mais frequente no teatro ocidental, a narrativa dialógica. Tanto faz se o diálogo está a serviço do chamado "drama puro" ou "rigoroso", tectônico, que pretende esgotar, por meio de um discurso que supostamente elide o autor, a representação de um mundo; ou se ele compõe dramas "abertos", de tendências épicas, que deixa entrar em sua composição o que Rosenfeld denomina várias "faixas de ação", como narradores, coros, projeções, canções etc.[62] – o que permite que o próprio mundo, o grande tema desse tipo de drama, invada o palco. Em qualquer das hipóteses, o diálogo é quase sempre constitutivo da ação dramática; ele é quase sempre uma ação falada. No teatro, o discurso é performativo, quero dizer, sua função como linguagem é ser um "ato", um ato de fala. Em tal padrão, cabe à palavra ser uma maneira de agir. "Nesse tipo de dramaturgia, as palavras, portanto, se encarregam de prescrever ações exatas e por isso o dramaturgo não escreve apenas uma obra literária, mas também uma encenação, entendida como a comunicação física de um trabalho dramaticamente completo", exemplifica a autora Silvia Fernandes[63]. A conclusão imediata é de que o autor propõe um movimento, no sentido de um fluxo e uma dinâmica de ações. Se Ésquilo e Shakespeare, os exemplos mais notórios, construíram quadros rítmicos em verso, o autor que escreve em prosa teve, por ser menos comprometido com o cânone preestabelecido da versificação, um diferente tipo de autonomia para compor os seus.

---

60 *Reading Theatre III*, p. 119.
61 Ibidem, p. 128.
62 Cf. *Prismas do Teatro*.
63 Notas Sobre Dramaturgia Contemporânea, *O Percevejo*, v. 9, p. 32.

Em *Reading Theatre III*, de 2002, Anne Ubersfeld analisa algumas trocas dialógicas de que os autores lançam mão para fazer com que forma e conteúdo expressem juntos, sem predomínio de um sobre o outro, sua ideia original. Não pretendendo repetir a sistematização da autora, logro perceber uma certa conformidade de suas ideias com as que têm sido sustentadas nesta análise.

Quando classifica as trocas de falas entre personagens como trocas "alternadas", ou "longas tiradas e monólogos" ou, ainda, como (nossa já citada) "esticomitia", Ubersfeld comenta, essencialmente, o tempo reservado à fala de cada personagem ou, ainda, os modos de escansão no tempo de seu discurso. É assim que, para ela, longas tiradas e monólogos servem à reflexão ou servem à narrativa de um evento. Em qualquer dos casos, essas longas falas conduzem a um "outro lugar", seja ele histórico, épico, psíquico ou filosófico[64]– isso, eu acrescentaria, porque ao ganhar tempo, permitem às demais personagens e ao espectador que acompanhem ou uma narrativa objetiva ou os devaneios líricos do enunciador.

Diálogos alternados, de falas regularmente semelhantes em tamanho e número, indicam equilíbrio de forças entre as personagens que dialogam, pelo menos na dramaturgia clássica. A preponderância de uma sobre a outra, seja na duração ou no número de falas, indica desequilíbrio na importância entre elas (como na fala de D. Juan a Sganarello sobre o amor, em *D. Juan*, de Molière).

Na dramaturgia contemporânea, evidentemente, as distorções desse modelo são carregadas de sentido. Basta pensar em Samuel Beckett e em suas personagens que não medem forças pela fala, mas pelos silêncios. E pensar em Anton Tchékhov, que modela de forma bastante específica a percepção do tempo, fazendo suas personagens flutuarem em um tempo que parece não passar. Para conseguir esse efeito de "suspensão" (que ainda será explorado em nossa discussão sobre as pausas), o autor edifica uma proposição poética em que o interdito, o não dito, é tão ou mais importante do que o dito, e o texto dramático tende a ser, nas palavras de Pavis, um "pré-texto de silêncios"[65];

64   Op. cit., p. 52-53.
65   Op. cit., p. 159.

o que não se diz é tão carregado de sentido que, quando as palavras jorram, jorram muitas vezes para discorrer, de forma um tanto "inútil", sobre o tempo, passado ou futuro, enquanto ele, na verdade, escoa inapelavelmente pelas mãos inertes das personagens, prenhes de não ação.

Essa é uma temática recorrente, por exemplo, em três obras do autor: *As Três Irmãs*, *A Gaivota* e *O Cerejal*, mas quais solitários protagonistas vivem de memórias do passado e sonhos de futuro, estagnados em um tempo que exclui o presente dramático. Mesmo quando o ritmo da fala sugere uma vertigem, ele ainda assim se remete a um passado, sobre o qual não há mais nada a fazer. (É nesses momentos de reminiscências, aliás, que geralmente a pulsação acelera.)

> LYUBOV: Meus pecados! Sempre joguei dinheiro fora como uma tresloucada. Casei-me com um homem que só me deu dívidas. Meu marido morreu de champagne – bebia como um louco. E para desgraça minha, apaixonei-me por um outro homem, a coisa se transformou em uma ligação e, imediatamente – foi minha primeira punição – o golpe feriu-me aqui mesmo, neste rio… meu filho se afogou e eu fui embora – embora para sempre, para não voltar nunca mais, nunca mais rever o rio… Fechei os olhos e fugi, desatinada, e ele atrás de mim… de forma implacável, brutal. Comprei uma *villa* em Mentone, porque ele adoeceu lá, e durante três anos não tive um dia, uma noite, de descanso. A doença dele me exauriu, minha alma se ressecou. E no ano passado, quando tive de vender a casa para pagar minhas dívidas, fui para Paris, onde ele roubou tudo o que eu tinha e me abandonou por outra mulher; e eu tentei me envenenar… Tudo tão estúpido, tão vergonhoso!… E de repente senti saudades da Rússia, da minha terra, da minha filha… (*enxuga as lágrimas*) Senhor! Senhor! Tende piedade! Perdoai os meus pecados! Não me deis mais castigos! (*Tira um telegrama do bolso*) Recebi isto de Paris hoje. Ele implora que eu o perdoe, suplica que volte. (*Rasga o telegrama*) Tenho a impressão de que estão tocando música (*Fica tentando ouvir*).[66]

Em uma única longa tirada, uma vida quase inteira flui, praticamente sem pausas, aos jorros, em reticências, suspensões, rupturas, reviravoltas, parênteses explícitos e implícitos

---

66 *O Cerejal*, p. 51-52.

EM VERSO E PROSA: COMO BATE O RITMO NO TEXTO DRAMÁTICO

e, bem ao gosto do sentimentalismo russo, muitos pontos de exclamação e choro fácil. Impossível não ler essa cena com os ouvidos; isto é, impossível não perceber que sua polirritmia é intrínseca, inerente à escrita, à forma tipográfica com que ela se apresenta, às escolhas de pontuação do autor. Em uma mesma frase, quatro cataclismos emocionais – a paixão, a ligação amorosa, a morte do filho, a fuga – indiferenciados em uma mesma narrativa, como que consequentes um do outro, se subordinam entre travessões e vírgulas. Qual dessas será a (oração) coordenada, a principal?

E, no entanto, ainda assim, a rigor, nada acontece.

Se o gênio de Tchékhov consiste, entre outras coisas, em criar climas emocionais através do ritmo, e este por meio de pausas, o autor russo é, em última instância, um exemplar modelo do dispositivo que na verdade pode ser encontrado aqui e alhures. Todo texto dramático, volto a insistir, se presta, em um primeiro olhar, a ser apreendido em sua forma material. Não se trata, cuido em insistir mais uma vez, de uma curiosidade a que o texto se permite. É, antes de tudo, ontológica, a forma como a sua organização se apresenta na superfície do papel. O que salta aos olhos, quando se realiza o primeiro sobrevoo sobre o texto, são os ritmos próprios que emanam da obra, seus princípios de construção, de organização.

Para Anne Ubersfeld, a noção de temporalidade da fábula também reside essencialmente nos modos de articulação das unidades do texto de teatro[67]. São as chamadas "sequências" que a autora distingue entre grandes unidades (atos e quadros), médias unidades (as cenas, sejam elas clássicas – marcadas pelas entradas/saídas das personagens –, sejam, modernamente, marcadas por núcleos de acontecimentos) e microssequências (a formatação de réplicas, tiradas, esticomitias, massas compactas, cortes e blocos no interior das cenas, sobre os quais estivemos falando aqui). A análise semiológica do texto dramático evidentemente pode – e deve – incluir ainda o estudo do título, as sugestões das rubricas, a existência ou inexistência de indicações cênicas. Todo esse conjunto (essas indicações, esses sistemas de corte e de encadeamento, esses ritmos próprios) pode ser reconhecido

---

67 *Para Ler o Teatro*, p. 139.

como um projeto do dramaturgo. Mesmo que o texto dramático, em suas "estratégias" de disfarce da presença do autor, apareça como uma entidade autônoma, como no "drama rigoroso" mais fechado[68]. E, por dar um "formato" à obra, além de ser o primeiro indício de suas possibilidades rítmicas, ele é o primeiro conjunto de signos que o texto teatral desvela ao encenador. Se este, por sua vez, vai conseguir identificar tais signos espaço-temporais, ou se vai dar ouvidos a eles, é outra história.

É o momento certo para enfatizar que não se pretende, aqui, defender uma essência absoluta do texto dramático, que devesse ser apreendida pelo receptor, como se o texto fosse o detentor de uma verdade original, intrínseca a ele, a ser obrigatoriamente perscrutada. É importante não criar esse mal-entendido, que iria na contramão da atual compreensão do termo "dramaturgia". Como foi visto anteriormente que a organização da ficção é de natureza ontológica, a intenção é a de considerar essa organização como sendo permeável a variadas leituras. Uma organização que se oferece, portanto, como uma obra dinâmica, em construção. Em muitas épocas, a estética dominante submeteu a encenação a um gosto pelo bem dizer (basta lembrarmos dos "manuais" de declamação dos versos de Jean Racine). Assim ela engessou de tal forma a língua, que as leituras possíveis do texto resumiam-se a *uma* leitura, a que revelasse o seu sentido. Hoje, os demais criadores do espetáculo – encenador, elenco e equipe técnica – não se encontram mais submetidos a essa procura. No momento, em que toda autonomia é dada aos cocriadores do espetáculo – e em que cada viés criativo é considerado também ele uma dramaturgia (do ator, do iluminador, do encenador, do diretor musical etc.) –, seria obsoleto, para não dizer inútil, insistir nessa supremacia de um significado do texto, seja ele conceitual ou formal.

Esse é um dos aspectos que problematiza a questão da suposta fidelidade ao autor, problema levantado a cada vez que se toca na questão da tradução para outra língua. Ou da adaptação – ou transcriação, como prefere Marinyze Prates de Oliveira – de uma linguagem para outra (como a literatura transposta para o teatro)[69]. Mesmo quando se está diante do

---

68 Cf. C.F. Mendes, *As Estratégias do Drama.*
69 Cf. *Olhares Roubados.*

EM VERSO E PROSA: COMO BATE O RITMO NO TEXTO DRAMÁTICO 79

original, escrito na língua do autor e específico para a cena, a questão da tradução cênica se apresenta, e tem mobilizado as opiniões dos encenadores, como no caso da problemática remontagem de clássicos. É bom ter em mente, portanto, que, a cada vez que se falar neste estudo em um propósito de escrita do autor, estarei me referindo a uma organização que foi oferecida no papel e que sinaliza, com seu ritmo e fluência, uma respiração. Mas também uma organização sobre a qual, a despeito dessa respiração entreouvida, é possível lançar os mais variados olhares.

O próximo exemplo é Nelson Rodrigues, cujos diálogos, a julgar pelo seu ritmo vertiginoso, respiram ofegantemente.

Nelson Rodrigues

A respeito da peça *O Beijo no Asfalto*, disse Hélio Pellegrino:

tudo se exprime através de uma linguagem lapidar, vigorosa, mobilíssima em seu ziguezague nervoso, capaz de criar uma atmosfera semântica de tensão dentro da qual a ação se desenvolve, respirando essa atmosfera e, ao mesmo tempo, *ajudando a criá-la*. Nelson Rodrigues, em sua peça, inaugura o diálogo sincopado, alusivo, no qual o discurso é bruscamente interrompido por um ponto final, para logo reiniciar-se e ser de novo cortado, com uma precisão de alta cirurgia. Sua força passa, assim, a residir na emanação tensional que é capaz de criar, nos golpes incisivos com que avança, *organicamente inserido na tessitura dramática que faz com a linguagem um casamento indissolúvel*[70].

O que Pellegrino aponta nesse fragmento é a completa indissociabilidade entre a estrutura rítmica do diálogo, o tratamento do tema em paradoxos e a aura conotativa que permeia a linguagem de Nelson Rodrigues. Uma relação, aliás, sob meu ponto de vista, ainda muito pouco explorada tanto no campo da teoria literária como na análise das montagens de seus textos. Ângela Leite Lopes, em um antigo estudo intitulado "Nelson Rodrigues e o Fato do Palco", de 1983, chama a atenção para o que traduz como o "delírio das palavras", delírio semântico-sintático que, verdadeiramente, desencadeia o

---

70 Apud N. Rodrigues, op. cit., v. 4, p. 360, grifos nossos.

seu teatro – pois, ao elaborar mundos e personagens fictícios, a palavra de Nelson Rodrigues adquire surpreendente autonomia em relação às demais partes da montagem, tornando-se também ela, e principalmente ela, instrumento de provocação de surpresa, choques e rupturas na expectativa do receptor. Para a autora, reviravolta e surpresa são os recursos mais frequentes na dramaturgia de Nelson, usadas para desinstalar a acomodação do receptor, até mesmo quanto às convenções do gênero artístico. Reviravolta e surpresa não só temáticas, mas na linguagem. Em outro artigo mais recente, intitulado "Nelson Rodrigues e a Teia das Traduções", de 2000, a teatróloga ressalta uma das características da modernidade atribuída a Nelson: a extrema agilidade de seus diálogos.

> Não somente ele emprega muitas expressões da gíria, como cria sobretudo um ritmo particular, uma tensão de jogo a partir da construção das frases e de sua pontuação. O resultado é uma extrema teatralidade. Os personagens não são construídos a partir do que dizem, eles são como que impulsionados pelo ato de falar. Sua palavra é sempre lacônica, inacabada.[71]

Tal laconismo é atribuído por ela muito mais à prosódia peculiar do português falado no Brasil (e no Rio de Janeiro, especialmente), do que a uma escolha de estilo. Esse "sentido da língua", nas palavras da autora, seria recriado por Nelson a cada vez, segundo o tom próprio a cada uma de suas obras. Essa opinião dá o que pensar. Será que Nelson estava realmente tão pouco atento à revolução de linguagem que propunha em suas peças (embora fosse evidentemente a temática delas que concentrasse sua atenção, tanto quanto a da crítica)? A afronta de Nelson Rodrigues ao confortável "horizonte de expectativas", na expressão de Hans Robert Jauss[72], vislumbrado pelo espectador teatral de sua época, provocou reações, entre perplexas e indignadas, já bastante conhecidas. À tradução, em um linguajar tipicamente carioca, de complexos devaneios psíquicos e míticos, em suas peças teatrais, juntaram-se ousadias, de forma e ritmo no discurso, até então impensáveis. É essa

71 O Trágico no Teatro de Nelson Rodrigues, *Folhetim*, n. 12, p. 87.
72 *A História da Literatura Como Provocação à Teoria Literária.*

EM VERSO E PROSA: COMO BATE O RITMO NO TEXTO DRAMÁTICO   81

sintaxe muito peculiar de Nelson Rodrigues, formatada pela pontuação, pela distribuição das falas no papel, pela distribuição das rubricas (rubricas que acabam compondo o arcabouço formal das peças), que, sustento, é tão revolucionária, tão responsável pelo estilo deveras peculiar do autor, quanto a abordagem dos temas controversos e suas ousadias cometidas com o vernáculo culto.

Ousadia. Que outra palavra poderia definir a exposição dessa intimidade com a língua, mais ainda com o idioma "sujo" das ruas, que o autor escancara ao propor ao espectador que complete (com o vocabulário que Nelson está confiante que ele, espectador, conhece) as frases interrompidas no meio, em *Otto Lara Resende ou Bonitinha, mas Ordinária*:

> RITINHA: Deixa eu ver tuas orelhas. Não disse? Olha. Sujas.
> AURORA: Mas eu limpo!
> RITINHA: Não limpa direito. Porque se limpasse.
> AURORA: Limpo.
> RITINHA: Menina! Não me interrompa. Se você limpasse. Vou te mostrar uma coisa.[73]

E ainda, na mesma cena, em diferentes trechos: "Ritinha – [...] Eu quebro a cara duma! Rebento a primeira que!"[74]; "Aurora – [...] Quero que Deus me cegue se."[75]

Ou, nas cenas subsequentes: "Edgard – De fato, eu. Um pouco."[76]; "Quer dizer que você é uma."[77]

Esse tipo de frase, interrompida no meio, como que "rapta" subitamente o leitor/espectador do caminho certo, conhecido e confiável, e o joga de forma abrupta no abismo do inesperado. Obriga o receptor a completar as lacunas, mas ao mesmo tempo segue, em andamento vertiginoso, o fluxo de pensamentos para outro lugar. E, assim, o espectador tropeça em seus próprios pés, obrigado a seguir rumos diferentes ao mesmo tempo: enquanto ainda completa os "buracos" do pensamento anterior, já segue as novas direções sugeridas pelo diálogo. Em

73 Op. cit., p. 252.
74 Ibidem, p. 254.
75 Ibidem, p. 255.
76 Ibidem, p. 256.
77 Ibidem, p. 291.

Nelson Rodrigues, nunca se sabe a qual novo território o desvio da linguagem nos levará. Para qual vertigem, para qual surpresa. E já que é preciso, para acompanhar a sequência de pensamentos – materializados em palavras –, que as suas personagens se desenvolvam sem continuidade linear, sem transição psicológica – posto que é preciso estar o tempo todo atento e forte –, a própria forma se encarrega de levar o leitor pela mão nessa montanha russa, delineando uma trajetória tortuosa, sincopada e assimétrica. Uma forma nunca frouxa, nunca esgarçada, nem alongada em demasia. Ao contrário, certeira em sua polirritmia, que conduz à vertigem:

> EDGARD: Escuta. Eu acho que você. Somos vizinhos, eu moro no mesmo andar. Eu apenas quis ser gentil.
> RITINHA: Já me aborreci com minhas irmãs.
> EDGARD: Um momento.
> RITINHA: Tenho que ir.
> EDGARD: Um momento. Eu não tenho. Escuta, escuta. Não tenho: estou sendo honesto: o menor interesse pelas suas irmãs. Nenhum. O meu interesse é por você. Só por você.
> RITINHA: Edgar, eu tenho hora marcada.
> EDGARD: Não quer carona?
> RITINHA: Prefiro o lotação.
> EDGARD: Então vamos fazer o seguinte. Eu não ofereço mais carona as suas irmãs. Prometo. Sob minha palavra de honra. Mas, hoje, você vai comigo. Só esta vez. Deixo você na Tijuca.
> RITINHA: Ah, meu Deus!
> EDGARD: Pela primeira e última vez. Juro!
> RITINHA (*olhando o relógio*): Estou atrasada pra chuchu. Está bem. Aceito, mas escuta: nunca mais, ouviu?
> EDGARD (*sôfrego*): Vamos, vamos!
> RITINHA: Antes que uma das minhas irmãs me veja.[78]

Com seu tratamento peculiar do diálogo, Nelson Rodrigues garante a espontaneidade da fala. Ou melhor, a aparente e lapidada espontaneidade, posto que ele, à maneira de outros autores, também constrói uma *língua de arte*. Há um choque entre a realidade da cena e as normas da língua culta. É curioso que o crítico Léo Gilson Ribeiro tenha enxergado, então, na linguagem de Nelson, um "ritmo próprio interior,

---

78 Ibidem, p. 260-261.

EM VERSO E PROSA: COMO BATE O RITMO NO TEXTO DRAMÁTICO

violento, interjeccional, de diálogos em *staccato* e reduzidos à essencialidade de um substantivo ou de um monossílabo nos momentos culminantes"[79], apenas uma preocupação em retratar a realidade tão imediatamente quanto a transmissão de uma televisão ao vivo, recurso novo na época[80]. Uma linguagem que careceria, na visão do crítico, de "capacidade artística e poética através da magia das palavras"[81]!! Ora, dizer, do homem de letras e do palco Nelson Rodrigues, que sua poesia é escassa e que seu diálogo não admite monólogos extensos para sutis abordagens psicológicas, nem para transcendências poéticas ou metafísicas, é negar nele que a materialidade fonética, carnal, de sua palavra seja resultado de um projeto poético. E que essa poeticidade é tão mais efetiva porque concentra altas doses de significação em curtos intervalos de discurso. Em uma concisão e ritmo, aliás, que se aproximam muito, dessa maneira, da concisão e do ritmo, quem diria, do verso.

Tampouco seria justo considerar que esse procedimento é fortuito, ou consequência natural de sua atividade jornalística. Se o dramaturgo Nelson herdou do cronista Nelson o estilo enxuto e de alta voltagem sensacionalista, ambos deviam ter em mente a intenção, e o "traquejo", de atingir as massas, tocando, no leitor e no espectador, o ponto nevrálgico da recepção à dor e ao prazer. Não reconhecer tal intenção de escrita é relegar o autor a um mero catalisador de patologias psíquicas urbanas e familiares. Prefiro acreditar que ele foi sincero, nas (poucas) vezes em que confessou suas opções estilísticas: "Eu uso muito as cenas curtas, mas creio que com a necessária densidade. Cada momento dramático tem sua medida própria. Não pôr uma vírgula a menos é a obrigação de qualquer dramaturgo."[82]

Eu diria, ainda: não pôr uma vírgula a mais também o é. É o que Nelson parece pensar, por exemplo, em *A Serpente*, de 1980, sua última peça, completada imediatamente antes de sua morte. De tão econômica em descrições e rubricas, de tão entrecortada em seus pontos finais (não há um só sinal de reticências em toda a peça, característica, aliás, predominante na

---

79   Léo Gilson Ribeiro apud N. Rodrigues, op. cit., p. 377.
80   Ibidem.
81   Ibidem.
82   N. Rodrigues apud S. Rodrigues, *Nelson Rodrigues: Meu Irmão*, p. 43.

fase final de suas tragédias cariocas), a peça é frequentemente considerada de menor representatividade no conjunto de sua obra, como se seu acabamento fosse imperfeito. Pode ser que as lacunas, a quase rispidez, o estilo por demasiado direto, deem essa impressão. É a peça de Nelson Rodrigues de maior crueza na forma e nos temas (é a peça em que o autor fala mais, por assim dizer, explicitamente de sexo, incesto e morte, inclusive no famoso diálogo entre o protagonista e a lavadeira, a "crioula das ventas triunfais"[83]). Talvez isso se deva realmente à urgência de um autor de saúde abalada, sem tempo ou disposição para lapidar mais demoradamente as cenas que, ao final de três versões, ele ainda reconhecia serem problemáticas, como afirma testemunhalmente Sábato Magaldi[84]. O próprio Magaldi estranha a "economia excessiva do diálogo perturbar a credibilidade da cena", não dando tempo "para que as emoções se encorpem e atinjam o espectador"[85]; mas admite, admirador confesso do amigo, que a peça segue ao pé da letra o procedimento estético de Nelson, considerando as falhas como "partes orgânicas da obra, matéria de impacto sobre o público"[86]. E ressalta que a urgência do ritmo contribui para o estilo peculiar, o qual já se tornou unanimidade considerar cinematográfico, pelo uso dos cortes secos e elipses. Por que não aceitar, portanto, que a linguagem sem rodeios, crua como um cinema neorrealista, não atenda, ela também, à "nostalgia da pureza" que o autor tantas vezes confessou ter, ao se referir aos seus temas ditos "moralistas"?

A Implosão do Drama

Nelson Rodrigues elabora suas ações verbais por meio do discurso das personagens. Por isso ele foi, neste nosso estudo, amalgamado aos autores que prezaram o diálogo como espinha dorsal do texto dramático. O diálogo que mimetiza o cotidiano – não o que o imita, mas o que o recria – deu conta,

---

83 N. Rodrigues, op. cit., v. 4, p. 71.
84 Introdução, em N. Rodrigues, op. cit.
85 Ibidem, p. 44.
86 Ibidem, p. 42.

EM VERSO E PROSA: COMO BATE O RITMO NO TEXTO DRAMÁTICO 85

durante quase toda a história do teatro ocidental, da tarefa de instaurar o que, até meados do século xix, eram marcas inconfundíveis da estrutura dramática: a fábula, o conflito, a noção de personagem.

No entanto, uma crise começou a se instaurar em fins daquele século, constata Peter Szondi, em *Teoria do Drama Moderno*, quando uma intrincada gama de novas relações sociais já não podia mais ser captada, em sua crescente complexidade, pelos mecanismos do drama absoluto ou rigoroso, estruturado, por sua vez, a partir das relações intersubjetivas das personagens. Szondi lembra que essa crise vai eclodir na contemporaneidade, levada ao paroxismo a ponto de popularizar a criação de formas híbridas do drama.

Na época em que escreve, em meados da década de 1950, o autor constata que as peças compostas de diálogos trocados entre as personagens, como em uma conversação cotidiana, são incapazes de expressar as novas contradições da realidade. O arcabouço léxico da dramaturgia clássica, aquele formatado pelos princípios de exposição/nó/peripécias/desenlace, tampouco serve a todas as implicações existenciais que se fizeram prementes na primeira metade do século xx. A dramaturgia contemporânea passa a operar em uma escrita fragmentada, elegendo a descontinuidade e a implosão de um centro reconhecível (ideia central/*leitmotiv*/reprodução do mundo) como os temas que lhe interessam. Passa, então, a eleger a feitura de si mesma, sua própria forma de organização, como ideia.

A construção da peça por fragmentos, por vezes cíclicos, vem de uma tradição reconhecível em Jakob Lenz, no século xviii, ou mesmo antes, no drama isabelino. Um marco nesse tipo de dramaturgia é o *Woyzeck*, de Georg Büchner, peça em quadros cuja mera sequência nunca foi definitivamente estabelecida. Foi escrita baseada na alternância de cheios e vazios, "aberta, elíptica, ou seja, deixando ao leitor muito para construir e imaginar, uma escrita geralmente lacônica, que organiza o mundo segundo um princípio de falta", segundo Ryngaert[87]. Nessa dramaturgia fragmentada (que obviamente não é *uma* dramaturgia, são muitas), "nunca é dito tudo, nem tudo é para

87 Op. cit., p. 42.

dizer, jamais tudo pode ser dito"[88]. Os buracos na continuidade demandam uma alta dose de comprometimento do espectador na construção do sentido, tirando-o da confortável posição de observador de uma realidade já construída.

Exemplar, nesse sentido, é a escrita cênico-textual-teórica de Brecht. O encenador lança mão de procedimentos de montagem e colagem, da estrutura de cenas autônomas, da progressão em curva em vez da progressão linear dos acontecimentos, da mistura de estilos dramáticos. Com esses recursos, Brecht opera com os lapsos de uma realidade que não *é*, mas ainda pode vir a ser, convidando o espectador a tomar parte nesse empreendimento. Não nos seria útil aqui analisar sua escrita textual, apenas. De tal forma sua dramaturgia e sua teoria estão fundamentadas em sua práxis teatral, que o conjunto de sua escrita terá melhor ângulo de análise quando for abordado o ritmo em sua encenação, já no próximo capítulo.

Pela necessidade de expressar assuntos que os modelos históricos não conseguem mais edificar, o texto teatral contemporâneo lança mão de fragmentos, de adaptações de obras literárias, de roteiros básicos para improvisação, do *happening* e da *performance*, mesmo quando se arquiteta como um texto escrito. Não há, claro, novidade alguma nisso. Cada forma dramática sempre logrou espelhar o sentimento, ou o espírito, de sua época, ainda que a questionasse. A esse espírito, consequentemente, cabia uma determinada imagem da representação, uma qualidade de espaço, um estilo de atuação, um modelo de fábula. "A diferença" – diz Silvia Fernandes – "sentida numa parcela da dramaturgia recente, é que esta [a escritura do dramaturgo] aparentemente esqueceu as preocupações com a ação dramática, escrita para ser atualizada pelo espetáculo"[89]. É aí que, insiste a autora, reside o ponto: a dramaturgia das últimas décadas tem realizado um movimento em direção à encenação, que por sua vez age como fator de modificação das estruturas textuais.

O resultado da apropriação da teatralidade pela dramaturgia mais recente é que o texto literário ganhou novo estatuto. O dramático ainda se conserva no modo de enunciação, na construção dos diálogos, monólogos

---

88 Ibidem.
89 Notas Sobre Dramaturgia Contemporânea, *O Percevejo*, v. 9, p. 29.

EM VERSO E PROSA: COMO BATE O RITMO NO TEXTO DRAMÁTICO   87

ou narrativas e, algumas vezes, no desdobramento das personagens. Mas a qualidade teatral deixa de ser medida pela capacidade de criar ação. Agora "teatral" pode ser apenas espacial, visual, expressivo no sentido da projeção de uma cena espetacular. Paradoxalmente, é teatral um texto que contém indicações espaço-temporais ou lúdicas autossuficientes. Os textos do dramaturgo francês Bernard-Marie Koltès, por exemplo.[90]

Koltès é adotado como exemplo pela autora por oferecer um modelo, em *Na Solidão dos Campos de Algodão*, em que a circulação das palavras auxilia a construção de estratégias espaciais. No texto sem rubricas, o jogo de ataque e defesa entre as personagens é projetado unicamente através dos diálogos. A imobilidade de um e a movimentação do outro são sugeridas, nas palavras de Fernandes, "através de um 'motim verbal' que se desdobra no ritmo preciso das falas e nas passagens bruscas do discurso altamente retórico à linguagem cotidiana"[91]. Trata-se de uma dança da linguagem, que se encarrega de coreografar a tensão que une e opõe as personagens. A palavra torna concreta, espacial, uma arquitetura que é miragem, uma teia de relações que só se faz plástica (em termos de visibilidade) por intermédio das linhas de continuidade/descontinuidade do discurso, pelo sistema de cortes, pelo encadeamento rítmico, pelo batimento quase imperceptível de uma cadência, pelo movimento "musical" de repetição/variação dos temas.

Tomando o termo – plasticidade – no sentido rítmico, percebe-se que é impossível não notar, no primeiro sobrevoo sobre o texto, o caráter, digamos, monolítico dos grandes blocos de fala. Embora ainda formatado como um diálogo, que inclusive abarca perguntas e respostas, o texto apresenta, a rigor, dois solistas em contraponto, desenvolvendo suas narrativas pessoais como em uma incessante variação sobre um mesmo tema; em um fluxo contínuo, despejado entre vírgulas, que não supõem interrupções, mas talvez comportem momentos de suspensão – como no jazz:

O CLIENTE: Eu não estou andando em certo lugar e a uma certa hora; eu estou andando, só isso, indo de um ponto a outro, para negócios privados que se tratam nesses pontos e não em percurso; eu não conheço nenhum crepúsculo nem nenhum tipo de desejo e eu quero ignorar os acidentes do meu percurso. Eu ia desta janela

90   Ibidem, p. 33.
91   Ibidem.

iluminada, atrás de mim, lá no alto, a essa outra janela iluminada, lá em frente, segundo uma linha bem reta que passa através de você porque você está aí deliberadamente posicionado. Acontece que não existe nenhum meio que permita, a quem vai de uma altura a outra altura, evitar descer para ter de subir em seguida, com o absurdo de dois movimentos que se anulam e o risco, entre os dois, de esmagar a cada passo o lixo jogado pelas janelas; quanto mais no alto se mora, mais o espaço é são, mas a queda é mais dura; e quando o elevador te deixou embaixo, ele te condena a andar no meio de tudo isso que não quisemos lá em cima, no meio de uma pilha de lembranças podres, como, no restaurante, quando um garçom te prepara a conta e enumera, ao seu ouvido atento, todos os pratos que você já está digerindo há muito tempo. [...]

O DEALER: Você tem razão em pensar que eu não estou descendo de nenhum lugar e que eu não tenho nenhuma intenção de subir, mas você se enganaria se acreditasse que eu sofro por isso. Eu evito os elevadores como um cachorro evita a água. Não que eles se recusem a me abrir a porta nem que eu tenha horror a me fechar neles. Mas os elevadores em movimento me fazem cócegas e eu perco ali minha dignidade; e, se eu gosto de sentir cócegas, eu gosto de poder não mais senti-las desde que minha dignidade o exija. Tem elevadores que são como certas drogas, o uso exagerado te deixa flutuando, nunca em cima nunca embaixo, tomando linhas curvas por linhas retas, e congelando o fogo no seu centro. [...]

Pois, não importa o que você disser, a linha sobre a qual você andaria, de reta talvez que ela fosse, ficou torta quando você percebeu a minha presença, e eu percebi o momento preciso onde você me percebeu pelo momento preciso onde o seu caminho ficou curvo, e não curvo para te distanciar de mim, mas curvo para vir até mim, senão nós nunca teríamos nos encontrado, mas você teria se distanciado mais ainda de mim, pois você andaria à velocidade daquele que se desloca de um ponto a outro; e eu não teria nunca te alcançado porque eu me desloco lentamente, tranquilamente, quase imovelmente, com o passo de quem não está indo de um ponto a outro mas de quem, em um lugar invariável, espreita aquele que passa na sua frente e espera que ele modifique ligeiramente seu percurso.[92]

Não é por acaso que Koltès é objeto de tanta e apaixonada discussão. Acontece que, por mais paradoxal que pareça, sua

---

92 B.-M. Koltès, *Dans la solitude des champs de coton*, p. 92-93. A tradução utilizada aqui foi feita por Gideon Rosa, por ocasião da montagem de *Na Solidão dos Campos de Algodão* pela diretora Adelice Souza em 2004.

dramaturgia, na qual *Na Solidão...* é o exemplo mais conhecido, longe de lograr à palavra a responsabilidade única de produzir um sentido, deixa entrever tantos "buracos" em sua urdidura que demanda uma leitura que só pode ser completada na encenação. Ela é paradigmática tanto como exemplo de uma dramaturgia descontínua, que se desenvolve em ciclos autônomos, quanto como exemplo de escrita "aberta", que só se completa no entretecimento com os signos plásticos que ela mesma engendra. E que o faz, inclusive, privilegiando um sentido, digamos, acústico, da composição.

O último exemplo a ser levantado é o de Peter Handke. Em um texto bastante emblemático para as nossas reflexões aqui, o dramaturgo expõe, de forma ainda mais crua, como a intenção poética reside em uma tentativa predominantemente acústica. *Grito de Socorro*, de 1974, é tida como peça radiofônica, mas efetivamente penso que nada impede a sua encenação no palco, sem jamais olvidar o caráter de materialidade sonora com que o autor joga em sua composição. É totalmente constituída de sentenças que podem ser, indistintamente, ação, fala ou rubrica, sem personagens formalmente construídas nem ação dramática reconhecível. Uma pontuação constante ao final de cada sentença – a palavra NÃO, que, de acordo com o próprio autor, impede o alívio que se sucederia a um real grito de socorro – funciona como um *ostinato*, uma repetição insistente de um elemento que marca um determinado ritmo. O tamanho gradualmente menor das frases, a pontuação paulatinamente mais enfática (passando dos pontos finais aos pontos de exclamação), o passeio verborrágico por todo tipo de regras de etiqueta, mensagens publicitárias, normas de conduta, vestígios de educação familiar, ditados, frases feitas, *slogans* políticos e notícias de jornal, tudo isso contribui para um ritmo cada vez mais frenético, que é o que verdadeiramente constrói a estrutura "nó / (não) desenlace" dessa peça-música. Vai daí que uma verdadeira onda rítmica – é a imagem usada pelo autor – desenvolve-se a partir de longas explanações iniciais:

nesta peça podem arbitrariamente tomar parte muitos actantes; no mínimo serão necessários dois (que, tanto podem ser homens como mulheres). a tarefa de quem fala consiste em apresentar por meio de muitas frases e palavras o caminho que conduz à palavra escolhida:

SOCORRO. eles representam perante um auditório, a necessidade de expressão verbal, acusticamente desprendidos de uma situação determinada e real. as frases e palavras não serão ditas com o significado que normalmente lhes é atribuído, mas tendo em vista a procura de socorro. ao procurarem a palavra socorro, os actantes sentem necessidade de socorro; mas ao encontrarem finalmente esta palavra, o socorro em si perde todo o significado. antes de encontrarem a palavra socorro, falam *de* socorro, mas assim que encontram a palavra socorro, e sem que dela tenham necessidade, continuam ainda a dizê-la. quando são capazes de gritar por socorro, deixam de precisar de fazer; sentem-se aliviados por serem capazes de gritar por socorro. a palavra SOCORRO perdeu o seu significado. […]

na busca levada a cabo para encontrarem a palavra socorro, os actantes aproximam-se continuamente do significado da palavra desejada, aproximação essa que pode assumir um aspecto acústico: quanto mais perto estiverem do significado, mais se altera a consequente resposta NÃO, que se segue a cada tentativa: a tensão formal do discurso aumenta; na sua evolução é mais ou menos semelhante à curva de sons que se pode verificar durante um jogo de futebol; quanto mais o avançado se aproxima da baliza contrária, maior é o barulho da multidão, este volta a decrescer respectivamente a seguir a uma tentativa falhada ou malograda; segue-se um novo crescendo, etc. etc., até que num último arranque se encontre a palavra SOCORRO: nessa altura reina entre os actantes pura alegria e gosto de viver. […]

os actantes podem entretanto ir bebendo COCA-COLA.

por fim enquanto ainda pensamos uma vez em vocês, vos chamamos e convidamos a em conjunto procurarem perceber os caminhos da compreensão mútua, do conhecimento profundo, um coração mais amplo a uma vida em fraternidade na sociedade humana verdadeiramente universal: NÃO.

imediatamente após o atentado as autoridades empregaram todos os meios ao seu alcance para trazerem a claro o assassino: NÃO. não se preocupam com cuidados desnecessários, mas gozam antes o bom tempo: NÃO. a afirmação de que as pessoas em questão foram obrigadas a subir para o avião não tem fundamento: NÃO. o perigo de perder o contato profissional é atualmente pequeno: NÃO. também as visitas desejam utilizar a toalha de mãos: NÃO. o aleijado nada pode fazer em relação à sua desgraça: NÃO.

… que vão gradualmente acelerando até o final apoteótico:

apagar a luz!: NÃO. para dentro!: NÃO. baixo!: NÃO. obrigado!: NÃO. informa o mais obediente!: NÃO. levantar a cabeça!: NÃO. para todos!: NÃO. nome próprio!: NÃO. a partir de hoje!: NÃO. o que se segue!: NÃO. cuidado!: NÃO. a seguir a eles!: NÃO. por favor!: NÃO. profissão!: NÃO.

EM VERSO E PROSA: COMO BATE O RITMO NO TEXTO DRAMÁTICO 91

nunca!: NÃO. pena!: NÃO. para a ducha!: NÃO. precisa-se!: NÃO. até nova
ordem!: NÃO. estrangulado!: NÃO. que venha!: NÃO. fechar a porta!:
NÃO. sair!: NÃO. a partir de agora!: NÃO. inferior!: NÃO. seguir!: NÃO.
pé!: NÃO. para trás!: NÃO. hurra!: NÃO. bravo!: NÃO. mãos ao ar!: NÃO.
fechar os olhos!: NÃO. fuma!: NÃO. à esquina!: NÃO. pst!: NÃO. ah!: NÃO.
pôr!: NÃO. mãos sobre a mesa!: NÃO. à parede!: NÃO. nem mas nem
meio mas!: NÃO. nem para a frente nem para trás!: NÃO. sim!: NÃO. é
já!: NÃO. depor!: NÃO. não deter ninguém!: NÃO. pare!: NÃO. fogo!: NÃO.
eu afogo-me!: NÃO. ah!: NÃO. ai!: NÃO. não!: NÃO. olá!: NÃO. santo!: NÃO.
santo santo santo!: NÃO. aqui!: NÃO. boca fechada!: NÃO. a ferver!: NÃO.
ar!: NÃO. içar!: NÃO. água!: NÃO. daí!: NÃO. perigo de vida!: NÃO. nunca
mais!: NÃO. perigo de morte!: NÃO. alarme!: NÃO. vermelho!: NÃO. viva!:
NÃO. luz!: NÃO. para trás!: NÃO. não!: NÃO. ali!: NÃO. aqui!: NÃO. para
cima!: NÃO. para lá!: NÃO.
socorro?: SIM!
socorro?: SIM!
socorro?: SIM!
SOCOSIM rrosim socosim rrosim socosim rrosim socosim rrosim soco-
SIM rrosim socosim rrosim socosim rrosim socosim rrosim
socorro[93]

Esse tipo de escrita apresenta um salutar problema para o
encenador, na medida em que insinua, de maneira fortemente
pontuada, um ritmo preciso e um tratamento de linguagem
muito peculiar. Entretanto, ainda vale aqui a máxima de que,
se os acentos principais estão apontados, cabe aos demais dramaturgos dessa obra – o encenador, o ator e, por fim, o receptor – distribuir acentos secundários; optando assim ou pela
obediência à sugestão proposta pela pontuação e sintaxe, ou
por sua desestruturação, colocando em relevo uns elementos
sintáticos e mascarando outros. Esse recorte, e a ambiguidade
semântica que daí resulta, depende estritamente da escolha
por uma dicção e por uma percepção dos ritmos internos da
frase. É por isso que, voltando a Patrice Pavis, em seu estudo
sobre "ritmo e corte", concordo que: "Não se poderia afirmar
então que o texto tem um sentido primeiro, denotativo, fixo e

---

93 P. Handke, Grito de Socorro, *Teatro*, p. 119-121, respectivamente. Note-se que
este é rigorosamente o início do texto, sem marcas de rubrica ou sequer
maiúsculas no início das sentenças. A tradutora, Anabela Drago Miguens
Medea, aduz em nota que a palavra *actante* substitui ao longo do texto os termos *ator, personagem, intérprete*, segundo os conceitos de Propp e Greimas.

evidente, uma vez que uma enunciação diferente o desvia imediatamente do 'caminho certo'."[94]

E, como lembra o autor, a prática de vários encenadores consiste, muitas vezes, precisamente nessa pesquisa por um ritmo que "comece por dessemantizar o texto, por desfamiliarizar o ouvinte, por fazer com que se veja sua mecânica retórica, significante e pulsional"[95]. Esse "retardamento do sentido" abre, finalmente, o texto à diversidade de leituras, levando muito mais em conta as situações de recepção.

---

94 P. Pavis, op. cit., p. 343.
95 Ibidem, p. 344.

4. Ritmo e Dinâmica na Encenação

O Tempo da Encenação

Nossa primeira questão agora passa a ser delimitar os parâmetros que possam nos indicar como se processa o tempo de uma representação. A tarefa é decididamente espinhosa, mas não há atalhos possíveis, quando se deseja refletir sobre o ritmo: é preciso pensar em como o tempo é processado, dividido, articulado. Só então chegaremos a formular uma teoria válida sobre os ritmos do espetáculo.

Partamos do princípio de que o tempo é uma abstração, uma relação subjetiva com os fatos cíclicos que nos circundam ou se processam no interior de nós mesmos (ainda que medidos por calendários e relógios). Disso resultam duas premissas importantes para nós, neste contexto. A primeira é de que o tempo é uma dimensão que só é perceptível em sua fragmentação: é através de sua medição, isto é, na divisão em ciclos dos fenômenos observáveis (minutos, dias, meses), que o homem "percebe" o tempo. O tempo contínuo não pode ser percebido. Só notamos a "passagem do tempo" quando comparamos um estado atual com um estado anterior – alguém envelheceu, o dia escureceu, o relógio marca novas horas etc. Daí podemos chegar a inferir que o tempo se consuma em ciclos. Sendo cíclico, o tempo é necessariamente… rítmico.

A segunda premissa é de que o tempo é uma relação. Uma relação pessoal e intransferível, ainda que haja sistemas universais para sua medição. Uma relação com diversas implicações, filosóficas, morais e culturais. E é essa extrema maleabilidade, esse entrelaçamento dos sentidos do tempo que torna difícil, para não dizer impossível, sua definição em termos analíticos. Aliás, seria mesmo o caso de se perguntar se essa definição é desejável.

Nas artes cênicas, o problema se torna bem complexo, porque sua multiplicidade semântica permite que se tomem diferentes pontos de vista na análise temporal e rítmica do espetáculo.

Para Anne Ubersfeld, por exemplo, há problemas em se reconhecer os significantes temporais presentes no texto – são todos bem mais "indiretos" e "vagos" do que os significantes espaciais[1]. E mesmo os significantes encontráveis na representação – ritmo, pausas, articulações – são menos perceptíveis do que os elementos espaciais. Para a autora, "estamos diante do problema que é o de toda cientificidade no âmbito das ciências humanas: é mais fácil perceber as dimensões de espaço que as de tempo"[2].

Patrice Pavis bem que tenta sistematizar as categorias de tempo e espaço em parâmetros como objetividade e subjetividade, signos quantificáveis/concretos ou internos, subjetivos. Mas desde o início de sua proposta[3], sua opção é por amalgamar as três categorias, tomando emprestado de Mikhail Bakhtin o que este denominou, no caso do romance, o *cronotopo*[4], "uma unidade, na qual os índices espaciais e temporais formam um todo inteligível e concreto"[5] e à qual, no caso do teatro, Pavis acrescenta a ação, que ora é física, ora é imaginária, empreendida na maioria das vezes pelo ator. Essa tríplice unidade de maneira alguma é aleatória: ela consiste na constatação de que o tempo só é materializável, na cena, por meio do espaço. E que ambos são indispensáveis para o desenvolvimento da ação.

---

1 *Para Ler o Teatro*, p. 126.
2 Ibidem.
3 *A Análise dos Espetáculos*, p. 139-159.
4 Do grego *cronos* = tempo + *topos* = lugar.
5 Op. cit., p. 140.

RITMO E DINÂMICA NA ENCENAÇÃO

Considero que a noção de *cronotopo* é uma categorização útil de se ter em mente (conquanto não vá ser adotada aqui como linha metodológica); portanto, toda vez que me referir ao ritmo como uma articulação do tempo, estarei sempre, nesses casos, me referindo a uma articulação espaço-temporal.

Para o pesquisador que se propõe a realizar tal análise, a tarefa se inicia por escolher qual dos vários "tempos" passíveis de serem considerados no espetáculo teatral ele vai tomar como ponto de observação: de um lado o tempo real da representação, que pode ser minutado, e que pode revelar bastante, em termos socioculturais, da prática artística de uma época[6]; ou, de outro lado, o tempo da representação que é vivido pelo espectador, aquele que interrompe o tempo real e precipita este último em um estado de suspensão da vida dita real. É o "outro tempo", de que fala Ubersfeld, o tempo da festa, da cerimônia[7].

Também esse "tempo da cerimônia", esse que sustém o fluxo cronológico cotidiano, tem implicações históricas. Vamos, por um instante, nos remeter mais uma vez à tragédia ática. Essa forma teatral mantinha uma certa "liturgia", sobre a qual fora estruturada desde seu nascimento como forma dramática (considerando o seu nascimento como o momento em que foi introduzido o segundo ator, o que fez nascer o diálogo). Tal como na forma litúrgica original, o teatro grego (inclusive a comédia de Aristófanes) ainda continha uma ordem, uma estrutura, que percorria invariavelmente as mesmas "etapas" do evento pré--dramático do qual se originara: *párodos* (entrada do coro), cena, *estásimo*, cena etc. até o *exodus* (saída do coro). O que desejo destacar é o seguinte: tal qual em uma missa católica, em que os participantes reconhecem, pelo momento da liturgia, em que ponto da missa se encontram – se no início, no meio ou no final dela – porque dominam a liturgia, o espectador da tragédia conseguia se localizar no tempo da representação, pois sabia "em que parte" da obra ele se encontrava naquele determinado

6   Plateias de diferentes épocas são capazes de suportar diferentes durações, em horas ou dias, de espetáculos cênicos, a depender da inserção estético/religiosa/cultural do espetáculo na vida da comunidade. Vide a curta duração das peças contemporâneas, de pouco mais de uma hora, se comparadas aos mistérios medievais ou festivais de tragédia clássica, que duravam vários dias, ou, ainda, os longos saraus do século xix, na Europa.

7   Op. cit., p. 133.

momento. De alguma forma, é a mesma sensação do leitor de um romance: o *timing* e o tom da narrativa nos indicam se estamos no início, meio ou fim. Também a forma sinfônica e a sonata, por possuírem uma estrutura formal precisa, indicam, já em seu primeiro movimento, uma "orientação" para o ouvinte do desenvolvimento posterior desse discurso inicial. Mas o teatro ocidental foi, obviamente, perdendo essa formatação rígida. Subsistiu durante algum tempo a divisão em atos, mas mesmo essa caiu por terra no teatro contemporâneo, deixando o espectador, atônito, sem conseguir atinar se lhe restam dois minutos ou duas horas para o final do espetáculo.

Pensemos, então, por outro ângulo, que toda encenação que conduz uma narrativa o faz dentro de um contexto temporal, o tempo relatado. Esse tempo fictício atrita e causa uma síncope no tempo real do espectador, que sabe estar dentro de uma sala escura no século XXI e não em um palácio de Roma em II a.C., por exemplo. Essa contradição ecoa, aliás, desde o famoso – e quiçá pouco compreendido – trecho da *Poética* de Aristóteles sobre a unidade de tempo. Curiosamente, foi Nietzsche quem chamou a atenção para o problema, ao condicionar a estrutura da tragédia à existência e permanência do coro. Como seria possível haver lapsos, pulos no tempo relatado, se o coro, personagem integrante da narrativa, permanecia o tempo todo em cena (do *párodos* ao *exodus*), como uma verdadeira *persona dramatis*, que ora representava uma soma de populares, ora se dividia em vozes divergentes dentro de um Conselho de anciãos, dentro do Senado da cidade? Não seria o caso de se dizer que o coro, de certa forma, "destoava" do senso "realista" do tempo relatado?

Uma vez que essa convenção seja acordada entre público e integrantes da cena, o atrito se transfere, então, para a própria representação desse tempo relatado: em termos de encenação, ele tanto pode ser linear, contínuo – modelo em que evolui através de relações causais –, como pode ser fragmentado, descontínuo – modelo em que o espectador é convocado a preencher as lacunas, a viver por si o acontecimento que não foi mostrado, tal como faz Shakespeare, por exemplo. A opção pela continuidade *versus* descontinuidade do tempo narrativo é de fundamental importância em toda análise espetacular, e dela nos ocuparemos logo adiante.

E, por fim, nos deparamos com a tarefa explícita que certos dramaturgos chamam a si, que é a de eleger o tempo como metáfora principal de sua narrativa. São os "dramaturgos do tempo", como por vezes são chamados Tchékhov, Maeterlinck, Beckett[8]. Nesses autores, o tempo se torna uma das principais personagens, recurso conseguido graças a tensões criadas entre o discurso das personagens, os elementos do cenário e a escassa ou nenhuma ação física[9].

Ao final da leitura dos (poucos) autores que dispensaram algum tratamento às questões rítmicas e temporais do espetáculo cênico, fica a concordância de que nem a duração da ação dramática (a unidade ou descontinuidade temporal na ficção), nem o tempo real da representação (sua duração em minutos) seriam os únicos aspectos relevantes na análise da duração da cena; o aspecto que prevalece é o da sensação de duração que é causada no espectador, resultante de todos esses fatores.

Dessa forma, o tempo, posto que consiste em uma relação subjetiva, pode ser entendido como uma sensação, que é resultante do amálgama entre os elementos concretos apresentados no palco e a disposição anímica do espectador. Basta se ter em mente como diferentes receptores percebem como longa ou curta uma duração temporal que pode ser rigorosamente a mesma, em termos de minutagem, e entenderemos por que a análise deve ser considerada do ponto de vista da atenção do espectador, que é despertada e mantida ao longo da fábula. É a qualidade da atenção, o prazer ou desprazer da fruição, que dilata ou concisa o tempo da representação.

Como Passam as Horas Para Quem Assiste

Richard Boleslavski, um dos poucos autores que tentaram definir o ritmo no campo da performance teatral ainda na década de 1960, também aborda a questão do ponto de vista de quem assiste:

---

8   P. Pavis, op. cit.; A. Ubersfeld, op. cit.

9   Em *Esperando Godot*, há discrepâncias entre a passagem de tempo que é dita (passa-se um dia) e a que é mostrada (surgem folhas novas na árvore); em *A Gaivota*, as personagens falam o tempo todo do passado e do presente, mas o tempo real "não passa".

Minha maior aproximação [com o termo ritmo] foi a de se tratar de mudanças mensuráveis, ordenadas, de todos os diferentes elementos compreendidos em uma obra de arte – *contanto que todas essas mudanças estimulem progressivamente a atenção do espectador* e conduzam invariavelmente ao objetivo final do artista.[10]

Boleslavski foi um ator russo que, discípulo de Stanislávski, ao migrar para os Estados Unidos, dedicou-se a difundir as ideias do mestre no Ocidente. Na leitura de seu *A Arte do Ator*, todas as questões parecem perseguir a criação, por parte dos autores do espetáculo, de uma linha emocional e volitiva contínua, inerente ao sistema que aprendera outrora. O fluxo rítmico que deve ser criado, portanto, é emocional, catalisante, tanto para o ator como para o espectador que o acompanha. Diferentemente de seu professor, ele não teve a mesma formação musical e humanista típica do século xix (Stanislávski era pianista, lia em inglês e francês). Boleslavski, com todas as vantagens e desvantagens de pertencer à geração formada no novo século, não chegou nunca, a meu ver, a ter a envergadura de pesquisador de seu professor. Ainda assim, ele chegou a desenvolver, estrategicamente, um "modelo" de "fácil acesso" – bem ao gosto americano – ao pensamento pedagógico e criativo que permeou as pesquisas do Teatro de Arte de Moscou. De uma forma um tanto mais, digamos, pragmática, ele tenta traduzir para o aspirante a ator a necessidade de captar as mudanças dos climas da obra que vai interpretar. Adverte que as tais mudanças "ordenadas e mensuráveis" não são necessariamente regulares, mas são as grandes responsáveis pelas transformações desses "climas" emocionais. Essas mudanças só configuram um ritmo se estimularem o interesse, progressivo, do espectador pelo que acontece a cada momento e pelo que ainda vai acontecer, mesmo que este não se dê conta disso. A forma de se arranjar os motivos, ou temas, da obra é que cria no espectador expectativas de continuidade (que, aliás, são periodicamente frustradas). Tanto a continuidade como sua ruptura moldam, como os acidentes de um rio, o fluxo do espetáculo. Admito que seja brilhante a forma como Boleslavski exemplifica sua tese: comparando uma subida ao topo do Empire State

10   *A Arte do Ator*, p. 110, grifo nosso.

RITMO E DINÂMICA NA ENCENAÇÃO

Building, feita de forma progressiva, andar por andar, com uma rápida subida de elevador. No primeiro caso, as mudanças de paisagem serão tão graduais que darão a impressão de continuidade, com pequeníssimas diferenças – não haverá surpresas quando se chegar ao topo. Porém, se, após se desvencilhar do ritmo frenético (continuamente frenético, portanto regular) das ruas de Nova York, o sujeito se precipitar, num piscar de olhos, até o topo do edifício, onde de repente se vê atirado a uma paisagem de deslumbramento e silêncio, ele sofre uma mudança de ritmo sonoro e visual tão brusca que a experiência se transforma, de racional e comedida, no primeiro caso, em abrupta e impactante, no segundo. É como se a primeira tivesse a fluência de um rio tranquilo, e a segunda, a voluptuosidade de uma catarata. Essas mudanças rítmicas, afirma Boleslavski, são as que estimulam o interesse da plateia[11].

É óbvio que, para que haja mudanças, é preciso que antes tenha sido construída uma referência, uma paisagem sonoro--espacial que apresente alguma regularidade. É preciso que certos quadros rítmicos tenham se estabilizado, de maneira a formar uma base para a percepção do espectador, a partir da qual as mudanças serão notadas. Retomando a definição de Murray Schafer, citada anteriormente, o ritmo é uma seta que aponta uma direção e diz: "eu quero ir pra lá". O tempo todo, desde que se inicia o espetáculo, uma espécie de pulsação, emanada dos quadros rítmicos, vai urdindo uma teia de expectativas que apontam em certa direção e que irão culminar ou não no clímax (acorde) final. São os degraus, as etapas de que falava Schafer, e cuja organização prima por leis específicas. E é na percepção do espectador, muitas vezes na percepção fisiológica do espectador (que não chega a ser consciente), que essa expectativa é construída.

A neurofisiologia confirma que o cérebro humano tem uma tendência a ordenar os fenômenos em agrupamentos com

11   Coincidentemente ou não, o exemplo de Boleslavski tem inegável afinidade com a linguagem cinematográfica, sugerindo um sistema de cortes. Foi Andrei Tarkovski, cineasta russo, quem sugeriu, no livro *Esculpir o Tempo*, as imagens de rio, catarata, oceano, regato, para as diferentes formas de fluência rítmica da narrativa. Diferentemente de Eisenstein, que, como veremos a seguir, creditava ao processo de montagem a responsabilidade pelo perfil rítmico do filme, Tarkovski insiste que cada tomada contém, em si, sua densidade rítmica peculiar.

retornos periódicos. Estudos na área de cognição indicam que mesmo a atenção, consciente e voluntária, é cíclica. Em bom português, significa que ninguém "presta atenção" em algo o tempo todo por igual. A atenção funciona em ondas, o que auxilia o cérebro a "descansar" nos momentos de pausa entre os eventos importantes e, com isso, "poupar energia". Mesmo uma ação primária, como ouvir uma música, é feita por meio desse sistema de "ligar" e "desligar" a atenção inúmeras vezes, o que nos dá, ao final, a sensação de continuidade, sem prejuízo de nossa fruição nem de nosso entendimento da canção, e ao mesmo tempo sem sobrecarregar nossa mente com a atividade incessante e desnecessária[12].

Carl Seashore lembra que, justamente devido a nossa tendência a organizar ritmos, temos uma propensão natural a fazer "casar" a nossa regularidade de atenção com a regularidade rítmica que agrupamos através da percepção, o que causa uma enorme sensação de satisfação, até mesmo de euforia. Isso significa que, ao conseguirmos "seguir" um ritmo – que criamos, a princípio, inconscientemente, ordenando os fenômenos ao nosso redor –, estamos, então, de forma consciente, conduzindo nossa atenção para a regularidade desses fenômenos. Já vimos anteriormente o que isso cria: a expectativa de repetição no futuro. Esta causa, fisiologicamente, grande prazer[13].

Talvez esteja aí a chave para se compreender por que um tempo, organizado ritmicamente, ou, poderíamos dizer, em consonância cíclica com nossa atenção, nos parece mais prazeroso e até mais curto. Talvez – e eu estou dizendo talvez – esteja aí a explicação de acharmos chato, desinteressante, o espetáculo que tem uma unidade de tempo sustentada em uma longa duração – como uma cena que achamos "monótona". Onde não há mudanças de ritmo, não há novidades. A mente se desinteressa, considerando isso uma "pausa".

Eugenio Barba, diretor teatral, pesquisador das artes cênicas contemporâneas e um dos fundadores da Ista (International School of Theatre Anthropology), por sua vez, também aborda o fenômeno do ritmo pela percepção do espectador. Ao discorrer sobre o domínio do ritmo pelo ator-bailarino, ele diz:

12 Cf. O. Sacks, *Alucinações Musicais*.
13 Cf. *Psychology of Music*.

RITMO E DINÂMICA NA ENCENAÇÃO

O ritmo materializa a duração de uma ação por meio de uma linha de tensões homogêneas ou variadas. *Ele cria uma espera, uma expectativa.* Os *espectadores, sensorialmente, experimentam uma espécie de pulsação, uma projeção de algo que eles, com frequência, não percebem; uma respiração que é repetida variadamente, uma continuidade que nega a si mesma.* Ao esculpir o tempo, o ritmo torna-se tempo-em-vida.[14]

Ao falar em uma ação materializada pelo ritmo, "por meio de uma linha de tensões homogêneas ou variadas", Barba e Savarese de novo nos remetem ao conceito de pulsação construída pela periodicidade dos eventos, sejam regulares ou não, e sua capacidade de construir tensões para o futuro. Em uma visão "macroscópica" da peça teatral, essa capacidade é dada pela periodicidade dos acontecimentos da fábula, ou das imagens criadas na encenação; já em uma visão "microscópica", cabe ao ator, que esculpe o tempo/espaço com seu gesto, criar essa pulsação, levando o espectador a "expectar" com ele. Nesse momento, o ritmo é responsável pela criação de um estado energético, de uma capacidade de manter em alta o tônus físico e emocional da plateia. Os autores advertem:

Existe uma fluidez que é alternância contínua, variação, respiração, que protege o perfil individual, tônico, melódico de cada ação. Outra espécie de fluidez torna-se monótona e assemelha-se à consistência do leite condensado. Esta última fluidez não mantém alerta a atenção do espectador, mas o leva a dormir.[15]

Portanto, não é a fluidez invariável que cria a (agradável) sensação de "não ver o tempo passar"; é a contínua alternância de estados, as mudanças de fluxo, intensidade, acentos, direção, que "batem" uma pulsação para a peça. Tal forma, tal "modo" como se organizam os elementos do espetáculo, é, do ponto de vista da intencionalidade, tão ou mais "importante" que o próprio conflito que se vai expor. Boleslavski chega a afirmar que a apresentação do conflito permanece como mera exposição, sem chegar a configurar uma ação dramática, até o momento em que este seja moldado em suas qualidades

---

14 E. Barba; N. Savarese, *A Arte Secreta do Ator*, p. 211, grifo nosso. Para mais detalhes sobre a Antropologia Teatral, ver do mesmo E. Barba: *A Canoa de Papel*.

15 Ibidem.

rítmicas. Somente quando se decide "como" fluirá a ação é que esta chega a despertar interesse no espectador.

> – [...] No teatro, eu o chamo [o conflito de ações] de "Sr. O Quê?" – uma personalidade morta sem o seu companheiro "Como". Só quando o "Como" aparece no palco é que as coisas começam a acontecer. O conflito de ações pode ser *apresentado* em cena e permanecer ali petrificado esperando uma resposta à pergunta: "O que é o tema da peça?" Neste caso não é teatro. [...]
> – Quer um nome erudito, muito usado e abusado, para o "Como"? [...]
> – *Ritmo!*[16]

Se estivermos convictos de sua importância, chega o momento de nos perguntarmos: "como" impor, ditar ou reconhecer o ritmo da encenação?

Como Fazer Voarem as Horas

Organizar esse tempo da fruição, com o objetivo de torná-lo significativo, e, se possível, "interessante", é o que concerne aos encenadores e dramaturgos preocupados com a organização rítmica de seus espetáculos. Organizar o tempo da representação implica, portanto, além de produzir um sentido e especular um *constructo* de mundo, também articular expectativas para o espectador, de forma a ele sentir "interesse" em acompanhar a progressão de acontecimentos que se desenrolam a sua frente. O tipo de envolvimento (desejado) do espectador é claramente influente na opção: em organizar os acontecimentos da fábula em sucessão linear ou em tempo descontínuo; em determinar a extensão das unidades (sejam cenas, atos ou quadros); em distribuir as diferentes sequências em retornos cíclicos ou em progressão, indicando um tempo circular ou progressivo. A imposição de um tempo próprio à representação – tempo contínuo, que constrói uma unidade ficcional; ou tempo descontínuo, fragmentado, que obriga o espectador a preencher as lacunas – é a tentativa de conduzir, com rigor e consciência, essa experiência de fruição.

16 R. Boleslavski, op. cit., p. 105 e 109.

RITMO E DINÂMICA NA ENCENAÇÃO

A questão da manipulação do tempo pela dinâmica imposta ao espetáculo torna-se, por tudo isso, ponto central na encenação. Se essa dinâmica não permear, desde o nascimento, a composição do texto, roteiro ou partitura, e, ainda, o dia a dia dos ensaios, a criação das linhas de ação, a composição de personagens, a concepção cênica em sua totalidade de signos, e, finalmente, a tensão pretendida entre palco e plateia, ela jamais chegará ao espectador. Antes, a dinâmica deve ser percebida pelos próprios autores do espetáculo, deve ser desejada e criada, conscientemente, pela manipulação dos significantes dos quais lançam mão. O efeito surgido no confronto com o público será a confirmação desse desejo, ou não.

Dessas opções nascerá, então, um "ritmo global da encenação", de acordo com Patrice Pavis, em seu já citado *Dicionário de Teatro*.

Eu gostaria agora de dedicar um breve tempo a uma relativização desse conceito. Em primeiro lugar, é preciso contextualizar essa expressão, na forma como será usada aqui. Penso que é bastante problemático tentar chegar a estabelecer (ou analisar, como no caso do semiólogo) um ritmo "global" da encenação. Parece-me bastante razoável, pela leitura de seu texto, que na acepção da expressão, que é, em si, bastante redutora, está implícita a noção de que o espetáculo conta com esquemas rítmicos iniciais que determinam o *timing* das cenas ou dos quadros, e que esse seria um princípio rítmico. Pavis acredita que os vários sistemas cênicos (iluminação, texto, gestualidade, música, figurino etc.) possuem, cada um, seu ritmo próprio, formando o que ele denomina "quadros rítmicos". A concepção de um "ritmo global da encenação" seria, então, derivada da percepção, pelo espectador, das diferenças de velocidade, das defasagens, das embreagens, das hierarquias entre esses sistemas. Enfim, um trabalho de ordenação dinâmico, dialético, o que impediria qualquer semiologia de se basear, na análise do espetáculo, em unidades fixas, congeladas. O único perigo consiste em se considerar que esse princípio vai necessariamente atravessar toda a arquitetura da encenação, quando é, justamente, o sistema de contrastes (lembremos dos cortes secos de Boleslavski) que imprime a dinâmica da encenação. Não nos custa lembrar mais uma vez: é na afronta à pulsação constante que se faz o ritmo – justamente no emprego distinto, e por vezes contraditório, das durações e intensidades.

Reconheço em Pavis ideias afins, quando ele atribui ao ritmo, entendido como essa relação dos movimentos entre si, a responsabilidade de "constituir e destituir as unidades, de operar aproximações e distorções entre os sistemas cênicos, de dinamizar as relações entre as unidades variáveis da representação, inserindo o tempo no espaço e o espaço no tempo"[17]. Entretanto, por mais que entenda que a análise semiológica "necessariamente se interrogue sobre os sentidos do texto tentando vários esquemas rítmicos, relativizando de uma só vez a noção de significado textual, descentrando o texto, pondo novamente em questão o logocentrismo do texto dramático"[18], não consigo ainda concordar com sua aversão à "pretensão de encontrar um esquema rítmico previamente inserido no texto"[19], como se acatar as sugestões de enunciação que emanam do texto dramático fosse obrigatoriamente sinônimo de rigidez e obediência a métricas canônicas. Por isso continuarei usando o recurso da análise do texto dramático, agora aliado a um olhar sobre a encenação. A partir deste ponto, diga-se de passagem, vou tomar a liberdade de confundir encenador e dramaturgo, transformando-os em uma mesma pessoa – o "organizador" do ritmo da obra, independente de quem tenha sido o principal responsável por essa organização. Isso porque meu raciocínio nos conduzirá em um determinado momento a uma breve interlocução com um dramaturgo-encenador-teórico que não admite cisão, em sua práxis artística, entre as três atividades poéticas, e muito menos entre elas e seu logos político: Bertolt Brecht.

Linear Versus Descontínuo

Para tratar da questão de organização da fábula, remeto-me mais uma vez a Anne Ubersfeld, que centra a questão na dialética linearidade *versus* descontinuidade. Recorro a essa polaridade porque reconheço que essa configuração sempre transparece, de alguma forma, nos discursos teóricos sobre encenação[20].

17 *Dicionário de Teatro*, p. 345.
18 Ibidem.
19 Ibidem.
20 Cf. R. Abirached, *La Crisis del Personaje en el Teatro Moderno*; M. Carlson, *Teorias do Teatro*; P. Szondi, *Teoria do Drama Moderno (1880-1950)*; P. Pavis, *A Análise dos Espetáculos*.

RITMO E DINÂMICA NA ENCENAÇÃO

Esse cotejamento supõe, de um lado, a presença na encenação de um enredo de ordem causal, no qual aparecem os princípios clássicos de ascensão/queda da ação, nó/desenlace, paixão/catarse etc. – enredo estruturado frequentemente em *atos*, ou blocos de cenas; e, de outro lado, a dramaturgia em fragmentos, descontínua, elíptica, que evolui "aos saltos" e pressupõe lacunas, estruturada em *quadros* ou fragmentos, podendo contar até mesmo com cenas-estribilho.

A propósito, essa oposição pode vir a tornar-se redutora, mormente quando se toma como foco casos extremos, a exemplo do cotejamento entre uma tragédia grega clássica e a dramaturgia em fragmentos de Büchner, de Brecht. Ubersfeld alerta que "todas essas distinções históricas entre modos de representação não impedem que subsista, em todos os textos teatrais, uma dialética unidade/descontínuo, progressão contínua/progressão por saltos, temporalidade histórica/a-historicismo"[21]. Em outras palavras: a distinção entre as duas, digamos, formas dramatúrgicas não é tão clara assim. Há inclusive, como lembra a autora, as formas mistas que mesclam os meios de construção linear e fragmentado, e dentre as quais ela própria arrola as jornadas da dramaturgia espanhola do Século de Ouro, a dramaturgia de Victor Hugo e o exemplo sempre recorrente de Shakespeare.

E há, evidentemente, equívocos e distorções nessa dualidade tão sumária. É frequentemente olvidado, por exemplo, o fato de que a divisão da tragédia grega em *atos* é uma "invenção" de seus tradutores para o Ocidente, uma vez que a arquitetura formal da tragédia, poder-se-ia dizer, está mais próxima de uma sequência litúrgica, marcada pelos movimentos de entrada e saída do coro, do que de núcleos temáticos ou divisão em cenas (esta última, aliás, uma convenção muito ulterior à tragédia ática). Por fim, resta, preponderantemente, a conclusão de que "nem todas as escritas contínuas ou descontínuas opõem--se de maneira sistemática e se relacionam de maneira absoluta a duas visões de mundo", como lembra Jean-Pierre Ryngaert[22].

Em que pese esta ressalva, guardemos a polaridade contínuo *versus* descontínuo, que me interessa na medida em que

21 Op. cit., p. 130.
22 *Introdução à Análise do Teatro*, p. 43.

Ritmo e Dinâmica na Encenação "Linear"

A construção de uma dramaturgia "linear" pressupõe, pelo menos na dramaturgia clássica, a presença de um enredo ou fábula, com sequências de ações estruturadas de modo a configurar um ou mais conflitos[23]. O léxico dessa intriga é geralmente composto pelos princípios clássicos de exposição (apresentação) da situação, nó, peripécias e desenlace. O desenvolvimento do enredo se dá na medida em que se alternam momentos de tensão e relaxamento, em uma progressão que pode ora intensificar, ora atenuar o "clima" emocional de cada cena. Essa progressão linear se propõe à tarefa de continuamente preparar o espectador para o desenrolar dos acontecimentos, de conduzi-lo pela mão de ação em ação, de situação em situação, no que é, tradicionalmente, um pressuposto do gênero dramático em si – a tensão em direção ao futuro[24]. Uma construção, digamos, teleológica, na qual a cena final pontua a resolução do drama e que tanto pode ser a transformação como a repetição da situação inicial. É sob esse prisma que se deve entender que a divisão em atos supõe uma unidade; não apenas a unidade, ao menos relativa, de tempo e lugar (pois ainda que apareçam lapsos temporais entre os atos, em geral não há ruptura de continuidade na narrativa), mas unidade no sentido de uma coerência, de uma transformação sucessiva e coerente, a cada ato, das situações preestabelecidas.

Em termos de estrutura rítmica, não seria improvável a seguinte metáfora musical: nesse tipo de drama, uma linha melódica principal se faz ouvir – o conflito mais importante, que engendra o enredo – e sua pulsação se baseia na alternância

---

23 Obviamente não é muito confortável resumir em expressões tão redutoras como "dramaturgia clássica", "representação realista" ou "enredo linear" uma diversidade geográfica, temporal e, principalmente, estética tão ampla que abrange da tragédia grega ao teatro eurocêntrico contemporâneo. Mas devo fazê-lo, neste momento, apenas em contraposição ao tipo de forma dramática que chamarei aqui de "descontínua", em alguns casos de "épica".

24 A. Rosenfeld, *Prismas do Teatro*.

de momentos de tensão/relaxamento, propiciando a construção de um ou mais clímaces emocionais. Tal como numa composição musical, a alternância de tensão/relaxamento não é
necessariamente regular nem cíclica – pode acontecer em uma
só ocasião; ou pode construir uma grande "curva", contendo
um ápice e um "decrescendo", geralmente próximo do final. E
também se apresenta, por vezes, sob a forma de variações ou
repetições do mesmo tema, em uma estrutura circular. (A propósito, Michael Chekhov, ator e diretor russo que propôs um
tratado sobre a interpretação para os atores ocidentais, baseado
também nas ideias do mestre Stanislávski, mapeia esse princípio, nomeando-o Lei das Ondas Rítmicas[25].)

É possível reconhecer quase didaticamente tal pulsação na
peça simbolista *A Intrusa*, de Maeterlinck. Ainda que a dramaturgia simbolista não seja o melhor exemplo de uma dramaturgia "linear", nessa obra Maeterlinck joga com as recorrências
rítmicas de ruídos e silêncios, e ainda com a alternância entre
luz e escuridão, para construir uma cena em tensão crescente; ou
melhor, em ondas cíclicas de tensão crescente, que deságuam em
um final catártico, o que de certa forma "cumpre" a expectativa
criada desde o início para o espectador: a morte, personagem
pressentida e aguardada durante toda a peça, finalmente chega
à casa da família em vigília. A peça demonstra claramente o que
Chekhov denomina ondas rítmicas, com "fluxos" e "refluxos" das
ações interna e externa. Para esse autor, a pausa na ação externa
(pausa intensa, ativa, "preenchida", nunca vazia nem destituída
de sentido) deixa entrever a ação interna (justamente o que a
preenche), a luta ou dilema que se passa dentro da personagem.
O refluxo de uma deixa aflorar a outra.

(A propósito dessa diferença de "temperatura" entre a ação
exterior, visível, e a chamada "ação interna", invisível aos olhos

---

25 *Para o Ator*, p. 143. Chekhov defende a ideia de que, na análise do texto dramático, o ator se esmere por identificar os pontos de culminância da ação
dramática, os clímaces. Partindo do pressuposto de que toda peça segue certas
leis de composição, nas quais grassa aquele princípio de começo, desenvolvimento e fim, Chekhov entende que é possível uma decupagem do enredo em
unidades, identificáveis por suas diferentes atmosferas. Dentro de cada uma
dessas unidades, são reconhecíveis os pontos de culminância, e, ao mesmo
tempo, os acentos "secundários". Essa estrutura de "onda" é identificada como
uma lei na dramaturgia sobre a qual ele se debruça.

do espectador, mas pressentida por este como uma espécie de textura ou estado emocional que aflora na personagem, não posso deixar de me reportar a Stanislávski no ponto de sua extensa pesquisa que mais interessa a este estudo: o tempo--ritmo. Porém o farei oportunamente, quando nos detivermos sobre as ferramentas do ator em seu trabalho sobre o ritmo.)

É fácil perceber por que as variáveis de combinação dessa pulsação se tornam, então, infinitas. São tantas possibilidades rítmicas quanto são as intenções poéticas. Em princípio, reconhecemos que elas surgem como decorrência natural das mudanças de rumo e desenvolvimento do enredo. Nesses casos poderíamos dizer que se originam da lógica do enredo. E, por nascerem de sua lógica, moldam-lhe a forma. Constroem, com suas diferenças de "temperatura", a sintaxe do espetáculo, articulando as cenas de modo a, na comparação entre elas, serem realçados os ápices, distribuídos os acentos, arquitetado o final. Como diria Boleslavski: consistem na forma "como" o conflito, ainda em estado latente, se desenvolve, ganhando prioridade em importância até mesmo sobre "o quê" é narrado. Tal como em um poema e na música, o jogo de variação rítmica não é, em hipótese alguma, um ornamento. São opções do dramaturgo – e do encenador ou do *performer* – para encadear sua narrativa, conferindo-lhe o caráter cíclico, ou fragmentado, ou linear, ou intermitente, que, afinal, resultará em sua significação. É o que poderíamos, e costumamos, chamar de dinâmica da composição do espetáculo. Uma dinâmica feita de intensidades, sem dúvida, como na música. A especificidade, aqui, é que essas intensidades não são sugeridas só pelo grau de força, ou energia, com que a palavra é proferida, e a ação física, executada – além dessa energia, é também pela distribuição dos tempos, das durações, pelos acentos dados em função das pausas, que a intensidade é sugerida e a dinâmica, construída. Analisemos algumas ferramentas de que dispõe o dramaturgo ou o encenador para trabalhar tal articulação e sua dinâmica.

Dentre tantas possibilidades, começo por, mais uma vez, recorrer à metáfora da pulsação binária, para evocar um dos recursos mais elementares de composição dinâmica em um espetáculo teatral: a alternância entre cenas longas e curtas. Uma tal alternância pode conferir, por si só, uma qualidade rítmica bem definida ao espetáculo. Por seu intermédio, o autor consegue realçar determinada cena, tanto ao incluir uma cena curta entre duas cenas longas como, pelo contrário, ao "sustar" um ritmo vertiginoso da narrativa, para dar espaço a uma digressão, um longo discurso, uma reminiscência dalguma personagem. Com essa alternância, pode-se acelerar/frear a velocidade dos acontecimentos; por último, lembremos que esse também é um recurso utilizado para conceder ao espectador um momento de "descanso" após um longo bloco de cenas no qual foi requisitada sua mais concentrada atenção.

É nessa mesma lógica que funciona a inclusão, por vezes, de uma cena cômica no meio de uma tragédia, o que provoca uma mudança de ritmo na percepção do espectador: o inusitado desloca-o do referencial que lhe fora dado construir desde o princípio da representação. No mais das vezes esse procedimento reforça o *páthos* da tragédia (como parece ser o caso, mais uma vez, de Shakespeare e suas personagens ambiguamente patéticas, como os coveiros de Hamlet ou o Bobo de Lear). A ruptura, dessa vez, não é a do ritmo *temporal,* mas do ritmo (clima) *emocional* da cena.

Outro recurso rítmico/dinâmico é o de uma súbita aparição de personagem, acontecimento ou ruído, a qual interrompe uma cena que se vinha desenvolvendo e contribui para duplicar o impacto de uma revelação ou de uma reviravolta; uma súbita entrada, um barulho além-palco, um acidente funcionam, nesses casos, como acentos que irrompem na ação que transcorria até então.

Em contrapartida, o paralelismo de tempos e cenas que acontecem simultaneamente, com a mesma duração, é recurso que pode sugerir tanto situações semelhantes como situações em contraponto. Elas dividem e compartilham a atenção do espectador, e podem dialogar entre si, como em uma polifonia.

Lembremos igualmente dos blocos de cena cuja tensão crescente leva as falas a serem progressivamente encurtadas, o que causa o efeito de aceleração, que pode chegar à esticomitia. E que a desaceleração das réplicas, ao contrário, conduz, como já foi visto, àquela sensação de relaxamento após a tormenta, a um anticlímax.

Todos os signos que são lançados sobre o palco são, evidentemente, passíveis das mesmas formas de composição: ações físicas, trilha sonora, iluminação, cenografia. Na análise dos "quadros rítmicos" de cada um, separadamente, poderíamos igualmente reconhecer paralelismos, contrapontos, aceleração/desaceleração, pulsação, dinâmica, ritmo.

Aqui cabe a ressalva importante que se impõe diante do fato de que, como foi visto anteriormente, o tempo consiste sempre em uma relação: todos esses procedimentos temporais não são responsáveis, por si só, pela configuração rítmica da peça; mas o é a relação entre eles, e por vezes entre eles e as indicações temporais do texto. Um excessivo número de acontecimentos em um pequeno intervalo de tempo pode realmente causar ao espectador uma sensação de aceleração, mas eventualmente pode produzir, ao contrário, a impressão de um ciclo exaustivamente longo e até enfadonho. Tudo depende da articulação desses acontecimentos com o que veio antes e depois deles.

Ainda como ferramentas de construção de sentido, as variações rítmicas são importantes também para marcar as diferentes fases que atravessam distintas personagens ao longo da peça. Basta analisar as mudanças de quadro rítmico – velocidade, pausas, tamanho das falas – em seus discursos e em suas ações, à medida que mudam seu estado de ânimo, sua disposição interna, seus objetivos. Esse é o caso clássico da personagem que "evolui" (aqui usado no sentido de cumprir uma trajetória) de um estado inicial para um estado final, diferente ou similar ao primeiro, tanto faz. Cabem nessa generalização (correndo o risco de todas as generalizações) os heróis trágicos; e, ainda, Fausto, Hamlet, os protagonistas do romantismo, toda uma galeria de seres que passam por rituais de passagem, de revelação ou de transformação, um dos motes fundantes dessa dramaturgia que aqui estou chamando de "linear". (Vimos, mais uma vez no exemplo de Shakespeare, a mestria do autor em conduzir as mudanças de humor de suas personagens pela variação de prosa/rima.)

É claro que diferenças rítmicas são marcadas também pela diferenciação entre as personagens, e essas diferenças, por vezes sutis, nem sempre são de fato perceptíveis no texto. Cabe, então, ao encenador, em parceria com os atores, encontrar "os ritmos" de cada uma, e jogar com as possibilidades de relação entre as mesmas. Para a construção do tema central de *O Cerejal*, de Anton Tchékhov (que resumirei, grosseiramente, como

RITMO E DINÂMICA NA ENCENAÇÃO 111

um painel da decadência da aristocracia russa pré-revolução), concorrem as variações rítmicas tão marcadas entre jovens e velhos; entre antigos senhores e novos capitalistas; entre proprietários rurais e trabalhadores. Variações que formatam seus discursos (uns se remetem sempre ao passado, outros perspectivam o futuro), mas que podem (e devem!) impregnar também a composição das personagens e suas ações físicas.

Por fim, lembro da existência, por vezes, dos conflitos paralelos, aqueles que não chegam a competir com o conflito principal, antes contribuem para tornar mais complexa sua teia de relações, e ao mesmo tempo sua diversidade rítmica. À maneira do que se costuma chamar, em música, de sistema tonal, são partes que se entrelaçam em torno da principal linha melódica. Se de novo pensarmos em Tchékhov, autor que confere certa densidade psíquica até às personagens secundárias, reconhecemos como ele confecciona uma verdadeira teia de conflitos individuais paralelos. Essa diversidade cria precisamente uma dinâmica de idas e vindas na atenção do espectador. Um ritmo particular é engendrado pelos variados focos de atenção que são solicitados.

A propósito, uma das forças motrizes da comédia, principalmente da comédia de costumes, é o entretecimento de narrativas paralelas, o que com frequência lhe concede um ritmo feérico, como é característico nos *vaudevilles*[26]. Também são encontrados diversos exemplos de paralelismo entre os romances de patrões e empregados, nos roteiros de *Commedia dell'Arte*: são os vários "assuntos" que Arlequim tem que conduzir simultaneamente, enquanto serve seus dois patrões, seduz a criada e busca saciar sua fome. São os aios e criados, ainda, de Molière, com suas aspirações e problemas pessoais análogos aos de seus patrões – estes sim os "temas" principais das comédias. Essas vertentes paralelas, por si só, também conferem ao espetáculo uma dinâmica, mesmo que não contrastem, nem na duração nem na velocidade, com as cenas da "trama" principal.

---

26 No Brasil, chega-se a chamar os *vaudevilles* de "comédias de porta", tal a frequência com que são usadas as portas por onde entram e saem as personagens em ações paralelas, utilizando o mesmo ambiente de cenário e ao mesmo tempo sugerindo diversas ações extrapalco.

Na última "lei" de composição analisada em seu livro (a "Lei das Repetições Rítmicas"), Michael Chekhov discorre sobre os motivos ou temas que, volta e meia, se repetem durante a peça – um assunto, uma situação, um conflito igual ou invertido –, o que permite ao espectador traçar paralelismos entre situações na fase inicial e no decorrer da fábula e, por intermédio desse jogo de comparações, "sentir" os ápices de tensão. Trata-se, no caso do romance literário, do *leitmotiv*: o motivo que "lidera" o romance, que lhe dá a "tônica". É um conceito que também está presente na música, e migra para o teatro e cinema.

Não raro, a recorrência é de uma cena inteira ou fragmento, de um pedaço de diálogo, de uma ação: são as cenas-estribilho, certas "células" que se repetem periodicamente, para conferir ao tempo da ficção um caráter circular. Porém, especificamente neste caso, são recursos que se prestam muito mais a um tipo de encenação, da qual falaremos a seguir, que opera por fragmentos, por ciclos – no qual, obviamente, cabe muito mais uma poética de repetição, de circularidade –, do que na encenação do drama rigoroso.

A dramaturgia simbolista, vide o exemplo de Maeterlinck, é pródiga em lançar mão dos estribilhos. Também o é a dos "absurdistas" como Eugène Ionesco e Jean Tardieu, o mesmo para Beckett e seus jogos de repetição que abundam em *Fim de Jogo* e em *Esperando Godot*. Karl Valentin, por seu turno, retrata os absurdos de uma existência medíocre por meio da comicidade de *sketches* em que as personagens se debatem entre a falta de assunto e a falta de alternativas, com a repetição dos temas da conversa – caso de *Conversa no Chafariz* e *A Carta de Amor*, entre outros. Podemos reconhecer o estribilho melancólico e soturno, quase à maneira do corvo de Edgar Allan Poe, marcado pela passagem da vendedora de flores que apenas se entreouve de quando em quando, fora de cena, em *A Sapateira Prodigiosa*, de Federico García Lorca. Fora do contexto textual, o estribilho também pode ser percebido na encenação. O encenador brasileiro Antunes Filho tem usado da repetição sistemática de certo tipo de movimentação dos atores – entradas e saídas em grupo, pelas coxias laterais, cruzando o palco horizontalmente – em vários de seus espetáculos que retratam "sagas" ou "epopeias" de seus (anti)heróis, como no clássico *Macunaíma* (1978), em *Gilgamesh* (1995) e no recente *A Pedra do Reino*, de 2006. Com o mesmo tipo de movimentação, com mudança apenas nos figurinos e na qualidade rítmica desses deslocamentos, Antunes costura uma narrativa paralela à que está sendo verbalizada. E, o mais importante: em todos os exemplos citados, a repetição dos temas se dá de forma a, a cada vez, o contexto diferente conferir aos mesmos motivos outros sentidos, outra profundidade, outra dimensão, outra leitura. São recursos poéticos que conferem um ritmo não natural, cíclico, não progressivo, ao texto e à encenação. Um ritmo, eu diria, mais próximo da poesia que da prosa, mais afeito à musicalidade que à causalidade lógica da narrativa.

Mais uma vez observemos que, quando são usadas expressões como "repetição rítmica", é deveras importante ter em mente que, tal como foi enfatizado quando falávamos sobre a composição musical, nem mesmo a narrativa de maior regularidade rítmica é de pulsação constante. Se assim o for, ela adquire aquela consistência do leite condensado, viscosa e enjoativa. A não ser que tal seja o efeito pretendido. Nesse caso, a constância tem a inequívoca pretensão de provocar uma sensação de tédio, ou a de imutabilidade. Diga-se de passagem que, se é muito difícil representar no teatro "um tempo que passa", mais difícil ainda é fazer sentir o tempo que não passa, e representar o tédio sem entediar o espectador. Para esse caso há certos "procedimentos" rítmicos que funcionam muito bem, como a desaceleração das réplicas e das ações, o uso de pausas. Um dos mais comuns é justamente aquela repetição cíclica do motivo. De novo é Michael Chekhov quem sistematiza: se a repetição ocorre no tempo, cria a sensação de *eternidade*. Se ela acontece no espaço, a sensação é de *infinidade*[27].

Os exemplos seriam numerosos. No primeiro caso, a eternidade poderia ser evocada pelo contínuo tique-taque de um relógio; por uma chuva que cai de forma intermitente; ou pelas badaladas periódicas de um sino. Poderia ser o barulho recorrente das ondas do mar (como em *Senhora dos Afogados*, de Nelson Rodrigues). No segundo caso, a infinidade pode ser sugerida pela repetição de um elemento do cenário, como as

---

27 Op. cit., p. 134.

colunas simetricamente distribuídas de um templo clássico; ou pela disposição espacial dos atores; quiçá pelo uso recorrente de um sinal luminoso (mais uma vez remeto-me a *Senhora dos Afogados,* na qual a luz do farol periodicamente incide sobre a casa da família). Uma sugestão colhida também em Chekhov é exemplar: para causar a solene impressão de antiguidade e infinidade, atribuída, na primeira cena, ao reino lendário do *Rei Lear* de Shakespeare, o autor sugere ao encenador que distribua no cenário, de maneira uniforme e simétrica, as janelas, lanternas e archotes que caracterizam um palácio; podendo, ainda, ordenar de modo uniforme as aparições regulares de cortesãos e demais personagens no palco; distribuir um espaçamento regular entre essas personagens; estabelecer pausas hieráticas antes e depois da entrada do Rei Lear; marcar ritmicamente até mesmo o som dos passos do soberano ao aproximar-se a sua primeira aparição[28]. Constitui-se uma bela passagem do lendário livro de Chekhov, essa em que a encenação é pensada em termos de dinâmica e rítmica.

Os exemplos mostram que regularidade, simetria e constância, portanto, podem criar sensações análogas às impressões de solidez, atemporalidade, tédio, imutabilidade, não transformação, inércia, passividade.

Analisamos até o momento as maneiras de se fazer ressoar, na encenação, um perfil rítmico que emana do texto, ou pelo menos do encadeamento lógico da narrativa. É preciso pensar, agora, na encenação que recusa esse perfil, ou atualiza-o em leitura pessoal do encenador, complementando ou contradizendo o que o texto sugere. Patrice Pavis chama a atenção para o fato de que é quase uma obsessão de certos encenadores contemporâneos, como Ariane Mnouchkine, buscar a quebra da lógica textual, a "falsidade", até mesmo dos clássicos, estilizando a voz e prosódia, como se faz com o gesto – esse tem sido mesmo, a julgar por suas encenações de *Átridas*, de Ésquilo, e *O Tartufo*, de Molière, o viés de investigação eleito da encenadora. Inserida em uma tradição que remonta a Meierhold, abrange Artaud e deságua em tantos autores contemporâneos como Michel Vinaver (só para marcar três momentos pontuais), a prática de Mnouchkine, diz Pavis,

28 Ibidem.

muitas vezes consiste em encontrar, na respiração dos atores, na alternância das pausas e das explosões vocais e gestuais, essa dualidade dos ritmos biológicos e em impor ao texto transmitido um esquema rítmico que faça com que sua linearidade seja detonada e que impeça qualquer identificação do texto com uma individualidade psicológica[29].

Essa é a vertente rítmica que Pavis chama de "teoria brechtiana do *gestus*, da música gestual"[30], conceito que ele amplia para além da prática do próprio Brecht. A pesquisa empreendida sobre o ritmo, por parte de encenadores e seus analistas,

pretende ser ao mesmo tempo um apanhado das relações sociais no gesto individual e um método que demonstra a influência do movimento e da cadência na produção do sentido dos enunciados e das ações. Esta teoria prepara o caminho para as atuais reflexões sobre ritmo, reflexões estas que procuram vincular a produção/percepção do ritmo à do sentido do texto interpretado e de sua encenação[31].

O que Pavis parece identificar na "teoria brechtiana do *gestus*" é uma atitude, reconhecível na poética de Brecht, de fazer da materialidade da palavra, da cadência dos movimentos e da orquestração dos signos em cena – música, atores, deslocamentos, cartazes, projeções etc. – um método de produção de sentido que duplicava, comentava e por vezes contradizia o que o texto apresentava. Nesses casos, a representação física – sonora ou espacial – ganha o mesmo peso na estrutura rítmica da fala que o ritmo originado da narrativa – quer seja sua distribuição em episódios, réplicas, monólogos ou esticomitias. Os deslocamentos, principalmente, e a gestualidade, juntamente da pesquisa vocal de enunciação do texto, passam a ser a representação física do ritmo na encenação.

Ritmo e Dinâmica no Trabalho Com Fragmentos: Colagem, Montagem

Ao recorrer à polaridade de linear *versus* descontínuo que Anne Ubersfeld sintetiza nas formas dramatúrgicas como em

---

29 *Dicionário de Teatro*, p. 343.
30 Ibidem.
31 Ibidem.

atos *versus* em quadros, uma questão importante se apresenta: a forma como se operam as transições entre as cenas (ou entre os blocos de cena) que moldam uma ou outra forma dramática. Trata-se exatamente da costura, da articulação entre as unidades do espetáculo (sejam elas cenas, quadros, atos), as quais lhe conferem a tal dinâmica rítmica e de significação. Tem sido defendida aqui a ideia de que o ritmo de uma obra artística é resultante do *modus* de articulação entre suas partes, seja qual for o suporte para a linguagem que se utilize – palavras, espaço, desenho, atores. Desde o momento em que elegi, dentre tantas possibilidades de definição da palavra ritmo, a conotação de "encadeador" dos elos de uma sequência, defendo como hipótese a ideia de que esse ritmo, resultante de uma predeterminada forma de operar, é que confere à globalidade da obra o seu caráter e o seu significado. Sob essa abordagem, as transições ganham autonomia significativa e deixam de ser meros momentos de passagem. Não que elas precisem ser ressaltadas para significar. Continuam sendo transições, mas é possível reconhecer, nem que seja pela opção de qual cena sucede a qual, e se de forma súbita ou gradual, fragmentada ou contínua; é possível reconhecer, eu dizia, uma operação intelectual do autor ou do encenador. O caráter dessas transições não está a serviço da narrativa, ele constitui a própria narrativa.

Pierre Le-Quéau ressalta, com muita propriedade, que pelo ritmo se manifesta toda a eficácia simbólica – metafórica – da narrativa[32]. Essa eficácia é conseguida mais pela dinâmica de elaborar formas, interligar os episódios, articular os pacotes de sentido, a cargo do narrador – e menos por seu "tema" ou assunto, frequentemente conhecido *a priori* pelo espectador. Mesmo na narrativa improvisada, na qual aparentemente a fábula é desconhecida do ouvinte, há elementos pré-construídos e disponíveis ao autor. A improvisação se dá sobre a forma de narrá-los, pela forma de entrelaçar passado (os elementos pré-constituídos) e presente (maneira de apresentá-los). A finalidade de uma narrativa é sempre juntar, integrar os acontecimentos, as partes. E a repetição é o motor da narrativa. Ela é construída por "pacotes de repetições", que avançam ciclicamente – são os episódios.

---

32   O Ritmo e os Efeitos da Narrativa.

RITMO E DINÂMICA NA ENCENAÇÃO

Apoio-me também nesse raciocínio para elaborar o que, ao final, parecerá óbvio: a forma de construção da narrativa traduz os propósitos do narrador. Em uma dramaturgia linear, com enredo que se desenvolve progressivamente, mesmo que as transições sejam bruscas, como nas peripécias e reviravoltas, elas ainda são passíveis de serem acompanhadas pelo espectador. Isso acontece especialmente nos textos de "realismo psicológico", que se desenvolvem sob forte pressuposto de causalidade: o conflito, a evolução das personagens, as ações físicas, tudo é construído segundo uma lógica em que "uma coisa leva à outra", sem solução de continuidade. O objetivo sempre é o de envolver o espectador na ação, levá-lo a "viver junto" aquela experiência.

Já a narrativa em quadros pressupõe a presença de pausas temporais, de lacunas na continuidade. Pausas que de forma alguma têm uma natureza vazia. Pelo contrário, são prenhes de sentido, mas de sentido que deve ser, mais do que nunca, construído pelo espectador. A descontinuidade da narrativa em quadros autônomos interrompe a ação, "força o espectador [...] a *refletir sobre o intervalo*"[33], em vez de permiti-lo se deixar levar pelo movimento da narrativa. Cada quadro é, segundo Ubersfeld, "a representação de uma situação complexa e nova, em sua autonomia (relativa)"[34]. Por isso a dramaturgia em quadros, da qual a brechtiana é um dos exemplos, impõe, pelas lacunas, a reflexão: toda ruptura de continuidade destrói o que Brecht chama de identificação, que pode ser considerada uma "sideração" do espectador. Forçado a preencher essas lacunas, ele tem que refletir e, de certa forma, "ausentar-se" da ficção para voltar ao real – é nesse instante que pode se dar sua transformação interior, tão almejada pela dialética brechtiana.

A dramaturgia em quadros proporciona um mosaico, um caleidoscópio de pequenas unidades que indicam uma visão fragmentada do próprio mundo, uma relativa pulverização da consciência. Ainda que ela não seja privilégio do século xx (foram citados anteriormente os exemplos de Jakob Lenz, em *O Preceptor*, e do *Woyzeck* de Büchner), é na contemporaneidade que os estilhaços dessa fragmentação se espalham, a tal

33 A. Ubersfeld, op. cit., p. 129.
34 Ibidem, p. 142.

ponto que já se pode falar em gerações: a Meierhold, Brecht e Beckett se sucedem os já citados Koltès, Heiner Müller, Peter Handke, os franceses Michel Vinaver e Michel Azama. É, pois, a serviço dessa narrativa reflexiva, entrecortada e atravessada de camadas semânticas, que o fragmento dá a forma.

Também nesse contexto, e principalmente nele, as transições tanto podem acentuar como atenuar a sensação de fragmentação. A encenação pode, perfeitamente, eliminar as rupturas pretendidas pelo texto dramático, privilegiando um outro modo de decupagem – por exemplo, deixando pistas de continuidade na trama, por meio da presença permanente de alguma personagem, ou pela inclusão no cenário de signos temporais que indicam uma passagem de tempo contínua. E pode também acentuar a independência entre as cenas, explicitando um desejo de que elas sejam percebidas cada uma como uma "curva" completa, como pretendia Brecht. No caso do encenador alemão, temos o interessante exemplo do uso da meia cortina, a qual deixava o público entrever, por cima ou por baixo, o trabalho dos cenotécnicos que mudavam o cenário – recurso que Brecht aproveitou do cabaré de Karl Valentin e que promovia um reforço na quebra do ilusionismo da cena. Ou utilizava-se dos recursos das canções, das projeções, dos títulos, entreatos, das mudanças de luz, dos cortes secos, dos quais o teatro épico tantas vezes lançava mão.

É quando exacerbam o procedimento de pulverizar a continuidade que a dramaturgia e a encenação em quadros chegam à montagem e à colagem.

Não pretendo fazer distinções conceituais entre as duas técnicas, pois suas fronteiras ideológicas e estéticas têm sido deveras objetos de discussão, a qual foge a este recorte. Pretendo apenas reconhecer como esses procedimentos, oriundos, um da linguagem cinematográfica e o outro das artes plásticas, se incorporaram de forma sistemática à linguagem da encenação teatral, principalmente a partir da transição dos séculos XIX e XX, como um reflexo da fratura de uma visão de mundo unicista, com um "centro" aglutinador. Isso pode nos interessar na medida em que percebermos que, na opção de pulverizar os pontos de vista na construção da narrativa, na opção por trabalhar com fragmentos, é a própria diversidade que ganha a tarefa

RITMO E DINÂMICA NA ENCENAÇÃO   119

de significar: a diversidade de materiais, a concretude dos signos cênicos e, primordialmente, a forma de ordená-los. A partir disso, a dinâmica da encenação e, em consequência, a figura do encenador ganham a primazia na condução do processo.

A colagem, que pode ser grosseiramente resumida como uma intervenção, em um discurso artístico específico, de um elemento referencial r, um "pedaço de realidade" aparentemente estranho ao universo referente daquela linguagem[35], foi uma das técnicas empreendidas por surrealistas, construtivistas, futuristas e, principalmente, cubistas e dadaístas para empreender sua revolucionária relação com o objeto-obra de arte. Mais do que se apropriar de material "alheio" ao universo pictórico – os objetos cotidianos, recortes de papel, textos etc. –, os ícones desses movimentos propunham, além de uma até então insólita inclusão do tempo como dimensão plástica (na superposição de pontos de vista simultâneos proposta pelo cubismo), uma relação bastante polêmica do artista com seu *milieu,* com a diversidade de informações e recursos com os quais ele podia contar em sua época. Com as apropriações de procedimentos de uma linguagem a outra, nunca mais o artista foi encarado como o inventor de uma representação original, e sim como o criador de justaposições, de junções entre diversos materiais criativos e frequentemente descontínuos, tanto de seu repertório pessoal como daqueles colhidos em outras obras, fontes, técnicas e linguagens. Nesse contexto, obviamente, mais uma vez as formas de junção, de encadeamento, dos elementos dos quais ele lança mão, ganham a relevância de criadoras do sentido da obra.

No teatro, especificamente, é preciso sempre mencionar que o procedimento de colagem/montagem não é exclusivo da modernidade, nem da pós-modernidade, no sentido histórico. A modernidade aparece, nesse contexto, como uma qualidade, um modo de operação, não como uma "evolução" da arte. Pois moderno, nesse sentido, foi então Homero, e sua coletânea de narrativas sob diferentes métricas, inúmeros episódios históricos, fragmentos nem sempre concluídos, que se referem provavelmente a várias Troias, mas que resultam na Troia mítica, obra única do poeta que organizou esse complexo material

35   Ibidem, p. 143.

em sua *Ilíada*. Moderno seria novamente Shakespeare, que se apropria de materiais de várias fontes, como crônicas, tragédias históricas, relatos orais, poesia popular. Lenz, que já foi muitas vezes citado aqui, lança mão de diversas convenções teatrais, como o melodrama, a pantomima, a tragédia, para compor suas peças-caleidoscópio, estruturadas em *staccato* de cenas. E Büchner, talvez o caso mais emblemático de um episódio "pós-dramático" *avant-garde*, tem em *Woyzeck* uma peça "criminal", isto é, baseada em fatos verídicos, colhida em autos forenses e jornais, montada como um jogo cuja sequência de cenas pode ser redefinida a cada encenação; tanto é verdade que até hoje não se sabe ao certo a sequência "definitiva" das cenas, como já havíamos destacado. Esses são exemplos de autores de todas as épocas que se valeram do princípio da colagem/ montagem, que, em oposição ao discurso "linear", sustentou o drama "fragmentado".

"Montagem" é um termo aplicado essencialmente à linguagem cinematográfica. Entretanto, ele nasceu das fotomontagens de John Heartfield e George Grosz, que em 1912, em atitude de oposição aos artistas oriundos da academia, se vestiam como trabalhadores. Eles se autodenominavam "montadores" (*monteurs*), em alusão aos operários das linhas de montagem que se multiplicavam nessa época com o início do processo de industrialização decorrente da fabricação automobilística na América do Norte, pela Ford. Usavam o termo sem o contexto crítico marxista, que visava o efeito alienador do trabalho industrial. O macacão no estilo Levis usado por Heartfield, e adotado também por Brecht, é um *outfit* símbolo desse movimento e migra imediatamente para o cinema.

No cinema, a montagem é o procedimento basilar de colar os planos filmados uns nos outros para que seja fisicamente possível a sua projeção sequencial. A popularização dessa expressão para as outras linguagens artísticas se faz principalmente pela prática e reflexão de Sergei Eisenstein, que a utiliza para caracterizar a operação de justapor imagens aparentemente sem continuidade para comporem um sentido, exatamente pela forma como são justapostas. Na verdade, a montagem é um procedimento que, como princípio básico, tem a idade do próprio cinema. Contudo, a utilização da montagem com o sentido de processo de significação só começou quando o cinema se assumiu como tal, largando o estigma de "teatro filmado" ou da simples reprodução de imagens, por meio de David Wark Griffith. O cineasta norte-americano verificou a possibilidade de utilizar diferentes planos e de variar o ângulo de filmagem, o que atribuía, desde logo, uma importância capital à montagem. Assim, ela passou a atender não tão somente à preocupação básica com a sequência de projeção do filme, mas também à necessidade de dar aos planos fragmentários um significado, um sentido. Griffith descobriu, ainda, a importância do ritmo na qualidade de efeito da montagem no cinema, conferindo diferentes durações aos planos e às diferentes proporções de duração entre os planos um caráter significante, em um processo a que Eisenstein se refere como "montagem métrica"[36].

Na forma como foi dimensionada pelo cineasta russo, a montagem é um processo que consiste na ordenação das "tomadas" ou fotogramas do filme. Imagens que a princípio são descontínuas, criadas em situações espaço-temporais diferentes, mas que, articuladas por esse processo em planos e sequências, chegam a compor um significado, aferível pela maneira com que essas unidades colaboram ou colidem umas com as outras. A discussão de Eisenstein amplia as teorias sobre o tema anteriores a ele, pois o russo confere, a essa etapa do processo fílmico, a responsabilidade pelo ritmo do filme. Deslocando, da filmagem das tomadas em si para a composição das mesmas em justaposição, a responsabilidade pelo ritmo da narrativa cinematográfica, Eisenstein confere à montagem o *status* de ferramenta poética, criadora não só de significados imagéticos, mas do tempo da narrativa – sendo imagem e tempo os dois conceitos fundamentais com que o cinema opera.

Nascida na mesa de corte dos fotogramas, a teoria eisensteiniana foi aplicada pelo próprio autor russo em suas reflexões sobre literatura e artes plásticas, em comentários às obras de Milton e Púschkin, à prosa de Dickens e Maupassant, à pintura de Leonardo da Vinci e El Greco, ao haicai e ao ideograma japoneses, alcançando a amplitude de uma teoria geral de arte[37]. Barba e Savarese utilizam o termo com os mesmos

36 Cf. *Reflexões de um Cineasta*.
37 Cf. M. Carone Netto, *Metáfora e Montagem*.

propósitos na encenação, considerando-o equivalente ao termo composição.

Montagem é uma palavra que substitui hoje o antigo termo composição. Compor (colocar com) também significa montar, juntar, tecer ações junto: criar a peça. A composição é uma nova síntese de materiais e fragmentos retirados de seus contextos originais.[38]

E acrescentam, tomando o mesmo ponto de vista do cineasta:

O conceito de montagem não apenas implica uma composição de palavras, imagens ou relacionamentos. Acima de tudo, isso implica a montagem do ritmo, mas não para *representar* ou *reproduzir* o movimento. Por meio da montagem do ritmo, de fato, refere-se ao próprio princípio de movimento, tensões, processos dialéticos da natureza ou do pensamento.[39]

No pensamento de Patrice Pavis a montagem "é a arte da recuperação dos materiais antigos; ela nada cria *ex nihilo*, e sim, organiza a matéria narrativa cuidando de sua decupagem significante"[40]. É sob esse ponto de vista que a montagem surge como procedimento "moderno" de criação.

Quais seriam as características de uma montagem teatral, além da apropriação e reorganização de "materiais antigos", como disse Pavis? O próprio autor responde apresentando exemplos: da peça estruturada em quadros (cenas autônomas); da peça-crônica ou biografia de personagens históricas; do teatro de revistas; da sequência de *sketches*, do *music hall*; do teatro-documentário.

Mas é nos procedimentos de corte e contraste, reitera Pavis, que parecem residir os princípios do pensamento-montagem. Através desses expedientes, os diversos tipos de montagem se caracterizam ora pela descontinuidade, ora pelo ritmo sincopado, pelo entrechoque, pelos distanciamentos ou pela fragmentação.

Como não poderia deixar de ser, é Brecht quem se torna emblemático desse pensamento, ao "anexar" ao seu repertório

---

38 Op. cit., p. 158.
39 Ibidem.
40 *Dicionário de Teatro*, p. 249.

de artista linguagens e técnicas diversas, "tomadas em empréstimo" às convenções, linguagens e técnicas de todas as épocas
e diversas culturas, sempre que convinham a sua ética, sentido
político e sensibilidade autoral. Ao fundar seu teatro sobre uma
dramaturgia "em quadros", Brecht realiza, ao que parece, a única
opção possível para o ambicioso projeto de fraturar a espinha dorsal
do drama aristotélico e fundar seu drama novo. À pulverização do
centro, à renúncia a um "sentido final" que unificasse o drama, só
poderiam corresponder a diversidade de linguagens, a fragmentação das unidades, a *assemblage* e a montagem de elementos.

O Exemplo de Brecht: Uma Peça É Feita... de Partes!

Brecht colhe com muito apetite todas as ideias de sua época,
ao mesmo tempo em que lança seu olhar ávido de pesquisador
sobre uma cultura teatral tão longínqua quanto o teatro chinês. Opera com múltiplas convenções em suas, literalmente
falando, montagens. Como dramaturgo, inspira-se em Lenz
e Büchner, mas também em Frank Wedekind, na composição
da sequência das cenas. Empresta do cinema mudo o uso dos
intertítulos para cada cena. Frequenta com avidez o teatro de
Karl Valentin, em seu cabaré literário e de variedades. Trabalham e atuam juntos. E é nos cafés-concertos como os de
Valentin que Brecht colhe as ideias da canção que comenta a
ação (desenvolvida com seu parceiro Kurt Weill), da meia cortina entre as cenas, da exibição sem disfarce dos músicos, da
natureza caleidoscópica de seu teatro; da maquiagem, da indu-
mentária e do adereço significativos, exagerados, que também
funcionam como comentários; da moralidade final da fábula
e do trabalho com fragmento.

A montagem que Brecht opera em seu teatro também "dis-
seca" e se apropria das mais diversas técnicas expressivas, entre
elas a charge política, o jornalismo, as artes visuais (desenho,
pintura, pôster etc.), a fotografia, as projeções fílmicas, a literatura, a música e a dança. Esses recortes de linguagens acabam
completando uns aos outros, justapondo-se, parodiando-se,
comentando-se, como na contraposição frequente que ele faz
entre um pedaço de cenário e o palco nu, sem coxias e com

urdimento à vista. Todos esses componentes acabavam se convertendo em uma "obra de arte total às avessas", segundo Ewald Hackler[41], porque, longe de sofrerem tentativa de harmonização entre eles, como preconizava Wilhelm Richard Wagner, eram justapostos por Brecht na finalidade de criar contrastes e contrapontos, os quais, por sua vez, cumpririam a tarefa nada modesta de fazer implodir toda a linearidade do drama burguês. Seu processo de montagem flutua o tempo todo entre as referências que colhe e sua ressignificação, como na montagem eisensteiniana. Pode-se dizer que de alguma forma surgia, nesse trabalho com a fragmentação, uma nova unidade. Um "terceiro termo", oriundo do constante processo dialético que nunca dissociou sua práxis teatral, seu *éthos* político e sua teoria.

A forma épica de teatro, que Brecht começa a formular ainda na década de 1920, na Alemanha, tem um caráter fragmentário, com autonomia entre as partes da peça. Cada cena tem valor por si, constituindo unidade própria com começo, meio e fim, como se fossem várias peças dentro da peça. Walter Benjamin considera que esse caráter fragmentário pode estar atrelado à nova tecnologia que trazia, à época, contribuições importantes às discussões artísticas: o cinema.

Se o cinema impôs o princípio de que o espectador pode entrar a qualquer momento na sala, de que para isso devem ser evitados os antecedentes muito complicados e de que cada parte, além de seu valor para o todo, precisa ter um valor próprio, episódico, esse princípio tornou-se absolutamente necessário para o rádio, cujo público liga e desliga a cada momento, arbitrariamente, seus autofalantes. O teatro épico faz o mesmo no palco. Por princípio, esse teatro não conhece retardatários.[42]

Cada parte contém o todo, e cada cena está ligada às outras pela ideia do todo que traz em si. O teatro épico amplia o princípio "cinematográfico" porque, diferentemente do cinema, as cenas tampouco se vinculam por uma relação de causa e consequência, não articulam progressivamente um "sentido" final. Essa estrutura fragmentária, aliada aos recursos visuais e cinéticos de quebra do ilusionismo, resulta em uma ação dramática

---

41 Em aula ministrada na disciplina Formas de Espetáculo do Programa de Pós-Graduação em Artes Cênicas da Universidade Federal da Bahia, 2003.

42 O Que É Teatro Épico?, *Magia e Técnica, Arte e Política*, p. 83.

RITMO E DINÂMICA NA ENCENAÇÃO 125

constantemente interrompida, desvinculando o espectador dela e evitando apresentar a história de forma determinista, de maneira àquilo que aconteceu antes não determinar, necessariamente, o que acontece depois. É uma articulação a serviço de um ideal sociopolítico, mostrando um mundo passível de modificação e afirmando a possibilidade do homem surpreender, mudar o curso dos acontecimentos históricos.

No épico não há encadeamento rigoroso entre as cenas, não há um crescendo para o clímax. A evolução linear da trama é quebrada, o que rompe com a progressão dramática em direção ao desfecho, deixando a obra suspensa e a conclusão final, a cargo do espectador. Tendo ao lado o parceiro Valentin, e ainda Büchner e Lenz como predecessores, Brecht leva ao paroxismo essa noção de que cada parte da peça é uma peça, encerrando nela mesma um significado e um conceito, sem que haja, por isso mesmo, um *leitmotiv* a conduzir o drama a uma ideia central. Essa estrutura de drama aberto, que faz a peça acontecer aos saltos, delineia uma curva na progressão dos acontecimentos, ao invés de uma linha reta. Essa curva, que permite a observação da mesma questão sob vários ângulos, é, afinal de contas, também percebida ritmicamente – irregular, o tempo todo instaurando e destruindo uma dinâmica de acentos.

Brecht era músico e cantor. Não só por isso, e ainda fortemente influenciado pelos referidos musicais de cabaré de Valentin, fez seu teatro apoiado em bases musicais, sob um pensamento musical. Isso é absurdamente óbvio se tomarmos em consideração a utilização das canções, mas também transparece de forma menos óbvia no senso de dinâmica percebido na organização de sua dramaturgia textual: cenas irregulares, de duração variável (de meia página a trinta páginas), se faziam alternar de acordo com sua pulsação emocional. Assim, uma cena de alta dramaticidade, construída em *staccato,* sempre será precedida por uma cena *piano,* quer seja curta e com pausas exageradas, quer seja longa e relativamente "horizontal", sem pulos. Muito mais do que a utilização de elementos musicais, que ele ressignificou em seu complexo sistema de *assemblages*, penso que o sentido de composição musical que perpassa seu teatro também deriva do modo de proceder à montagem dos materiais com os quais trabalhava. Brecht teria, por assim dizer, um pensamento "polifônico" a reger a concepção de sua encenação. Da mesma maneira, aliás, trabalhava Meierhold, como será visto mais adiante. A diferença entre eles é que Brecht, o dramaturgo, já escrevia em contrastes, ao passo que o russo alterava a estrutura dos textos de terceiros que encenava para obter o grotesco efeito de contraste que ambicionava em suas montagens.

Hoje, quando ficamos diante de um texto de Brecht, somos forçados a preencher as lacunas que ele apresenta, não só como estrutura aberta que fissura a continuidade do drama burguês, mas como texto que se apresenta, em si, pleno de incompletude: o texto de Brecht só se completará à luz da encenação. Não recairei na discussão sobre o valor literário e autossuficiente do texto de teatro. Estou chamando a atenção para o fato de que aqui, especificamente, temos um caso de teatro que não pode ser lido em uma poltrona. Até porque os diálogos são, também, de certa forma, "implodidos" em sua linearidade. Ao trabalhar com um diálogo também fragmentado, irregular, popular, que funcionava "em camadas", isto é, misturando dialetos de classes e castas diferentes, Brecht detonaria também a linearidade da língua culta, "elevada", do drama alemão. A palavra também é, na concepção dramatúrgica brechtiana, um *gestus*, um gesto social. De certa forma, ele conduz o diálogo a uma "degradação", que inclusive é acentuada, posteriormente, com os absurdistas, os artistas de *happening*, a *performance art* e os autores modernos e contemporâneos. Essa "desconfiança" do diálogo teatral como postulante das "verdades" da encenação abre caminho para a obra de arte que não só prioriza o meio tanto quanto a mensagem – característica, como foi visto em capítulo anterior, da mensagem estética –, mas que demonstra que esse meio, cada vez mais, implicará a reformulação do verbo e a ascendência dos elementos plásticos e sonoros do espetáculo.

Acontece, assim, também nesse sentido, um processo de montagem. O texto apresenta "lacunas" porque a encenação o completava; tanto que, é notório, as diversas versões de alguns de seus textos demonstram que Brecht os refazia, em virtude da colaboração de cenógrafos e atores, tanto na montagem original como nas remontagens posteriores (o exemplo mais notório é o de *Vida de Galileu*, que teve três versões e inúmeros "esboços" e "rascunhos" ao longo de dezoito anos, com

RITMO E DINÂMICA NA ENCENAÇÃO

decisiva contribuição do ator Charles Laughton, que se tornou uma espécie de "coautor", ao "verter" o texto para a língua e prosódia inglesas, nos Estados Unidos). Se acreditarmos nisso com firmeza, chegaremos à conclusão de que não se pode, hoje, "ler" um texto de Brecht, porque seria impossível, pela leitura, proceder à montagem das várias camadas de seu teatro. Seria preciso incluir os significantes visuais e sonoros que duplicavam, comentavam, contrastavam com o que estava sendo dito na cena. A encenação era a verdadeira responsável pela construção de seu edifício teatral – tanto quanto de suas reflexões teóricas, que nasciam exclusivamente de sua práxis.

Por isso convido o leitor a realizar um exercício de análise da cena III de *Mãe Coragem e Seus Filhos*, de Brecht[43], na forma como ela foi encenada pelo diretor e dramaturgo em seu teatro Berliner Ensemble. Trata-se de uma análise, é bom que se esclareça, na qual mergulho propositadamente de mãos vazias, isto é, não respaldada por reflexões prévias de outros autores, nem mesmo do próprio Brecht e seus diários de trabalho. Este exercício tenta apreender, com os sentidos de um espectador (privilegiada que sou, pela distância crítica no tempo e no espaço, é verdade), os signos visuais, textuais e sonoros que a encenação utiliza na articulação dos elementos da cena, o que confere seu caráter rítmico; e me deixa impregnada cinestesicamente pela forma como esses signos arquitetam os momentos de *tesis* e *arsis* da cena. Apesar de só poder contar com a narrativa literária para tanto, convido o leitor a fazer o mesmo.

Uma Visão de Mãe Coragem

A escolha de *Mãe Coragem e Seus Filhos* para a análise da composição rítmica de uma cena brechtiana foi feita por meio do contato com o registro fílmico da peça, que possibilitou a observação da encenação em si, não restrita ao estudo do texto dramático[44].

43 *Teatro Completo*, v. 6.
44 O filme *Mutter Courage und ihre Kinder* foi realizado em 1961, na Alemanha, por Peter Palitzsch e Manfred Wekwerth. Trata-se de um registro em 16 mm, preto e branco e de 148 minutos, da peça dirigida por Brecht e Erich Engel, que estreara em janeiro de 1949 na inauguração do Berliner Ensemble, teatro de Brecht na Alemanha Oriental, e que em 1961 já contava com quatrocentas

Mãe Coragem, a comerciante Anna Fierling, é uma mascate que subsiste, durante a Guerra dos Trinta Anos, de vender seus produtos em uma carroça, com a qual atravessa os vastos territórios ocupados, juntamente de seus três filhos. Detentora de uma ética, digamos, "maleável", Mãe Coragem encara a guerra como uma boa oportunidade de negócios, mas assiste impotente à morte de um a um de seus filhos, por conta do conflito, ao qual julgara possível permanecer imune.

A cena III inicia com uma transação comercial corriqueira de Mãe Coragem com um soldado, um *dealer* quase tão astuto quanto a própria. A cotidianidade dessa relação reforça a sensação de tempo decorrido entre esta e a cena anterior – período que, embora indicado na rubrica ("Três anos depois"), é preenchido, como lacuna, pela imaginação do espectador: nesse meio tempo, nada de novo acontecera, os negócios transcorreram normalmente. A repetição de um *motivo*, um dos "gestos sociais" com que Brecht demonstra o perfil sociológico das personagens, reforça a ideia de continuidade: como de hábito, ao final da venda bem-sucedida, Mãe Coragem morde a moeda que o soldado lhe dá em pagamento da mercadoria, para se assegurar de que é metal valioso, e em seguida a guarda na bolsa, bem fechada, que traz sempre à cintura. Com essa repetição, Brecht marca um estribilho, uma recorrência que indica uma passagem de tempo sem novidades, sem rupturas.

Logo, então, é introduzida uma nova personagem – Yvette, que em instantes terá papel de destaque no *plot* da cena. Yvette é o pretexto para um daqueles momentos, na encenação brechtiana, em que a canção exercita um comentário. Imóvel, com olhar fixo para frente, ela canta a irônica "Canção da Confraternização", em que narra a sedução e o abandono das mulheres em cidades sitiadas pelo exército inimigo. É a justificativa de uma prostituta, que Brecht faz questão de apresentar doente e rotineiramente bêbada.

A chegada do Cozinheiro e do Capelão reforça o clima doméstico. Tal entrada prepara, pelo tom camarada e coloquial da conversa que se estabelece entre os três, a súbita reviravolta

---

apresentações. Tive acesso a duas versões do filme falado em alemão, que conta com a atriz Helene Weigel no papel-título: uma sem legendas e outra com legendas em espanhol (Goethe-Institut).

RITMO E DINÂMICA NA ENCENAÇÃO

que ocorrerá: é no meio dessa conversa despreocupada sobre política que um rufo de tambores interrompe os devaneios de Kattrin, a filha muda, e a chegada de artilheiros do regimento anuncia que o exército católico iniciara seu ataque. A calmaria é, então, rompida. Na correria resultante do inimigo que se aproxima, precipitam-se em velocidade as fugas, os desejos, os pequenos atos de bravura e covardia. A partir de então, frases de clarins soarão por todo o resto da sequência, anunciando ao longe a movimentação das tropas, reforçando o clima de urgência do que é mostrado em cena. Sucedem-se, em deslocamentos que cruzam o palco em todas as diagonais: a fuga dos soldados e do Cozinheiro, os preparativos de Yvette para receber seus novos clientes, os "disfarces" de Kattrin e do Capelão protestante para que não corram perigo[45], o retorno de Queijinho (filho de Mãe Coragem) que traz o cofre do regimento atacado (pelo qual é o responsável), o arriamento da bandeira derrotada (é preciso falar a língua de cada novo freguês). De quando em quando, tiros de canhão ecoam fora de cena. Por meio do deslocamento dos atores, da aceleração das réplicas, do cruzamento de interesses variados em torno do mesmo tema (cada personagem reage à invasão de acordo com seus propósitos e temores), com a trilha incidental de sons de guerra, Brecht muda o perfil rítmico da peça pela primeira vez, porque pela primeira vez a guerra deixa de ser retórica, uma fértil oportunidade de comércio, e "chega" até a família como uma ameaça concreta, tangível, de morte e ferimento.

Pausa. Nessa pausa, três dias transcorreram. O cenário marca essa mudança, mostrando pedaços que sobraram do então arrasado acampamento da cena anterior. Sem nada a fazer a não ser esperar, as personagens que restaram se quedam ao redor de uma única tigela de sopa. Essa aparente tranquilidade é forçada, imperiosa, tensa, como uma panela cuja pressão se torna, ao poucos, insuportável. "Pois é isso: e eu aqui, com um que tem crença religiosa e um que tem um cofre... Não sei, dos dois, qual é o mais perigoso", diz Mãe Coragem, referindo-se ao fato de não ter outra coisa a fazer a não ser aguardar, tensa, tendo sob seus cuidados o responsável pelo cofre do

---

45 Kattrin tem o rosto coberto de cinzas, para não despertar luxúria nos soldados, e o Capelão põe uma capa para esconder suas vestes eclesiásticas.

130 RITMO E DINÂMICA NO ESPETÁCULO TEATRAL

regimento – seu filho – e um capelão protestante, ambos procurados pelo exército inimigo[46].

Logo o perigo eclodirá. Queijinho, por lealdade ao regimento, porá quase tudo a perder, a começar por sua vida. Aproveitando uma saída de sua mãe, ele decide devolver a seu pelotão o cofre que estava sob sua responsabilidade. Na tentativa de atravessar as linhas inimigas, é capturado e trazido à presença de Mãe Coragem, para que esta ajude em sua identificação. Esse fragmento de cena que mal se iniciara, até então mantida em tom e velocidade "normais", começa a acelerar pela gesticulação de Kattrin, tentando avisar o irmão da presença do inimigo; continua na precipitação da saída de Queijinho; na volta de Mãe Coragem, que encontra Kattrin transtornada; na tentativa desesperada de salvar a pele dos que restaram, hasteando a bandeira inimiga; e pela chegada de Queijinho preso. Nesse momento, o fluxo irrefreável e desesperador de novo é contido. Para salvar o filho, a si mesma e aos outros, Mãe Coragem não pode revelar que o conhece, muito menos que é sua mãe. O gesto de socorro fica retido. Tudo o que a personagem pode fazer é suplicar ao filho que entregue o cofre ao inimigo, mas de forma que este não perceba a mensagem. A súplica fica embutida em seu discurso: "Se fosse ele [o guardião do seu regimento], acho que já teria dado [o cofre], pois do contrário estaria perdido. [para Queijinho] Fale, seu bobo: o Sargento está lhe dando uma chance!"[47] – fala que é dita com controle, quase doçura. Sustando o ímpeto da cena, deliberadamente *ritardando-a*[48], Mãe Coragem tenta ganhar tempo e a simpatia dos soldados que mantêm seu filho preso. Mas não adianta. Queijinho não se entrega e é levado embora, prisioneiro. Transtornada, Mãe Coragem finalmente irrompe em gritos, quando Queijinho é levado. "Ele vai falar… Ele não é tão

46 Op. cit., p. 204.
47 Ibidem, p. 209.
48 *Ritardando* é o termo que indica mudança de andamento para mais lento, o que poderia ser lido como "atrasando, retardando". Por um instante, pensei em escrever *rallentando* ("afrouxando"; cf. R. Bennett, *Elementos Básicos da Música*), mas percebi que a cena não "afrouxa": a mudança de velocidade não é acompanhada, aqui, por uma mudança de intensidade, já que a tensão da cena se mantém.

RITMO E DINÂMICA NA ENCENAÇÃO 131

estúpido assim. Não é preciso arrancar o braço dele!"[49], grita ela enquanto sai correndo atrás dos soldados que levam seu filho.

Nova transição de tempo. Dessa feita passaram-se somente horas, e de novo a cena inicia como que "em pausa" – mas sempre pausa ativa, tensa. Kattrin e o Capelão estão à espera, tensamente à espera. Agora é Mãe Coragem quem rompe esse "tempo suspenso", voltando esbaforida de suas tentativas de salvar Queijinho. Nesse momento, Brecht insere um pretexto para ironizar os senhores da guerra, compondo mais um dos *gestus* centrais do espetáculo, ao fazer entrar em cena um Coronel, cliente de Yvette, em tudo ridículo e quixotesco, do figurino à maneira de agir. Ele pode dar o dinheiro que Mãe Coragem precisa para pagar a fiança, mas em troca quer a carroça, para presentear a prostituta Yvette. Entretanto, o instinto de sobrevivência comercial de Mãe Coragem fala mais alto, e ela faz uma contraproposta – em um jogo de intenções e disfarces, cheio de textos não ditos e que retém a urgência que sentem (já que o Coronel não pode desconfiar da finalidade do dinheiro, que é salvar o prisioneiro Queijinho), as duas mulheres negociam até Mãe Coragem conseguir o que queria: a carroça será apenas empenhada.

É nesse instante que se dá o ápice da cena, a essa altura estruturada como uma polifonia de ritmos em contraponto: Yvette sai para negociar a fiança de Queijinho, mas Mãe Coragem, ao saber que o cofre – sua última esperança de dinheiro – se perdera, regateia o pagamento. Por um brevíssimo momento, abre a bolsa que tem na cintura, mas em seguida a fecha – e o gesto vale mais que mil palavras, pois, com a recusa em se desfazer de seus recursos, a mãe sela, sem saber, o destino do filho. Às idas e vindas arfantes de Yvette, dando notícias da negociação e julgamento de Queijinho, se contrapõem muitos silêncios, pausas, cabeças abaixadas de Mãe Coragem, do Capelão e de Kattrin, que se põem a lustrar talheres (que não mais lhes pertencerão, dado que a carroça com todos os seus produtos mudará de mãos). Um ritmo urgente corre fora da cena (materializado nas entradas e saídas abruptas de Yvette), mas dentro do palco o clima é pesado, contido e desacelerado (materializado no paciente polimento dos talheres). Ao cabo de um curto tempo

49 Op. cit., p. 209.

de espera e silêncio, finalmente Mãe Coragem admite, ainda hesitante, que errara em regatear. Mas é tarde demais. Os tambores rufam, anunciando a sentença, e os tiros se fazem ouvir. Ao temível som externo, Brecht contrapõe uma cena sem som: o Capelão silenciosamente sai, enquanto Mãe Coragem joga a cabeça para trás em um grito mudo, estático – cena-símbolo e emblemática da montagem do Berliner Ensemble.

A cena escurece, clareia novamente e a mulher está no mesmo lugar. Yvette vem comunicar que o corpo de Queijinho será trazido para reconhecimento. A mãe que regateara o pagamento da fiança do filho é obrigada a novamente negar que o conhece, em um movimento duro de cabeça, olhos fechados e sorriso forçado de dor. Queijinho será enterrado como indigente.

Essa última sequência, que vai da espera de Mãe Coragem pela volta de Yvette, passa pelo já famoso "grito mudo" e termina com a máscara de dor da atriz Helene Weigel enquanto abana a cabeça negativamente, é um primoroso exemplo de contraste entre o tempo-ritmo interno e o tempo-ritmo externo da personagem. Weigel se queda quase imóvel, e quando precisa se deslocar – até o corpo morto – o faz com peso, e a muito custo. Mas podemos adivinhar, pela crispação muscular da atriz, a velocidade de sua pulsação sanguínea, quase uma respiração ofegante, fruto da aceleração "fisiológica" do metabolismo da intérprete. A uma quase imobilidade física, petrificada em uma máscara, corresponde um altíssimo grau de tensão interna, resultado provável de uma incrível aceleração de imagens mentais e emocionais conduzidas pela competente atriz.

Quando se tem a oportunidade de acompanhar a versão filmada do espetáculo, pode-se perceber que, além da manipulação dos tempos da cena, com acelerações, pausas e *rallentando*, Brecht também joga com seus ritmos visuais. Além das projeções de imagens bélicas que remontam a guerras medievais, exibidas no início de cada cena com a respectiva leitura das rubricas, há um claro jogo de construção de perspectivas durante as cenas propriamente ditas. Por vezes, as personagens emolduram umas às outras, compondo massas e volumes – é o caso das diferentes disposições de Mãe Coragem e seus filhos ao redor da carroça, elemento que, na condição de nômades, lhes serve de casa. Kattrin e o Capelão emolduram um de cada

RITMO E DINÂMICA NA ENCENAÇÃO

lado, imóveis, uma Mãe Coragem que se dedica a fazer embrulhos para disfarçar seu desespero quando seu filho é preso. Há, ainda, um jogo constante de diálogos acontecendo "na frente" e "atrás" da carroça, como se fosse preciso levar "para trás" da carroça as relações perigosas, ilícitas, desconfortáveis, "por baixo dos panos" – é o lugar onde se esconde a bebida alcoólica, onde o inimigo surpreende Kattrin, onde o Capitão da primeira cena distrai Mãe Coragem enquanto, na frente da carroça, seu filho é arregimentado para a guerra, contra a sua vontade.

Termino este breve comentário sobre o exemplo brechtiano lembrando, mais uma vez, que sua obra foi sempre tensionada pelo desejo libertário de uma sociedade revolucionária. O combate central entendido por Brecht, na visão de grande parte de seus estudiosos, foi a luta de classes. Mesmo que não se proceda a tal leitura como *leitmotiv* de sua construção, ela é bastante atraente para se considerar, como faz José Antonio Pasta Jr.[50], que Brecht tratou de imprimir um "ritmo da luta de classes", literalmente, à construção de seu drama, por meio da própria materialidade da frase, do andamento do verso, da construção do poema. Tal materialidade condiz, em última instância, com uma visão de mundo operadora, eu diria, construtora, de uma obra. Não no sentido meramente pragmático, mas no sentido da integralidade, indissociável, entre práxis, projeto poético e reflexão social. "O poeta materialista deu o pulso da luta de classes a sua própria linguagem. Por isso, insistia que não se visse a luta de classes apenas como categoria política ou moral, mas como uma categoria poética."[51] O ritmo que nasce e ao mesmo tempo molda sua obra não poderia deixar de ser, nesse sentido, o ritmo sincopado e irregular do verso quebrado, da canção-comentário, da cena-fragmento, os quais dão forma a um mundo cujo determinismo histórico já fora estilhaçado.

---

50 "Bertolt Brecht", *Folha de S. Paulo*, 8 fev. 1998.
51 Ibidem, p. 3.

5. Polifonia, Contraponto, Meierhold e o Grotesco

Polifonia nas Artes do Espetáculo

Considerando o espetáculo teatral como um fenômeno de imbricamento de todas as artes e linguagens, resultante de uma urdidura de signos – que conduz ao conceito de um texto espetacular –, pode-se raciocinar que ele é, por natureza, polifônico. Afinal, sua composição, isto é, sua forma de "pôr junto", implica (para além do que o termo "compor" sugere) não uma mera justaposição de técnicas e linguagens, mas a assimilação de múltiplas vozes e discursos, organizados em hierarquias que vão se alternando ao longo do espetáculo e articulados sob algum pensamento minimamente unificador. Lembra-nos o maestro e diretor musical Ernani de Castro Maletta, que o discurso teatral não é um discurso apenas linguístico, mas também gestual, plástico, musical: "São diversas as *instâncias discursivas* que existem simultânea e dialogicamente na cena teatral, o que nos permitirá demonstrar que o Teatro, além de intersemiótico e interdisciplinar, é polifônico."[1] Esse conceito de polifonia, apresentado em seu trabalho, amplia o conceito advindo da

---

1   *A Formação do Ator Para uma Atuação Polifônica*, p. 44.

música para toda forma de organização de signos tão múltiplos quanto equânimes em importância na construção da escritura cênica. Maletta ressalta que o conceito foi alçado de princípio musical a princípio artístico em geral pela análise literária de Mikhail Bakhtin. Este último, ao trabalhar a interpretação dos romances de Fiódor Dostoiévski sob a noção de dialogismo, sugere que, na qualidade de elemento constitutivo de qualquer discurso (e não apenas do diálogo bilateral), o dialogismo pode sugerir tanto uma voz dominante, que oculta todas as outras vozes subjacentes (como na obra de Leon Tolstói), como, por outro lado, se caracterizar como polifônico (por exemplo, na obra de Dostoiévski), na qual as personagens têm, cada uma, independência e importância similares na estrutura da obra[2]. Pautando-se nessa distinção, Maletta lança um enfático olhar sobre os exemplos históricos que comprovam (e ressaltam) o fato de que o teatro necessariamente lida, *a priori*, com elementos multi e interdisciplinares que emanam de outras linguagens, embora só contemporaneamente ele tenha se tornado autoconsciente disso.

A polifonia cênica é intrínseca ao teatro porque essa arte, mesmo na sua forma mais simples – ou pobre, se quisermos utilizar o termo de Grotowski –, incorpora simultaneamente múltiplos discursos e pontos de vista que, muitas vezes, *só se expressam implicitamente*. Assim, a corporeidade, a musicalidade e a plasticidade, por exemplo, podem estar *invisíveis*, mas plenamente presentes na constituição do discurso do ator em cena.[3]

Não obstante essa abordagem do teatro como uma arte essencialmente polifônica me parecer indiscutível, considerarei, para efeito da análise da obra de Vsévolod Meierhold que se seguirá, a polifonia como uma categoria específica, a que supõe uma organização da obra em contraponto, em operações de contraste. Considerarei, portanto, o procedimento de composição em polifonia como um descentramento, uma opção consciente pela atribuição simultânea de significação, em mesmo nível de importância – portanto em nível explícito –, aos diversos elementos da cena, a suas diversas vozes.

2   *Questões de Literatura e de Estética.*
3   E. de C. Maletta, op. cit., p. 23.

Contraponto

O "contraponto" também é um termo de origem musical. Ele é, mais do que um procedimento, uma verdadeira arte, a "arte de combinar duas linhas musicais simultâneas"[4]. Uma arte também no sentido de um delicado ofício, porque em termos melódicos a teoria contrapontística está longe de ser uma teoria simples. Na maioria das utilizações modernas em música, ele não se distingue da polifonia, significando literalmente "sons múltiplos". Seria a resultante, portanto, de um procedimento de se acrescentar uma ou mais "vozes" ou linhas melódicas à(s) linha(s) preexistente(s), fazendo com isso uma contraposição rítmica e melódica entre elas. Assim se criam texturas sonoras, como tecidos de diferentes tramas.

Acontece que o contraponto, em música, é frequentemente referenciado em oposição à harmonia. Isso porque, conforme já foi discutido, o contraponto seria a leitura "horizontal" da partitura, isto é, várias trajetórias de linhas melódicas individuais que se entrelaçam; e a harmonia, uma leitura "vertical", em uma espécie de *harmonização*, compasso a compasso, das diversas "vozes" ou instrumentos, mesmo que dissonantes. Embora essa seja uma esquematização simplista do tema, com a qual não concordam muitos dos autores consultados, ela é corrente no ensino da música, por razões históricas e estéticas.

Essa é uma discussão que não vem ao caso neste momento. Mas é importante observar que, quando o termo foi apropriado para o estudo das artes cênicas, essa oposição parece ter persistido.

Afinal, com frequência, quando uma construção dramática "em contraponto" é citada, ela é associada a algum tipo de "desorganização", de "não harmonia" que a narrativa pretende apresentar. Atenção: falo de uma "desorganização" evidentemente intencional, não de uma falha estrutural na concepção da montagem. O contraponto refletiria, como forma, alguma ruptura – ideológica, de linguagem, de visão de mundo – que se pretende fazer ressaltar de dentro da obra.

---

4   S. Sadie, *Dicionário Grove de Música*, p. 218.

Anne Ubersfeld é uma das que interpretam o contraponto como um procedimento de crise, de interrupção ou de enfraquecimento na comunicação entre as personagens. A autora identifica o aparte, técnica clássica em que uma determinada personagem se dirige diretamente à plateia para tecer comentários (que permanecem interditos às demais), como um típico exemplo de contraponto[5]. Na mesma linha estão os monólogos paralelos (que parece ser o caso dos diálogos tchekhovianos) que contribuem para a criação de imagens simultâneas, concomitantes. Na escrita contemporânea, as cenas "em paralelo" são frequentes, quase sempre presentificando, identifica Ubersfeld, uma crise de consciência ou de relações. Ao final, esse apanhado de mensagens paralelas fará necessariamente algum sentido – na maioria dos casos, apenas para o espectador. Pois é preciso, da mesma forma que com todo o trabalho sobre a fragmentação e a descontinuidade, que o resultado seja um conjunto coerente, uma estrutura com lógica interna, a cargo, mais do que nunca, da operação mental do receptor.

Não por acaso, o contraponto está bastante associado, como criador de contrastes, às técnicas épicas e que trabalham com colagem/montagem, como as que foram discutidas no capítulo anterior.

Já Patrice Pavis classifica o contraponto como uma operação espaço-temporal, na qual os elementos, dispersos em atos/cenas ou locais diferentes, são confrontados e comparados na recepção do espectador.

> O uso do contraponto exige do dramaturgo e do espectador a capacidade de compor "espacialmente" e de agrupar, de acordo com o tema ou o lugar, elementos *a priori* sem relação; exige ainda a capacidade de considerar a encenação como orquestração muito precisa de vozes e instrumentos diversos.[6]

É nesse último sentido, o de orquestração de instrumentos (por vezes dissonantes) na encenação, que o termo mais me interessa. A composição em contraponto no drama é uma das que mais exigem rigor e consciência de ritmo e dinâmica

5 *Reading Theatre iii.*
6 *Dicionário de Teatro*, p. 71.

por parte do dramaturgo e do encenador. Porque é preciso ter clareza de qual o sentido final que se pretende conseguir, quer pelo agrupamento de referências esparsas (em atos diferentes, em falas paralelas, em conflitos paralelos) quer pela contraposição imediata de imagens opostas (a imagem que contradiz o que é dito, como em Brecht). Contrapor elementos, tanto em música como no drama, ou mesmo nas artes visuais, implica possuir um apurado senso de duração, medida, dinâmica e ritmo; deve-se conseguir organizar, dentro de um mesmo sistema, um conjunto de signos por vezes díspares que resultem não em um amálgama de significados superpostos, mas em uma urdidura de significados justapostos.

O radicalismo desse conceito leva à noção de *composição paradoxal*, expressão que Pavis atribui à técnica dramatúrgica que consiste em inverter a perspectiva da estrutura dramática. Seria o caso, já citado anteriormente, de inserir uma personagem cômica em plena situação trágica; de ressaltar a ironia do destino do herói trágico. Como procedimento estilístico, essa foi a técnica preferida de Meierhold para desnudar a construção artística, realçar o "teatro de convenções" que ele pretendia. Através da composição paradoxal entre as técnicas de atuação e o texto, entre elementos da cenografia (sol azul, céu laranja), entre um ritmo ou gestual de um indivíduo em contraste ao do grupo, Meierhold construiu uma estética global de encenação que rompia com a rotina da percepção. Provavelmente embasado por seu sólido conhecimento teórico-musical, ele fez da técnica do contraponto um procedimento basilar na proposição do teatro grotesco, no qual a composição paradoxal é o método de encenação por excelência.

Meierhold

Tal como Brecht, e não por acaso, Meierhold era músico – pianista e, sobretudo, violinista. Dotado de grande cultura musical, era capaz de ler partituras, conduzir um ensaio ao piano e substituir o maestro de seu teatro, se necessário. Chegou a cogitar em seguir uma carreira de instrumentista – e, de certa forma, construiu sua carreira teatral no papel de um regente, orquestrador das verdadeiras sinfonias, musicais ou não, que seus espetáculos viriam a ser. Muitos outros pontos de contato unem os dois artistas revolucionários, como os propósitos similares na adaptação de textos clássicos; a ideia do "ator-tribuno", responsável pela criação do "gesto-produtivo"; a resolução em "desmontar para mostrar" os mecanismos do teatro, na intenção de produzir efeitos de estranhamento não psicologizante. Outrossim, nunca é demais lembrar que Brecht conheceu Meierhold em 1932, em Moscou. Juan Antonio Hormigón, que organizou uma antologia de textos e estudos sobre Meierhold, acredita que o diretor alemão conheceu a fundo as propostas do realizador soviético, e credita o fato de Brecht nunca ter citado a sua fonte provavelmente às delicadas condições políticas de sua época, que o impediriam de referenciar um "proscrito", mesmo fora da então União Soviética[7].

A rigor, não me parece pertinente, neste momento, debruçar-me sobre as similaridades nas carreiras e projetos dos dois artistas, mas sim sobre algo que leva o pensamento de ambos os encenadores a se tangenciarem: a importância basilar do ritmo e da dinâmica na montagem teatral. Meierhold, tal como Brecht, buscava realizar espetáculos que soassem, aos olhos e ouvidos do público, como composições sinfônicas, nos quais o corpo dos atores, a fala, a música, os sons e ruídos, os aspectos plásticos – desenhos, luzes, cores, figurino etc. – obedecessem a leis musicais, em um esquema rítmico determinado. Mais de uma vez, o artista russo comparou o ator a uma melodia, e o espetáculo à harmonia, que organiza as linhas melódicas. Com esses materiais tão diversos, ele compunha partituras precisas, nas quais cada elemento podia sintonizar-se ou contrapor-se aos outros. Sua encenação pretendia, portanto, resultar em uma espécie de partitura, executada dentro de parâmetros rigorosos de controle e precisão. Os atores se convertiam em intérpretes dessa partitura, servindo-se da palavra, do gesto e do jogo para sua execução. Dotados, através de treinamento contínuo, de extrema

---

7 A estética brechtiana foi abertamente censurada durante a maior parte do período de hegemonia stalinista; somente em 1956, por ocasião do XX Congresso do Partido Comunista da União Soviética, o Berliner Ensemble pôde realizar sua primeira turnê soviética; cf. J.A. Hormigón, em V.E. Meyerhold, *Textos Teóricos*, p. 394n.

sensibilidade aos estímulos dinâmicos e espaciais, tinham desenvolvido grande capacidade para a improvisação.

É preciso ensinar aos atores a sentir o tempo em cena como o sentem os músicos. Um espetáculo organizado de modo musical não é um espetáculo no qual se faz música ou então se canta constantemente por trás da cena, é um espetáculo com uma partitura rítmica precisa, um espetáculo cujo tempo está organizado com rigor.[8]

Aproximação e Ruptura Com o Teatro de Arte de Moscou

Além do interesse por música, as matrizes culturais de Meierhold são deveras abrangentes. Após um início de carreira autodidata como ator, que incluiu a leitura de filósofos e literatos como Henrik Ibsen, Gerhart Hauptmann, Maurice Maeterlinck, Friedrich Nietzsche, Arthur Schopenhauer e Richard Wagner; e com breve passagem pela Escola de Arte Dramática da Sociedade Filarmônica, Meierhold foi convidado por Vladímir Némirovitch-Dantchenko a fazer parte da primeira turma do Teatro de Arte de Moscou (TAM), inaugurado por este em parceria com Constantin Stanislávski. Entre 1898 e 1902, em uma atividade febril, Meierhold interpretou dezoito personagens – entre papéis *de gênero* e papéis *grotescos*, nenhum deles o papel principal. Talvez já possamos ver aí indícios dos caminhos opostos que começavam a se delinear entre o ensinamento de seus mestres e a insatisfação do aluno com o "teatro naturalista" que estes almejavam; cisão que resultaria na pesquisa do "teatro de convenções" que mais tarde o (então) ex-aluno iria empreender. Essa separação, exposta com bastante clareza em um texto de 1906, publicado por Meierhold em 1913[9], já apresenta as bases do pensamento, digamos, musical e plástico com que o futuro encenador iria fundamentar seu teatro.

Nesse artigo, a principal crítica de Meierhold é a de que o teatro naturalista pretendido pelo TAM, sempre tão dedicado a se tornar cópia fiel – historicamente fiel – da realidade, não deixava

8   Apud A. Conrado, *O Teatro de Meierhold*, p. 196.
9   "O Teatro Naturalista e o Teatro de Estados da Alma", em tradução de Aldomar Conrado, op. cit., p. 15; ou, ainda, "El Teatro Naturalista y el Teatro de Atmosfera", em tradução de Juan Antonio Hormigón, op. cit., p. 145.

espaços para a fantasia, para o espectador completar a obra, condição fundamental, em sua opinião, para uma obra artística verdadeira. A um teatro que nada deixava à fantasia do espectador, negando-lhe não só a "capacidade de sonhar", mas também "a capacidade de compreender as proposições inteligentes apresentadas no palco"[10], Meierhold contrapunha os raros momentos em que o TAM tinha sido capaz de criar um "teatro de atmosferas", no qual o poder do mistério não tinha sido de todo expulso da cena: nas primeiras montagens de textos de Anton Tchékhov.

Para Meierhold, o teatro de Tchékhov era lírico e prenhe de musicalidade, e o segredo dessa atmosfera estaria escondido no ritmo de sua linguagem[11]. Os grandes erros de Stanislávski, nas montagens tchekhovianas que Meierhold tanto criticou (a primeira montagem de *O Jardim das Cerejeiras*[12] e a segunda de *A Gaivota*), teriam sido: ter perdido o senso de proporção e ritmo entre as cenas; ter valorizado em excesso motivos secundários em detrimento do principal; e ter delineado com tal nitidez o contorno das personagens que, na ânsia de lhes apresentar em uma "expressão exata, precisa", o encenador "não admitia uma representação alusiva, voluntariamente imprecisa. Por isto, frequentemente, o ator representa[va] demasiado"[13]. É muito interessante notar que, em determinado trecho do artigo, Meierhold fala da proporção entre as partes do espetáculo quase com as mesmas palavras com que Aristóteles o fez, em sua passagem da *Poética* já comentada anteriormente; reiterando que o conjunto não pode ser perdido de vista em detrimento do detalhe – e o naturalismo de Stanislávski, convenhamos, fundamenta-se no detalhe. "Ao aprofundar a análise, quebrando a obra, o diretor perde de vista o conjunto; fascinado pelo polimento das cenas particularmente 'características', compromete o equilíbrio e a harmonia do todo", comenta Meierhold sobre a montagem em questão. "O tempo é precioso no palco", continua[14]. Deve ser, portanto, muito bem aproveitado.

10 V.E. Meierhold, apud A. Conrado, op. cit., p. 17.
11 Uma intensa correspondência escrita e um afeto mútuo, frutos da concordância de pontos de vista, logo se estabeleceram entre os dois.
12 A peça já foi citada neste trabalho como *O Cerejal*, título da edição da qual foi retirado o trecho transcrito.
13 V.E. Meierhold, apud A. Conrado, op. cit., p. 16.
14 Ibidem.

Então, quando uma intenção fugaz do autor é supervalorizada, ela termina por cansar o espectador, concentrado desnecessariamente sobre filigranas; em consequência, este não conseguirá lançar a devida atenção sobre o que seria essencial na cena.

Sob esse ponto de vista, ele julga que uma cena do terceiro ato de *O Jardim das Cerejeiras*, em sua opinião magistralmente elaborada pelo autor em contraponto de temas, tem seu ponto nevrálgico ignorado pelo diretor na encenação do TAM, resultando débil na montagem.

Nessa cena, Meierhold identifica a ocorrência de um motivo condutor metafórico: os pressentimentos da personagem Ranévskaia sobre a tempestade prestes a desabar (metáfora da tempestade que se prenuncia sobre a vida familiar, com a venda da propriedade para o especulador emergente). Enquanto a dona da grande propriedade se inquieta e lamenta, ocorre a sua volta uma dança, na qual "pares de burgueses estúpidos" rodopiam de forma entediante e aborrecida em um baile em que "não há paixão, nem entusiasmo, nem graça, nem sequer lascívia"[15]. O contraponto aí reside em que, aos suspiros de Ranévskaia, opõe-se o tropel do bailado monótono de personagens alienadas, que não percebem que pisam um chão que vai desmoronar. "Vossa comédia é abstrata como uma sinfonia de Tchaikóvski. E o diretor deve captá-la antes de tudo com a audição", diz Meierhold em uma carta a Tchékhov de 1904, a respeito dessa cena: "No terceiro ato, sobre o fundo do banal 'tropel' – este 'tropel' é necessário saber ouvi-lo –, imperceptível, o Horror adentra. 'O jardim das cerejeiras está vendido'. Dança-se. 'Está vendido'. Dança-se. Assim até o fim."[16]

Meierhold diz enxergar nessa composição um princípio de sinfonia, que compreende uma "imponente melodia fundamental" – os estados de ânimo da protagonista, variando do *pianissimo* a explosões emocionais em *forte* – e um "acompanhamento em dissonância", resultante da "charanga executada pela orquestra provinciana e o baile dos cadáveres viventes"[17].

---

15 J.A. Hormigón, op. cit., p. 150.

16 Ibidem, p. 132n.

17 J.A. Hormigón, *La Creación Escénica Meyerholdiana*, op. cit., p. 51. Note-se que, pelos princípios expostos no início do capítulo, ao que Meierhold chama de "sinfonia" eu estou chamando de contraponto, característico da polifonia, posto que são duas leituras simultâneas de dois polos de sentimentos contrastantes.

144 RITMO E DINÂMICA NO ESPETÁCULO TEATRAL

A seguir, ocorre uma breve cena de prestidigitação, uma atração de feira em que a personagem que executa truques de mágica, por sugestão do autor, estará vestida, não por acaso, como as antigas marionetes de feira. Acontece que a encenação de Stanislávski privilegia a breve ocorrência da prestidigitação, fazendo-a durar toda uma cena da peça, detalhada em seus truques e meneios. Na visão do crítico Meierhold, o espectador continua a se deliciar com esse show de mágica, mas perde de vista o ponto principal, o motivo condutor de todo o terceiro ato: a perda da propriedade, desdenhada pelos que nela viveram.

Ainda segundo Meierhold, o fascínio pelo detalhe realista leva o TAM a se perder também nas montagens de dramas históricos, como *Júlio César*, de Shakespeare, no qual Stanislávski não teria percebido a "poética estrutura rítmica, com sua plástica luta entre duas forças opostas"[18], preocupado que estava em tentar reproduzir, em perspectiva verossímil, as colinas de um campo de batalha. Stanislávski não teria chegado a perceber que obras como *Júlio César* e *Antígona* "são, por sua musicalidade, pertencentes a um outro teatro", que não o naturalista[19].

Nesse texto precoce de início de carreira, Meierhold dá pistas de que o teatro de convenções que ele tentará elaborar, em conformidade com suas matrizes estéticas, se apoiará na capacidade de ator, autor e encenador partilharem de um mesmo senso musical apurado. Isso exigiria a edificação de uma nova técnica, para um ator novo, projeto ao qual se dedicará por toda a sua vida, através da criação de estúdios e companhias teatrais.

Demais Fontes de um Teatro de Convenção

Além dos ensinamentos dos mestres do TAM, muitas outras fontes alimentaram o encenador. Sua pesquisa em direção a um teatro não naturalista levou-o a formular um projeto de teatro que tivesse o convencionalismo de suas formas por meta, e o trabalho plástico/rítmico dos atores por princípio, em oposição ao mergulho na memória afetiva dos seguidores de Stanislávski.

18 Ibidem, p. 146n.
19 Ibidem.

Nada mais pertinente que ele fosse buscar, em formas convencionais e, por vezes, altamente codificadas de teatros do passado e de outras culturas, elementos que confirmariam seu senso de teatralidade. Seus interesses levaram-no a observar e estudar de perto a *Commedia dell'Arte*, os teatros orientais, sobretudo o kabuki japonês e a Ópera de Pequim; o teatro do Século de Ouro espanhol e o teatro isabelino, especialmente Shakespeare; o teatro de feira e o circo. O estudo de todas essas formas constava do currículo do Estúdio Meierhold, de 1913 a 1917. Nesse laboratório, da mesma forma que durante toda a sua prática artística, Meierhold edificou uma pedagogia para o ator a partir do estudo da pantomima, do movimento, da dança, da música e da declamação com bases métricas musicais.

Para esse teatro codificado, um novo ator se fazia imperativo, livre dos vícios de oralidade e metodologia de criação de personagens do TAM. Era preciso aperfeiçoar o corpo do ator, alçado à condição de signo principal, na construção de uma partitura, que, como um intérprete-músico, ele fosse capaz de criar e seguir, em vez de estar à mercê dos improvisos da intuição. Por isso, sustenta Maria Thais, o encenador Meierhold não teve outro caminho a não ser tornar-se o pedagogo Meierhold: professor, mas fundamentalmente criador de uma pedagogia que nascia da prática dos ensaios e das encenações, do treinamento contínuo sonhado para seus atores[20].

Essa pedagogia começara a se delinear ainda na frustrada tentativa de criar um Teatro-Estúdio com Stanislávski, reeditada em sua própria casa, posteriormente, entre 1908 e 1909. A escolha dos conteúdos didáticos foi, para Maria Thais, decorrência das exigências de seu momento:

> No teatro russo do início do século XX preponderava [...] a palavra. A necessidade de encontrar novos meios para o ator obrigou Meierhold a buscar fora da história cultural e teatral russa os precedentes técnicos que caracterizavam o movimento para o palco; a ausência de paradigmas claros na representação transformou outras formas artísticas, como a dança, nos modelos a que recorria para reconhecer os princípios convencionais que idealizava.[21]

---

20 Cf. *Na Cena do Dr. Dapertutto.*
21 *Meierhold*, p. 99.

Em 1905/1906, grande inquietação cultural tomava conta da Rússia, com as visitas de, entre outros, Isadora Duncan e Max Reinhardt. Duncan e Émile Jaques-Dalcroze, fundador da disciplina Eurritmia, seriam influências marcantes em seu início de carreira, assim como Loïe Fuller, a dançarina que esculpia o espaço com a luz, o figurino e seu próprio movimento. Para a futura teorização de um teatro "grotesco", contribuiriam seus interesses por Carlo Gozzi e E.T.A. Hoffmann, em cuja obra Meierhold intuía um mundo penetrado pela música e pelos sons, por conter "elementos próximos do mundo sobrenatural"[22]. Poetas simbolistas russos, como Valeri Briussov, jovens pintores e cenógrafos interessados em questionar a aplicação fidedigna dos cenários naturalistas – naquilo que acabaria consistindo na *revolta das maquetes*[23] – eram seus interlocutores diretos. A leitura de *O Palco do Futuro*, do encenador alemão Georg Fuchs, representou uma enorme influência para a formulação de seu teatro. Entre outras ideias que rompiam com a ilusão naturalista, Fuchs preconizava que o teatro origina-se da dança, e que o princípio da expressão do ator é o ritmo. "Este é um aspecto fundamental para o teatro meierholdiano, pois o modelo musical [...] foi uma das bases da composição teatral. [...] Ao espelhar-se na radicalidade teórica de G. Fuchs, Meierhold se instrumentalizou para o exercício radical da prática artística", acredita Maria Thais[24].

Evidentemente, Richard Wagner e Adolphe Appia foram dois outros pilares de sustentação para as formulações estéticas de Meierhold.

A noção de "obra de arte integrada", de Richard Wagner (expressão frequentemente traduzida como "obra de arte total")[25], que uniria música, artes plásticas, dança, pantomima

---

22 Ibidem, p. 77.

23 A *revolta das maquetes* pretendia o fim do ilusionismo dos cenários naturalistas. Ignorando os desenhos e maquetes que visavam reproduzir realisticamente os ambientes interiores e exteriores, trabalhando agora com telões pintados, os artistas simbolistas desejavam criar novas formas de utilização do espaço. "Virando e revirando uma maquete em nossas mãos, virávamos e revirávamos o próprio teatro moderno", cita Meierhold em Historia y Técnica en el Teatro, *Textos Teóricos*, p. 139. Evidentemente, um movimento já impregnado das ideias de Adolphe Appia.

24 *Meierhold*, p. 21.

25 *Gesamtkunstwerk*, no original.

POLIFONIA, CONTRAPONTO, MEIERHOLD E O GROTESCO

e poesia em torno de uma ação dramática, impregnou e contribuiu, pelo que propiciou de questionamento e reflexão, para o nascimento da encenação moderna, tendo em vista que o desenvolvimento dessa arte da encenação aprofundou a unidade do espetáculo, pressupondo uma relação de interdependência entre todos os seus componentes. "Nenhum grande homem do teatro do século XX escapou do confronto com as teorias de Wagner", diz Denis Bablet[26]. O compositor alemão escreveu e encenou diversos dramas musicais (assim chamados em oposição à ópera tradicional de seu tempo, da qual era crítico), forma que considerava a obra de arte suprema, capaz de realizar essa fusão entre todas as artes. Nessa concepção de "obra de arte integrada", o compositor Wagner e o poeta Wagner se alternavam na condução do processo criador, sem que essa polaridade chegasse a configurar uma contradição. No projeto wagneriano, do qual Meierhold se imbuiu, só um artista seria capaz de levar a cabo essa integração entre as linguagens: aquele que fosse equanimemente interessado em literatura e música. De Wagner, Meierhold encenou *Tristão e Isolda*, em 1910, que pode ser considerado um espetáculo exemplar de sua própria concepção de drama musical. A montagem foi pretexto para uma longa digressão teórica do encenador e base para seus posteriores experimentos artísticos. Sobre tal artigo voltaremos a falar oportunamente.

Ainda as Fontes: Appia e Dalcroze

Entre os intérpretes da proposta wagneriana, o suíço Adolphe Appia se destaca; apesar de conhecedor dos escritos de Wagner, é no livro *A Música e a Encenação*, escrito por Appia em 1899, que Meierhold fundamenta sua perspectiva do compositor alemão, para quem a música liderava todos os outros elementos e os agrupava segundo as necessidades da ação dramática. Dessa forma, Meierhold encontra aporte teórico para seu projeto de encenação, no qual a música já surgia como um

---

26 Appia y el Espacio Teatral; De la Rebelión a la Utopía, *Adolphe Appia (1862-1928): Actor – Espacio – Luz*, p. 12. Catálogo da exposição.

"modelo máximo de produção artística, por ser capaz de revelar o mundo da alma em toda a sua plenitude"[27].

Se Wagner acreditava em uma integração das artes como meio de alcançar uma unidade dramática, Appia questionava-se sobre o caráter dessa união, procurando definir os princípios elementares e as possíveis leis da arte da encenação. E, desde seus primeiros textos teóricos, fundamentados no pensamento e nas encenações de Wagner que ele presenciara em Bayreuth entre 1886 e 1890, Appia iria tomar como base de toda a encenação a trajetória temporal e afetiva da música. Para ele, a música conteria potencialmente em sua expressividade e ritmo toda a encenação, inclusive no que diria respeito à iluminação e aos cenários, e por isso deveria ser estudada de forma minuciosa, compasso por compasso, em um trabalho exaustivo, como o que realizou para *O Anel dos Nibelungos*. Em suas palavras, "a música comanda todos os elementos e os agrupa segundo as necessidades da expressão dramática"[28].

A duração musical, sendo essencialmente diferente da duração cotidiana, também exigirá cenários e interpretação que divergem da concepção realista ou naturalista. Transfigurado por esssa vida interna que nada tem que ver com o comportamento do dia a dia, o ator deverá renunciar aos gestos cotidianos e movimentar-se segundo lhe impõem a duração e a dinâmica musicais. Essa partitura de ator (o termo ainda não é usado por Appia, mas me parece caber em sua concepção como uma luva) elimina, obviamente, qualquer caráter fortuito e improvisado da interpretação, que será rigorosamente baseada na construção do movimento aliado à partitura musical. O cenário, por sua vez, deve servir à plasticidade do movimento do ator, não tendo por preocupação ilustrar os ambientes. Seus cenários são concebidos sempre pensando em tal plasticidade: são rampas, escadas, platôs, superfícies; "cenários rítmicos" que valorizam o movimento e esforço do corpo humano, resistindo a ele. A luz, longe de sua antiga função de valorizar telões pintados, esculpe, modela, reforça a tridimensionalidade do espaço, cria movimento e ritmo em conformidade com o corpo do ator. Penso que, embora entenda a princípio que a música organize o

---

27 M. Thais, *Meierhold*, p. 36.
28 *Adolphe Appia (1862-1928): Actor – Espacio – Luz*, p. 15.

drama, e dessa forma em nenhum momento seria possível existir um drama sem música, Appia é um dos primeiros a ampliar os conceitos de ritmo, dinâmica e musicalidade para o conjunto da encenação, na medida em que eles passam a dominar os aspectos visuais, a movimentação e até a fala. Pensando em um drama com música, Appia, mesmo sem o perceber, induz as novas gerações a pensar a musicalidade do drama, inclusive daquele que não contém música em si.

Uma última palavra sobre as principais matrizes de Meierhold é necessária, ainda, a respeito do educador musical suíço Émile Jaques-Dalcroze, originalmente compositor de canções populares de sucesso. Seu método pedagógico, a Ginástica Rítmica, não será descrito em pormenores, porquanto nos interessará bem mais conhecer seus desdobramentos e críticas na visão de outros encenadores. Porém, é preciso pelo menos uma contextualização dos fundamentos de sua pedagogia, para que possamos percebê-la em conformidade com as ideias de Appia, a quem conheceu e de quem se tornou colaborador; de Wagner, com quem polemizou; e de Meierhold, a quem influenciou enormemente em suas primeiras montagens. Mais adiante, serão levantados pontos que o ligam, ainda, ao coreógrafo Rudolf Laban, mais um expoente da árvore genealógica das ideias que revolucionariam o teatro e a dança do século xx.

Dalcroze criou a Ginástica Rítmica a partir da observação do processo de aprendizado musical de sua época, o qual levava os alunos a repetirem mecanicamente os exercícios, sem um efetivo desenvolvimento de sua sensibilidade e imaginação auditivas. O músico percebeu que, para facilitar os exercícios de solfejo, os alunos poderiam acompanhá-los com movimentos do corpo, meneios de cabeça ou batidas de pés no chão, seguindo a dinâmica musical e pontuando os acentos: dessa observação nasceu a ideia de uma ginástica corporal vinculada à música. Os exercícios envolviam progressivamente o corpo: eles passavam a incluir deslocamentos, flexibilização de partes do corpo, gestos, equilíbrio e canto, associado a movimentos complementares ou contraditórios com a respiração. Isso sempre com o objetivo de desenvolver o que mais tarde ele chamaria de "ouvido interior": uma conexão estreita, cada vez mais imediata, entre sons e pensamento; uma conexão intermediada pelo corpo, que se tornaria, assim, o instrumento a serviço dos sentimentos.

A Ginástica Rítmica pressupunha o sincronismo entre a música tocada e os movimentos executados. O aluno acompanharia a música, frequentemente improvisada ao piano (para não permitir mecanização da percepção), tentando formar com ela uma unidade indissolúvel. Mais tarde, Dalcroze criaria a disciplina Movimento Plástico, para alunos que já tivessem desenvolvido a prontidão do corpo e a reação imediata através da Ginástica Rítmica. Neste último, esperava-se uma relação de não sincronismo entre os movimentos corporais e a música, podendo haver efeitos de contraponto na representação rítmica ou sonora ou, ainda, omissão de elementos musicais expressos fisicamente. No Movimento Plástico, seria possível também desenvolver a expressão corporal sem o auxílio da música. Ambas as disciplinas foram concebidas como etapas de um mesmo trabalho denominado Eurritmia[29], do inglês *eurythmics*[30].

Os exercícios eram fomentados para formar o ouvido e a sensibilidade do intérprete: eram trabalhadas, dentre outras, as noções de fraseado musical, anacruse, *crescendo* e *decrescendo*. Esses exercícios, crescentes em complexidade, buscavam codificar plasticamente o corpo, no sentido de transformá-lo em um canal de expressão visual da própria música, que, a exemplo de Wagner e Appia, Dalcroze também considerava uma arte maior. Porém, muito mais do que uma execução musical precisa, o que movia o pedagogo eram a sensibilização e a disponibilização do físico e do espírito do intérprete. Um corpo formado em sua Eurritmia chegaria a uma harmonia não somente muscular, mas em todo o seu aparelho expressivo, incluindo o sistema nervoso e a imaginação. "Liberado de seus automatismos, o homem poderia chegar a expressar sua 'música pessoal'", sintetiza a respeito Matteo Bonfitto[31].

Para Dalcroze, trabalhar contra ou a favor do ritmo era condição necessária para essa harmonização entre corpo, pensamento e sentimento, a que chamava espírito. O ritmo, encarado não somente como repetição e alternância, mas como

29   Originário do grego *eu* = bom, harmonioso + *rhythmós* = ritmo.
30   A. Dias, *A Musicalidade do Ator em Ação*.
31   *O Ator Compositor*, p. 13.

correspondência entre ordem e movimento, chegava, assim, a uma noção "quase metafísica, espiritualizando o que é corporal, encarnando o que é espiritual", segundo seu colaborador Wolf Dohrn[32].

A colaboração Appia-Dalcroze foi instantânea a partir do momento em que se conheceram. Appia seria o primeiro a pressentir o que a rítmica poderia trazer ao teatro. Uma correspondência assídua entre os dois atesta que encontraram estreita consonância nas noções de plasticidade e musicalidade do corpo do intérprete. Na forma como interpretaram os princípios wagnerianos, os aspectos do ritmo e da consciência rítmica e espacial do ator tornaram-se de capital importância no projeto artístico de ambos. Durante essa pesquisa em comum, que ocupou um período de vinte anos, chegaram a realizar montagens juntos, das quais a mais famosa foi *Orfeu e Eurídice*, de Christoph Gluck, entre 1912 e 1913[33].

Tirar o Acaso da Arte

A lembrança desses pedagogos e teóricos que, de certa forma, embasaram o nascimento da moderna era da encenação teatral fez-se necessária para entendermos as premissas que cimentaram a trajetória dos artistas revolucionários russos do início do século XX, dentre eles Meierhold e Stanislávski. É importante compreender que, à parte suas divergências metodológicas, esses encenadores erigiram os pilares de suas estéticas a partir do mesmo "caldo" que borbulhava em toda a Europa e que chegava a alcançar o Leste Europeu, pelo menos no tocante à *intelligentsia* russa. De um lado, uma corrente estética que nascera nos países de cultura alemã ainda no século XIX, partindo de Schopenhauer e envolvendo Nietzsche e Wagner, que iria encontrar ressonância no campo teatral com Appia e Fuchs. Nela, a música se torna matriz das artes do tempo e do espaço, e o espírito dionisíaco é a expressão da subjetividade por excelência.

32 Ibidem.
33 Uma boa apreciação da relação entre Appia e Dalcroze pode ser observada no sólido trabalho de Ana Dias, intitulado *A Musicalidade do Ator em Ação: A Experiência do Tempo-Ritmo*, de 2000.

De outro lado, um modelo de pensamento que revalorizava o corpo humano, conferindo-lhe a "dignidade" de um signo produtor de sentido, veículo mais essencial da conexão entre sentimento interior e movimento exterior. Esse modelo foi gradativamente erigido em função das pesquisas de Isadora Duncan, Rudolf Laban, François Delsarte, Dalcroze, entre outros.

Ao conferir aos poucos o *status* de autonomia significativa a cada um dos componentes do espetáculo – corpo, materiais, som, luz, cenário –, o pensamento que se origina vai formatando uma acepção de teatro que pretende banir da arte cênica qualquer valor acidental, fortuito, da obra. A palavra que vai começar a ecoar em todas as bocas é "rigor": de Stanislávski a Antonin Artaud (que preconizava "rigor científico" na pesquisa até mesmo dos estados anímicos do ator), até Jerzy Grotowski, Peter Brook e tantos outros, todos tentam expulsar o acaso da arte. Em última instância, é à procura das leis do teatro, a criá-las ou reconhecê-las, que todos se dedicam.

Meierhold é motivado pela vontade de criar uma ciência do teatro, capaz de pôr fim ao diletantismo. Dedica a esse projeto toda a sua vida, e elege o ritmo como ferramenta de precisão, controle, criação e organização da montagem. Precisamente porque pode ser racionalmente observado, mas também porque, como seria próprio da linguagem artística, o ritmo é capaz de tocar em acesso direto as fibras do novelo do coração.

Sua trajetória artística urde, a partir dos pressupostos musicais de rigor e ritmo, a intenção de lutar contra o naturalismo na arte, tanto contra uma suposta naturalidade na arte. De acordo com os diferentes estágios da carreira de Meierhold, esse rigor, esse artificialismo propositado, se manifestará de diferentes formas que não se excluem. Muito pelo contrário, são facetas variadas do mesmo projeto artístico: a criação dos estúdios, ateliês, escolas e laboratórios, onde aos poucos é moldada uma metodologia para atores que respondam aos anseios de seus propósitos de encenação; a criação da biomecânica, uma disciplina formativa desse ator, que lhe aguçaria a sensibilidade rítmica e plástica e portanto o domínio sobre o tempo e o espaço; o trabalho com os dramas musicais no Teatro Imperial, no qual percebeu a necessidade de subordinação da encenação ao tempo musical; as experiências "paralelas" com

POLIFONIA, CONTRAPONTO, MEIERHOLD E O GROTESCO   153

teatro de variedades, cabarés e teatro de feira; as fases simbolista e construtivista, nas quais o diálogo com outros artistas da
cena – músicos, poetas, pintores e cenógrafos – lhe permitiu
antever o papel que teria que caber ao mais "novo" profissional da área – o encenador moderno, construtor da teia-mestra
resultante do entrelaçamento de diferentes partituras. E, ainda,
o engajamento na causa soviética, mesmo que não pelas vias
desejadas pelos burocratas da administração cultural pós-revo-
lução, que preferiram execrá-lo, tachando de formalismo o que
era uma desesperada busca por uma nova teatralidade.

A Música Como Rigor

Em torno de música, capaz de dar uma estrutura sólida ao jogo do ator,
modelos de composição cênica ao encenador, e mesmo modelos de
transcrição do espetáculo, em torno da música se estabelece a raiva
de Meierhold pelo fortuito e o amadorismo no teatro. Em sua busca de
uma "sinfonia teatral", há uma vontade de rigor, de matematização,
de autolimitação. Magia nos anos de 1910, coconstrução no início dos
anos de 1920, a música permanece um quadro restritivo tanto para o
encenador como para o autor. Essa autolimitação no jogo da encenação do tempo, dada pelo fundo musical em *O Professor Bubus*, pode
desdobrar-se em *O Inspetor Geral* em autolimitação no espaço (um
pequeno praticável). Apesar do princípio fundamental de não liberdade, ou antes graças a ele, lutando contra a resistência do obstáculo,
pode desabrochar a imaginação do encenador e a dos atores.[34]

Depois de seu período no TAM, Meierhold produz as primeiras experimentações teatrais, sobretudo a partir de peças
simbolistas. Isso representa a primeira fase de seu trabalho,
quando criou o "Teatro de Convenção Consciente". O simbolismo foi uma etapa que lhe serviu como um dos meios para
fugir ao naturalismo stanislavskiano. Os poemas simbolistas
permitiam a exploração de "zonas de sombra", delineadas em *A
Morte de Tintagiles*, por exemplo, através de poses estáticas, de
agrupamentos que lembravam afrescos, muitas pausas e uma
dicção plástica e desapaixonada, que mais "sugeriam" do que

---

34 B. Picon-Vallin, La Musique dans le jeu de l'acteur meierholdien, *Le Jeu de
l'acteur chez Meierhold et Vakhtangov*, p. 44.

"mostravam". Nesse primeiro "ciclo de pesquisas de novas formas cênicas", como chama Béatrice Picon-Vallin[35], o princípio diretor da atuação se torna plástico, em substituição ao psicologismo, trabalhando ênfases visuais em vez de ênfases lógicas. É o princípio de um "teatro imóvel" que se apoia nos tempos de pausas. Diametralmente opostas às pausas do TAM, essas não são reticências justificadas do diálogo verbal; são momentos em que se conclui o movimento, nos quais o diálogo é suspenso por um instante, para que, em uma pose congelada, se apresente, concentrada, a alma da personagem naquele momento. Dessa forma surge um espetáculo muito marcado, com uma partitura plástica precisa, em que silêncio = tempo de deslocamento, e palavras = suspensão do movimento.

Essa partitura plástica é acompanhada por uma igualmente precisa partitura vocal e musical. Também nesse caso, a dicção demandada é serena, fria, sem vibrações nem modulações, sem entonações principalmente de ordem psicológica, destituída de toda trivialidade. Assim também se deslocava o centro da cena, posto que a palavra perdia sua primazia de base da ação cênica para integrar-se ao conjunto plástico geral. O compositor Ilya Sats, por sua vez, usa sonoridades até então pouco habituais para uma orquestra sinfônica, como foles, gongos e cornes, para produzir efeitos sonoros estranhos, que não se prestam a compor nem pano de fundo nem ilustração, e tampouco estão ligados a emoções pontuais das personagens. Compõem o que chamaríamos de cenário sonoro – sugerindo ambientes (sugerindo, em vez de explicitá-los) à imaginação da plateia. A música de Sats é, na opinião da autora Picon-Vallin, uma das primeiras experiências radicais com a música de teatro[36].

A encenação, que nunca chegou a ser exibida, fez com que Meierhold percebesse com quais problemas teria que lidar a partir de então, se quisesse perseverar em seu projeto de um teatro altamente convencional. O maior problema seria, por certo, a formação de um ator capaz de tanta precisão na adequação à partitura da encenação, assim como de solidez em suas habilidades físico-musicais. Ele demanda:

---

35 Idem, Meierhold e a Cena Contemporânea, em F. Saadi (org.), *A Arte do Teatro*, p. 12.

36 Ibidem.

POLIFONIA, CONTRAPONTO, MEIERHOLD E O GROTESCO 155

Eu trabalho dez vezes mais facilmente com um ator que ama a música. Deve-se habituar os atores à música desde a escola. Todos eles gostam quando se utiliza uma música "para a atmosfera", mas são raros os que compreendem que a música é o melhor organizador do tempo no espetáculo. O trabalho do ator é, para usar uma imagem, seu duelo com o tempo. E aqui, a música é o seu melhor aliado. Ela pode nem ser ouvida, mas deve se fazer sentir. Eu sonho com um espetáculo ensaiado sobre uma música e realizado sem música. Sem ela e com ela: porque o espetáculo, seus ritmos serão organizados segundo suas leis e cada intérprete a portará em si.[37]

Vimos como esses preceitos viraram disciplinas em seus estúdios, e foi em busca das formas de arte codificadas transculturais que ele se orientou no direcionamento dessa pedagogia, da qual resultou a biomecânica. Foi a partir da experiência frustrada dessa montagem que Meierhold percebeu as dificuldades experimentadas pelos atores em lidar com um acompanhamento musical, em manter o ritmo e as entonações desejadas. E, em consequência, passou a refletir, em seus artigos e montagens, sobre a possibilidade de integrar o trabalho dos atores em uma partitura. Isso o leva, por exemplo, a uma longa colaboração com o compositor Mikhail Gnessin, que administrará a seus atores a teoria e a prática da Leitura Musical do Drama, em diversos de seus ateliês[38].

Outro princípio que começa a ser gerado nas montagens simbolistas, das quais *A Morte de Tintagiles* é um exemplo, é o da *composição paradoxal*. Segundo esse princípio, os desenhos dos movimentos, a tessitura das palavras, a disposição dos grupos podem revelar, ao espectador que souber lê-los, algo diferente do que dizem as palavras – principalmente, por vezes, o contrário do que elas dizem. Em vez de termos, assim, duas séries – a verbal e a plástica – que se complementam, temos duas séries que se desenvolvem paralelamente, o que leva o espectador a perceber inclusive quando uma contradiz a outra. O gesto plástico permite-lhe entrever significados e verdades ocultas por trás das palavras; aí efetivamente se instaura a verdade das relações. É o momento almejado por tantos encenadores, esse em que, enfim, o sentimento interior e

37 A. Conrado, Meierhold Fala, op. cit., p. 197.
38 M. Thais, op. cit.

o gesto exterior se fundem, não pela concordância, mas pelo contraponto. E dessa forma permitem aflorar o diálogo interior que o naturalismo tanto almejara, mas que se contentara em externar, não em revelar. O "trágico com um sorriso nos lábios" traz, em si, em sua estrutura contrastada, o germe do grotesco.

O Drama Musical

Em 1908, Meierhold seria convidado a se tornar diretor de dois teatros imperiais, em São Petersburgo: o Alexandrinski, onde se encenavam dramas, e o Marínski, onde se costumava encenar óperas. No último, pela primeira vez, teve oportunidade de encenar um drama musical – termo que, à maneira de Wagner, preferia ao uso da palavra "ópera".

Nesse momento, os textos de Appia, Wagner e Fuchs, mais do que nunca, serviram de aporte teórico para as encenações de *Tristão e Isolda*, de Wagner, e *Orfeu e Eurídice*, de Gluck. O primeiro, especificamente, pode ser considerado um modelo exemplar de sua concepção de drama musical, uma encenação--chave para a compreensão mesmo de toda a sua obra, e lhe rendeu um longo artigo teórico, publicado em 1913, na coletânea *Sobre o Teatro*[39].

No artigo, Meierhold se interroga por que o artista de ópera tenta naturalizar seus gestos e movimentos, tentando aproximá-los de uma suposta realidade, em vez de submetê--los, como seria de se esperar, à precisão matemática do tempo musical, seguindo as tônicas da partitura. A resposta, ele acredita, é de que a movimentação plástica dos atores toma por ponto de partida o libreto, não a partitura. Mas "naturalização" da cena é, para ele, intolerável: se a ópera é uma forma tão codificada, erigida a partir de uma convenção basal – as pessoas expressam-se cantando –, essa representação "natural" se torna insustentável. "O fundamento da arte é aviltado", ele complementa[40]. Portanto, se o drama musical desejasse viver, não poderia passar ao largo da esfera musical em sua composição plástica, no modo de enunciação das palavras, na composição

---

39 A. Conrado, "Tristão e Isolda, de Wagner", op. cit.
40 Ibidem, p. 64.

de uma partitura rítmica também para os deslocamentos, ações e gestos (vocais e físicos) elaborados no palco.

Porém, essa musicalidade que rege a cena não é fruto apenas da codificação necessária a um espetáculo que se processa sobre um fundo musical; ela é necessária porque o "mundo misterioso dos nossos sentimentos, [...] o mundo de nossa alma, não pode se manifestar senão através da música"[41]. Imbuído das ideias de Wagner e Appia, Meierhold corrobora a intenção de perpetrar o mistério da encenação pela música, pelo mundo afetivo da música. Lembrando mais uma vez do lirismo de seu amigo Tchékhov, que lhe dizia desejar no palco "uma vida, não tal qual é nem tal como deveria ser, mas como aparece nos sonhos"[42], Meierhold ratifica sua crença em uma cena não naturalista, em que o tempo, agora ditado pela música, seja o do sonho, não o do cotidiano. "A música, que determina a duração de tudo que se cumpre no palco, exige um ritmo que nada tem de comum com o cotidiano. A vida da música não é uma vida da realidade diária. [...] A essência do ritmo cênico é antípoda do cotidiano"[43], ele gosta de pensar.

Por conseguinte, a figura cênica do ator será uma invenção artística, não uma transposição do real.

Duas decorrências desse pensamento podem ser percebidas no artigo e irão impregnar a trajetória de Meierhold, reverberando em futuras gerações de realizadores no teatro, até mesmo atualmente. A primeira é a consciência de que o tempo da cena, tanto mais teatral porque artificial, é antípoda do cotidiano. Eugenio Barba, que foi quem até hoje definiu com mais felicidade, a meu ver, esse conceito de tempo artificial, chama-o de *tempo extracotidiano*, um tempo conseguido pelo ator em treinamento contínuo de alargamento de sua sensibilidade espacial e rítmica, que expressa, por si só, uma situação de representação, antes mesmo que algum discurso seja enunciado – em um estado que ele chama de pré-expressividade[44].

A outra consequência é a de que o caminho lógico que permitiria ao ator atingir o máximo de possibilidades de um

---

41 Ibidem, p. 65.
42 Ibidem, p. 66.
43 Ibidem, p. 65-66.
44 E. Barba; N. Savarese, *A Arte Secreta do Ator.*

corpo expressivo e flexível, capaz de otimizar a escuta interna e a movimentação na esfera rítmica, seria naturalmente a dança. "A ação visível e compreensível empreendida pelo ator é uma ação coreográfica", descreve Meierhold no mesmo artigo, "pois a dança é para ele [o ator] o mesmo que a música é para o sentimento: uma forma criada artificialmente, sem o auxílio do conhecimento"[45]. Afinal, embora seja a maior de todas as artes, enquanto não for representada por um ator, a música "cria somente uma imagem ilusória do tempo. Uma vez representada, ela domina o espaço"[46]. É através, portanto, do corpo do ator, mais do que por suas palavras, que ela pode tornar-se uma arte do espaço. Daí surgiria posteriormente a expressão "desenho de movimentos".

Com base nesses princípios, Meierhold constrói uma encenação para a obra de Wagner em que os *tempi*, as modulações tônicas da partitura, regem o jogo de cena. Os grupos, ou unidades esculturais, formados pelos atores animam-se musicalmente, passando da imobilidade a movimentos súbitos, e mesmo à corrida, sempre baseados em um princípio de economia, com movimentos e enunciado claro das palavras, concentrado, preciso, em diálogo com a orquestra[47].

Nesse período, Meierhold ainda persegue a absoluta sincronização dos atores com a música. Uma plena concordância rítmica, sem que todavia o jogo do ator ilustre a música, mas, antes, a revele, complete, preencha-lhe as lacunas. Então, ele parece aproximar-se bastante dos propósitos da Ginástica Rítmica de Dalcroze, em sua primeira fase: formar uma escuta interna baseada na concordância entre movimento e som, entre pensamento e som, graças à extrema flexibilidade e sensibilidade corporais. A Rítmica é efetivamente usada no treinamento do ator.

Entretanto, Meierhold passa a recusar muito cedo a concordância simétrica entre a música e o gestual. Recusa qualquer submissão estreita do movimento à música, o que quer que possa ser considerado mera repetição do sonoro no visual, segundo Picon-Vallin. Em seus espetáculos seguintes, Meierhold toma

---

45 V.E. Meyerhold, *Textos Teóricos*, p. 66.
46 Ibidem, p. 67.
47 B. Picon-Vallin, La Musique dans le jeu..., op. cit.

os princípios trabalhados no drama musical e vai além deles, alargando a noção de musicalidade do ator e da cena para além dos limites da música em cena.

Há dias assisti aos ensaios de um grande diretor que em minha presença ajustava vários compassos de *Noite de Maio*, de Rimski-Korsakov. Pelo jeito que ouvi a partitura compreendi que ele lidava com a feitura musical de uma forma muito primitiva. Se durante cinco compassos um instrumento faz constantemente "bum-bum-bum", ele busca entre as personagens a um gordo que assinale o movimento desse "bum--bum-bum". Sobre esse fundo de "bum-bum-bum", a flauta rompe a rir de forma *coquette,* e já vai o diretor buscar uma personagem que se encaixe a essa risada da flauta. É uma forma muito primitiva de revelar a feitura musical.[48]

Já nas classes de Técnica dos Movimentos Cênicos, que ministra de 1913 a 1917 em seu Estúdio, ele procura precisar as relações entre música e movimento, não mais apenas como uma reflexão sobre o ator de ópera. Dessa época datam estudos muito diversos, como sobre pantomima, *Commedia dell'Arte*, Isadora Duncan, Loïe Fuller, Dalcroze, o circo, o teatro de variedades, o teatro oriental. O plano de estudo prevê os seguintes itens:

O papel da música como o de um fluxo que acompanha os movimentos do ator no palco e os momentos estáticos do seu jogo. Os planos da música e do movimento do ator podem não coincidir, mas, chamados à vida simultaneamente, no seu desenvolvimento (música e movimento, cada um em seu plano) formam uma espécie de polifonia. Surgimento de um novo tipo de pantomima, na qual a música reina no seu plano enquanto os movimentos do ator correm num plano paralelo. Os atores imediatamente, seguindo a vontade do mestre do ritmo e, sem revelar ao espectador a construção da contagem rítmica da música e do movimento, procuram tecer a rede rítmica.[49]

Concordo inteiramente com Béatrice Picon-Vallin que acredita, com base no texto desse programa, que "é formulado claramente um primeiro esboço da teoria meierholdiana do contraponto"[50]. Conquanto os estudos sobre Dalcroze e Isadora Duncan suponham treinamento sincrônico com a música, logo

---

48   V.E. Meyerhold, *Textos Teóricos*, p. 254.
49   Meierhold apud M. Thais, *Na Cena do Dr. Dapertutto*, p. 401-402.
50   B. Picon-Vallin, La Musique dans le jeu..., op. cit., p. 47.

160 RITMO E DINÂMICA NO ESPETÁCULO TEATRAL

a noção de contraponto, de duas ou mais séries se desenvolvendo em paralelo – corpo, fala, música, espaço –, predomina nos treinamentos e nas encenações. Após 1917, Meierhold recusará, dessa vez categoricamente, perante seus alunos dos Ateliês Superiores de Estado de Encenação, a aplicação das teorias de Dalcroze ao teatro; e chega a qualificar de absurdas as danças de Duncan, em função de uma tediosa e repetitiva simetria em relação à música.

Bubus: *O Tempodrama*

O ator necessita do fundo musical para aprender a ter ideia de como transcorre o tempo da cena. Se o ator estiver acostumando a trabalhar com um fundo musical, quando ele faltar calculará o tempo de um modo inteiramente diferente. Nossa escola exige do ator, além do desenvolvimento de sua capacidade de improvisação, o da aptidão da autolimitação. E não há nada como o fundo musical para ajudar a autolimitação no tempo.[51]

Na encenação de *O Professor Bubus*, de Alexei Faiko, em 1925, o diretor orienta seus atores a "não se deslocarem *sob* a música, como em Duncan, nem *com* a música, como queria Dalcroze, mas *sobre* a música; sem buscar realizá-la plasticamente, sem submissão às partes fortes e fracas do compasso"[52]. Interpretar sobre a música significava, ao que parece, ter um papel ativo de complementação ou contraponto a ela, mas nunca ignorá-la. Fica claro, portanto, que de forma alguma essa orientação demandava o abandono da precisão rítmica. Muito pelo contrário, *O Professor Bubus* é considerado um espetáculo exemplar, na carreira de Meierhold, do relacionamento dramaturgia-encenação-música, ou, em outras palavras, de como a música se tornou codramaturga em suas encenações, a ponto do espetáculo ter sido denominado, no catálogo do Museu do Teatro Meierhold, de um novo gênero, o "tempodrama"[53].

A peça transcorria sobre uma trilha musical contínua, uma longa montagem de fragmentos de Frédéric Chopin e Franz

51 V.E. Meierhold, *Textos Teóricos*, p. 196. O termo "autolimitação", muito usado por Meierhold, refere-se à consciência de limites, de regras para o jogo do ator.
52 V.E. Meierhold, op. cit., p. 445.
53 Ibidem, p. 446.

POLIFONIA, CONTRAPONTO, MEIERHOLD E O GROTESCO   161

Lizst. A escolha das peças e dos acentos musicais obedecia à lógica do enredo em ironizar uma burguesia e uma *intelligentsia* decadentes; *Bubus* é, na opinião de Juan Hormigón, o auge da tendência "urbanística" do encenador – peça-propaganda que reforça o caráter de selva capitalista das cidades ocidentais[54]. Durante os meses anteriores aos ensaios, o pianista Leo Arnschtam, colaborador de Meierhold, tocara diariamente, por horas a fio, toda a obra para piano dos dois compositores, para só então o encenador escolher cerca de quarenta peças que seriam, por fim, arranjadas segundo os acentos, cortes e repetições que fossem necessários para desvelar o caráter das personagens. Dessa maneira, a música ditava as principais linhas da encenação. Em dados momentos, ela podia complementar um desenho inacabado da ação cênica, expressando o que não havia sido dito pela personagem. Através da interação entre discursos, comportamentos e a música, a interioridade das personagens era revelada. As relações entre os planos sonoro e visual eram organizadas prioritariamente pelo contraste: "cena calma, música angustiada; cena tensa, música monótona"[55].

Todo o jogo cênico estava submetido ao controle do ritmo musical. Uma cronometragem precisa disciplinava gestos e deslocamentos dos atores. Cada instante, cada passo, era construído ritmicamente, em um entrelaçamento das réplicas, dos movimentos e da música, o qual remetia às técnicas dos atores orientais. Meierhold submeteu seus atores a uma representação severa, na qual o pianista, suspenso em um platô central sobre o palco, regia toda a ação dramática, em acompanhamento contínuo, pela primeira vez à vista do público. A esse acompanhamento do piano sucedia-se por vezes uma trilha sonora de *jazz band* (também presente pela primeira vez em um palco soviético), cuja função era mais uma vez ironizar uma classe social opulenta e decadente. Outro importante aspecto da partitura sonora era o som produzido pelo cenário: uma barreira flexível de bambus, suspensos por anéis metálicos que contornavam a área de atuação. Para entrar e sair de cena, os atores tinham que passar por esses bambus, que chacoalhavam e produziam um ruído, ao que

54 Em V.E. Meyerhold, *Textos Teóricos*, p. 446.
55 A. Dias, op. cit., p. 72.

parece, similar aos das matracas dos teatros orientais, atraindo a atenção do espectador para cada novo evento em cena[56].

"Os espetáculos de Meierhold eram para o teatro o que os versos são para a prosa: nenhum tempo vazio", comenta a respeito de *O Professor Bubus* o autor Maia Turovskaia, em um livro a respeito da atriz meierholdiana Maria Babanova[57].

> Em *Bubus*, era fácil se representar, porque havia um fundo musical sobre o qual se criava uma atmosfera de certa autolimitação: você quer fazer uma pausa, mas a música o apressa. Ou, então, você quer se deixar levar pela livre improvisação, mas a encenação está construída de tal modo que se você romper algum elo, cairá numa situação sem saída, não há onde se meter.[58]

Ao ator era solicitado que construísse as nuanças da personagem a partir da partitura musical. Vladímir Iákhontov, o intérprete do barão, "dialogava" o tempo todo com o pianista: ora marcava o ritmo com a bengala, ora cantava um verso no intervalo de uma frase musical, ora ditava uma frase falada enquanto o pianista sustinha o piano. Ou, ainda, aguardava o começo de um trecho musical para iniciar uma pantomima sem palavras. A atriz Babanova, em outra interpretação comentada, acompanhava com gritos agudos a melodia tocada. Sua emissão vocal, que misturava fala, ruídos e gritos, era acompanhada por gestos sincopados. Nenhum ator tinha voz nem corpo cotidianos nesse espetáculo, no qual o ritmo era ditado por uma partitura real, musical – e também por uma partitura feita de movimentos, timbres, durações e alturas das réplicas. Para o crítico Aleksei Gvozdev, a novidade desse jogo consistia justamente nessa união da palavra e movimento, dessa polifonia de signos que conseguia transmitir o conteúdo emocional das cenas não por estados de alma, mas por "uma transmissão puramente musical, dinâmica e rítmica"[59]. Meierhold buscou

---

56 Essa "cortina" de bambus também compunha uma simetria visual, um ritmo cenográfico que, por sua vez, ironizava as tapeçarias e cortinados suntuosos típicos da decoração burguesa; cf. B. Picon-Vallin, *La Musique dans le jeu...*, op. cit., p. 46.

57 Ibidem.

58 V.E. Meierhold apud A. Cavalieri, *O Inspetor Geral de Gógol / Meierhold*, p. 15-16.

59 B. Picon-Vallin, La Musique dans le jeu..., , op. cit., p. 51.

nessa montagem criar um tecido de relações entre a música e as personagens, o qual sofisticava, em muito, a composição destas últimas. Seu desejo era de que os atores fossem capazes de lidar com a música com a sabedoria de um pianista que sabe "jogar sabiamente com os pedais", alcançando assim timbres extremamente diferentes[60].

Ana Dias lembra que, se de um lado a música liberava o ator da tarefa de exprimir sua interioridade emocional, de outro, o obrigava a adquirir um controle severo, a manter referências precisas, a possuir uma virtuosidade similar a de um instrumentista, exigindo dele flexibilidade, leveza e rapidez nas mudanças de ritmo, o que o transformava muitas vezes em um dançarino. Não à toa, em uma conferência em que discorre sobre o papel da música na montagem de *O Professor Bubus*, Meierhold lança um axioma deveras repetido nos estudos a seu respeito: ali onde as palavras já não dizem, é preciso deixar que a dança o diga[61]. Evidentemente, não é a um balé que nos referimos; é a uma coreografia-partitura de deslocamentos em tempos por vezes lentíssimos, pequenas hesitações, sobressaltos, solavancos, gestos suspensos, movimentos precisos, voz codificada. Uma coreografia em luta contra "a agonia", como destaca poeticamente Angelo Maria Ripellino, a retratar uma classe burguesa também em agonia[62]. Nas palavras de Picon-Vallin,

a música – seus ritmos, seu fluxo e seus silêncios, suas pausas – penetra o teatro tanto como material organizado quanto como princípio organizador da ação cênica. Do jogo do ator, do conjunto da composição e de um modo de percepção dinâmica do público[63].

O Inspetor Geral: *Composição Polifônica*

Logo após *O Professor Bubus*, Meierhold estrearia, em 1926, *O Inspetor Geral*, sua mais emblemática encenação[64], considerada

60   Ibidem.
61   V.E. Meyerhold, *Textos Teóricos*, p. 448-476.
62   A.M. Ripellino, *O Truque e a Alma*, p. 295.
63   B. Picon-Vallin, La Musique dans le jeu..., op. cit., p. 41.
64   "Antes de *O Inspetor Geral*, eu tinha dirigido pelo menos vinte espetáculos que constituíam o exame para *O Inspetor Geral*" (Meierhold apud A.M. Ripellino, op. cit., p. 301).

por muitos um acontecimento na história das relações teatro-música. A partir dali, "a ideia de um teatro musical, distinto das formas existentes, não vai mais parar de preocupar Meierhold que, a partir de então, passa a designar suas encenações como *opus*"[65].

O Inspetor Geral é a radicalização do princípio de composição polifônica, que começara com *Bubus* e seria aplicado, a partir de então, a suas montagens mais famosas, como *A Dama das Camélias* (1934), de Alexandre Dumas Filho, e *A Dama de Espadas* (1935), de Aleksandr Púschkin.

Conquanto cada espetáculo encenado por Meierhold tenha se convertido em um laboratório de experimentações, darei prioridade à análise dessas duas montagens (*Bubus* e *Inspetor*), emblemáticas de seu pensamento científico-musical, digamos assim. É necessário ter em mente, apenas, que a carreira de Meierhold, pautada tanto pelos fundamentos teóricos já referidos como pelos estudos desenvolvidos em conjunto com seus alunos e elencos nos diversos estúdios, ateliês e escolas, sugere por vezes vertiginosas guinadas de rumo de seu gosto artístico – das quais foi frequentemente acusado por seus críticos, como se lhe faltasse coerência de propósitos. Em vários de seus artigos, coletados e organizados pelo já citado Juan Antonio Hormigón, é possível acompanhar a resposta do próprio Meierhold a essas críticas, por vezes antecipando-se a elas, como se dissesse: "Dirão que estou me contradizendo, mas se olharem com atenção, verão que isso é apenas um desenvolvimento de minhas ideias." Também dessa maneira parecem pensar alguns estudiosos de sua obra. Hormigón, por exemplo, organiza os textos de Meierhold de tal maneira que, a uma conferência ou artigo sobre determinada encenação, segue-se com frequência um discurso sobre um procedimento ético dominante na classe teatral da época, ou uma querela ideológica com algum grupo específico, discussão ligada de alguma forma àquela encenação. Dessa maneira, a meu ver, Hormigón leva o leitor a deduzir que há uma profunda convergência entre a ideologia política do encenador e sua prática artística. Meierhold, profundamente revolucionário, soviético até a medula, segue, experimenta e

---

65   B. Picon-Vallin, La Musique dans le jeu…, op. cit., p. 361.

POLIFONIA, CONTRAPONTO, MEIERHOLD E O GROTESCO 165

pesquisa sem cessar um teatro que seja revolucionário, embora nem sempre considerado pertinente pelo regime soviético, o que, aliás, foi a causa da absurda e incompreensível acusação de formalismo que o condenou à morte pelo regime stalinista. Convencido de que o novo convencionalismo teatral nasceria do estudo das tradições e das formas codificadas, o encenador transita do simbolismo das peças de Maeterlinck ao construtivismo do cenário-máquina de *O Corno Magnífico*, de Fernand Crommelinck, em 1922. Luta para resgatar formas convencionais do passado, como o teatro popular de feira em *A Barraca de Feira* de Aleksandr Blok, de 1914; por querer arejar a ópera considerada decadente, adapta clássicos como *D. Juan*, de Molière, em 1910, transformando-o em uma "coreografia dramática".

Tudo isso passa, evidentemente, pela negação do naturalismo como forma alienante de reprodução da realidade, posto que a realidade mesma, da Rússia de então, se encontrava em pleno processo de reconstrução. E passa pela necessidade de um sistema de pensamento artístico também socializante, que necessariamente deveria impregnar os atores e colaboradores de um senso de coletividade, para que finalmente pudesse impregnar também o público. Na conclusão de seu "Discurso na Discussão Sobre a Metodologia Criadora do 'Teatro Meierhold'", de 1930, ele ilustra essa convergência de pensamento com uma explanação sobre o treinamento do ator. Ao ator caberia, em primeiro lugar, tentar desenrijecer os músculos, organizar o esqueleto, aprender a caminhar ritmicamente, operar pelo princípio da economia; depois chegaria o momento de se perguntar: "Camarada, por que caminhas sem cérebro? Por que não pensas?"[66] Então viria o trabalho com a palavra. Primeiro o movimento, depois o pensamento, e, por fim, a palavra. Porque era necessário que o ator soubesse impregnar a palavra de pensamento, soubesse distinguir a palavra dita por um fascista da mesma palavra pronunciada por um comunista. Que ele fosse capaz de acoplar sua consciência, adaptar-se à situação que propunha cada material dramatúrgico. Essa empresa, só a poderiam realizar os atores dotados de acuidade crítica, e isso se contassem com um teatro especial, em um centro de

---

66 V.E. Meierhold, *Textos Teóricos*, p. 268.

RITMO E DINÂMICA NO ESPETÁCULO TEATRAL

investigação científica. O rigor da ciência evocado, ainda e sempre, para a criação de uma consciência – a artística e a social.

O princípio da polifonia serve igualmente ao propósito de apresentar uma mesma ideia (ideia muitas vezes consistindo em uma crítica ou propaganda) sob vários pontos de vista ao mesmo tempo; serve, portanto, a uma proposta de relativização dos pontos de vista. Desenvolvendo várias linhas paralelas de significado – vestes, poses, música, "melodeclamação"[67], movimentos –, a encenação possibilita que o espectador crie sua livre associação de ideias, sua montagem particular. Para conseguir esse intento, é preciso que cada elemento que compõe a cena perca a função ilustrativa e ganhe autonomia, podendo, inclusive, divergir dos outros elementos. Se os espetáculos teatrais costumam obedecer a uma lógica de *tema dominante + acompanhamento*, *O Inspetor Geral* articula vários signos autônomos com igual importância.

Isso ocorre, a meu ver, justamente quando, ao ultrapassar o momento em que o sincronismo com a música era a principal meta, Meierhold consegue alargar o princípio da musicalidade para além da música, para além até do que propunha Appia. Nas suas encenações hoje consideradas "clássicas", como *O Inspetor Geral*, *A Desgraça de Ter Espírito*, de Aleksandr Griboêdov, ou *A Dama das Camélias*, a musicalidade consiste justamente na forma polifônica de lidar com os elementos da cena. Atenção: com todos os elementos da cena, das palavras às peças do cenário. Por reconhecer a presença do ritmo em todos os signos que tomam parte na encenação, o encenador tira proveito de todos para estabelecer as "pulsações" do espetáculo.

Pode-se revelar a ideia de uma obra não apenas através dos diálogos das personagens, que nascem da arte dos atores, mas também pelo ritmo de todo o quadro, colocado em cena pelo cenógrafo, pelo jogo de cores, e pelo que determinará o encenador na disposição dos praticáveis, no desenho dos movimentos e nas relações entre os grupos.[68]

Como o ator se insere nessa composição polifônica? Sendo ele também uma polifonia. Desde as pesquisas empreendidas

67 Declamação sobre uma métrica musical.
68 V.E. Meierhold, Sobre o Teatro, em M. Thais, *Na Cena do Dr. Dapertutto*, p. 279.

no Estúdio da rua Borodin, de 1913 a 1916, no curso de Técnica do Movimento para o Palco, ao ator era proposto um sistema de treinamento que aspirava ordenar seu discurso a partir do movimento. O "intérprete meierholdiano" (que Béatrice Picon-Vallin considera uma abstração, pois corresponderia na verdade a uma síntese de diversos estágios da evolução do treinamento[69]) teria tanto o domínio técnico, baseado no controle plástico e rítmico de seu corpo, como também a inteligência criativa para improvisar sobre bases restritas, e para urdir ele mesmo um pensamento sobre a cena. Desde os trabalhos dos estúdios em Petersburgo, mais tarde nos ateliês oficiais do Estado soviético e por fim no último Ateliê Meierhold, foram se formando cadeias de pesquisas que entrelaçavam o conhecimento de música, da melodeclamação, da máscara e da pantomima ao estudo do movimento em si, em suas fases de preparação, realização e reação. Esperava-se que esses "intérpretes meierholdianos" fossem ao mesmo tempo acrobatas e cantores, *jongleurs* e bailarinos, atletas e oradores, ativistas e circenses[70]. A partir desses estudos originou-se a biomecânica, termo surgido em 1922, que parte do pressuposto da total consciência dos meios corporais e vocais que o ator dispõe, através das técnicas que "despertam" esses meios. A lei fundamental da biomecânica é de que o corpo inteiro participa de cada um dos nossos movimentos[71]. Mas não participa em uníssono, de uma mesma maneira. Há todo um jogo de recusas, preparações, ciclos, pausas, pré-atuação e acompanhamento rítmico que deixam em estado de alerta cada membro do ator, pronto a responder em tempos e tônus diferentes aos estímulos da música, do companheiro, do texto, da marcação. O treinamento biomecânico abarca o trabalho com os contrastes. "O ator deve conhecer a construção da ação a partir da lei dos contrastes. O encenador deve temer o tom idêntico e constante, a monotonia dos trechos. A cena exige sempre movimentos paradoxais – é preciso que a coisa vá para o alto, depois para baixo."[72]

---

69 Meierhold e a Cena Contemporânea, em F. Saadi (org.), *A Arte do Teatro*.
70 Ibidem.
71 A. Conrado, op. cit., p. 217.
72 V.E. Meierhold, aula na Faculdade de Atores GEKTEMAS (Ateliês Teatrais Superiores do Estado), 18 jan. 1929 apud B. Picon-Vallin, Meierhold e a Cena Contemporânea, em F. Saadi (org.), *A Arte do Teatro*, p. 51.

Essa "lei dos contrastes" guiará o trabalho dos atores e do encenador em sua época de maturidade artística. Dela derivam os conceitos de paradoxo, contraponto e grotesco, os quais se misturam em sua trajetória, e aos quais é atribuída a função de conseguir o efeito de estranhamento da realidade cotidiana. Não cotidiano, nesse caso, seria o desenrolar dos movimentos em cena em um ritmo rigorosamente preciso, em suas variações de dinâmica, pausas, andamento. Um ritmo não natural, isto é, não submetido ao psicologismo naturalista.

Para dotar seu ator polifônico desse senso rítmico, Meierhold percebeu que tinha que instruir um ator livre das amarras do psicologismo afetivo de sua época, do qual o TAM era o representante oficial (mas não o único). Para varrer da interpretação o acaso e a fortuidade, era preciso dotar o ator da capacidade de improvisar, sim, mas dentro de limites formais, ou melhor, de autolimitação. A autolimitação era, para o encenador-pedagogo, um dos fundamentos da arte dramática. Em *O Professor Bubus*, a limitação era do tempo, através de uma partitura musical: a parcela de improvisação do ator tinha que se dar dentro do compasso, ou jogando com ele, mas sempre em diálogo com a música. Em *O Inspetor Geral*, esse conceito persistiu, mas com aplicações diferentes: cada personagem tinha seu *leitmotiv* (à maneira de Wagner), o seu próprio tema musical, com o qual dialogava ou, por vezes, opunha-se em contraponto. O ator, então, lidava com outra poderosa limitação, a do espaço.

Encenação-Sinfonia

Dos quinze episódios que compunham *O Inspetor Geral*, somente em quatro os atores usavam todo o palco. Nos outros onze, eles tinham que executar uma rígida partitura gestual e deslocamentos precisos em tablados trapezoidais, de apenas 3,55 × 4,25 m, inclinados para frente, por vezes atulhados de móveis. Para cumprir essa minuciosa partitura, todo o trabalho dos atores se apoiava no controle espacial e no controle de ritmos experimentados em *Bubus*.

O texto de Gógol sofreu profundas transformações, sendo adaptado segundo os propósitos de Meierhold de agudizar as

POLIFONIA, CONTRAPONTO, MEIERHOLD E O GROTESCO 169

críticas originais à corrupção e ao servilismo no regime autocrata tsarista. A encenação acabou se tornando uma "montagem literária" de diversas variantes da comédia e de outras obras do autor; mas levou também a assinatura do encenador, que se autodenominou (com razão) coautor do espetáculo. Um forte apelo cinematográfico orientava a montagem, na forma como as cenas eram estruturadas, dado o espaço exíguo: em *closes*, primeiros planos, *backgrounds*; todas tentativas de enquadramento do olhar do espectador. Em uma das primeiras cenas, dez pessoas acomodam-se em um divã onde cabem nove, em uma plataforma bastante inclinada. Esperam pelo alcaide, que traz uma carta do inspetor geral. O divã tem a sua frente uma grande mesa de mogno polido (o mogno vermelho lustrado usado pela aristocracia tsarista), à qual está praticamente encostado. O olhar do espectador é atrapalhado por essa mesa, e ele vê as pessoas sentadas no divã como que cortadas ao meio: só pode enxergar os seus rostos, as mãos sobre a mesa (que as reflete) e os pés, por baixo. As personagens estão desconfortáveis, apertadas, e dividem-se entre ansiosas e modorrentas: umas cochilam, outras fumam, soltam baforadas e até dormem. Os deslocamentos são difíceis, dada a inclinação do praticável. Os gestos são estudados. Assim transcorre uma longa cena de aparente pausa (à espera do alcaide), na qual, na verdade, o que ocorre é uma coreografia em contraponto dos movimentos de mãos, pés e expressões faciais. Um jogo cinematográfico, originado da observação de uma pintura[73], em que Meierhold exacerba, pela longa pausa e pela dança de movimentos, o significado inicial da cena.

É dessa maneira, jogando com elementos tão restritos – deslocamentos precisos, partitura vocal, música, gestos –, que Meierhold constrói sua composição polifônica no *Inspetor*. Orquestrando os elementos visuais e os sonoros, o encenador conseguia que o conjunto soasse audível tanto quanto cada parte dele. Para isso manteve-se atento o tempo todo às durações de cada parte, ao peso que cada cena teria no conjunto, exercitando seu senso de proporção, do qual já ressaltamos a

---

73 Um quadro de Albrecht Dürer, que Meierhold usou como modelo para a composição condensada de *O Inspetor Geral*; cf. V.E. Meyerhold, *Textos Teóricos*, p. 490.

importância, tão necessário para uma composição em polifonia. Por optar, diferentemente de *Bubus*, por não manter um fundo musical contínuo, Meierhold teve que salpicar o espetáculo com outras referências rítmicas, para que o elenco pudesse empreender sua interpretação no tempo preciso. Essas referências eram os próprios gestos, sons marcados pelos próprios atores – como passos e tilintar de copos –, vinhetas e interferências da música. Por vezes, os atores tinham a condução do ritmo nas mãos: o intérprete Aleksei Temerin, na pele do Médico, tinha a incumbência de atrapalhar o discurso do Prefeito, ministrando-lhe a toda a hora remédios e recitando frases em alemão. Esses obstáculos, forçando o Prefeito a querer superá-los, aceleravam a velocidade de seu discurso. Determinadas cenas eram coreografadas em detalhes, inclusive na forma de tratar o texto verbal, como atestam esparsas observações sobre os ensaios encontradas no artigo "O Inspetor", de outubro de 1925[74]. Tamanha era a perícia do encenador em reger cada piscar, cada movimento com pontualidade cronometrada, traduzindo as "frases" cênicas em medidas musicais, que o crítico Gvozdev chegou a apontar o espetáculo "como o modelo para uma futura reforma do teatro de ópera"[75].

As pausas também são incorporadas no ritmo da ação. A duas personagens, habitualmente representadas de forma ágil e divertida, Meierhold impõe suavidade e quase lentidão na fala: são pessoas que se consideram sérias, ele argumenta, e pessoas sérias são econômicas em suas atitudes. Ele não teme com isso perder a atenção do espectador, pois sabe que as durações e pausas cumprem uma função expressiva:

> Um ritmo rápido não significa obrigatoriamente falar como uma metralhadora. Pode-se construir de tal forma o texto, separá-lo com pausas, gestos, que, ainda que a enunciação seja suave, até lenta, o espectador se manterá em tensão, não achará monótono e a ele parecerá que o texto flui rapidamente. Essa é uma lei cênica geral.[76]

No artigo "O Inspetor", Meierhold narra como foi a construção da última cena, em um relato, a meu ver, muito esclare-

---

74   Cf. V.E. Meyerhold, *Textos Teóricos*.
75   Op. cit., p. 309.
76   V.E. Meyerhold, *Textos Teóricos*, p. 502.

cedor do pensamento geral que norteia a composição de todo o espetáculo.

Na cena final da comédia, as personagens (autoridades e elite de uma pequena cidade que, depois de corromperem e serem corrompidas por um falso inspetor, acreditavam ter se livrado da auditoria) são surpreendidas pela chegada do verdadeiro inspetor. O autor Gógol explicita: "Cena muda: todos se quedam imóveis. Permanecem assim por vários minutos."[77] O autor descreve cada postura adotada por cada personagem.

Meierhold deseja cumprir o que pede o autor, mas se pergunta como poderia preparar a chegada a essa cena – como construí-la sem, no entanto, demonstrar essa construção? Como apresentar essa grande pausa final? Decide, então, preparar para a cena um *crescendo* rítmico e dinâmico. Ao redor do palco, quinze portas também de mogno vermelho se distribuem em semicírculo, portas que foram utilizadas durante o espetáculo para entrada e saída dos atores do cenário central. Nesse momento final, o palco aparece inicialmente vazio, e pelas portas abertas ouve-se que em outro ambiente, fora de cena, há um festivo jantar. Em pequenos grupos, as personagens vão entrando, demonstrando estar embriagadas. O barulho em cena aumenta progressivamente, e tem início uma dança de pares, uma quadrilha. A dança e a música seguem acelerando, tomam todo o palco e a plateia, e quando todos bailam estrepitosamente, sobe vagarosamente do alçapão um pano branco, no qual está grafado o telegrama que anuncia a chegada do verdadeiro inspetor. Todos fogem em tropel para trás das portas do cenário que se fecham. Após uma pausa de segundos, interminável, a descida vagarosa do pano revela uma (hoje famosa) "cena muda", em que as personagens, tal como as descrevera Gógol, aparecem, em poses estáticas, demonstrando um movimento estancado, como que "colhido em meio" à sua realização – um pescoço torcido, uma mão levantada. Elas estão dispostas sobre as plataformas, que são puxadas até o centro do palco. Lá, agrupados, formam a massa compacta e silenciosa dos burgueses estúpidos e decadentes que o autor requisitara. Jogando com o *acelerando*, o *crescendo*

---

77 Ibidem, p. 495.

e a pausa, Meierhold consegue finalizar a peça com o clímax exigido pelo autor.

Montagem de Fragmentos

Há mais um aspecto da encenação de *O Inspetor Geral* que me interessa ressaltar. Trata-se do trabalho de montagem sobre fragmentos, tal como caracterizamos o termo no capítulo "Em Verso e Prosa".

Foi visto há pouco que, às cenas já existentes, foram acrescentados trechos de diversas obras de Gógol. Meierhold perscrutou na obra do romancista todos os exemplos de corrupção e podridão da administração tsarista em meados do século XIX, enxertando-os na encenação.

Com isso, ele apenas reitera uma prática sistemática de adaptar os clássicos à luz de uma nova época; prática que desenvolvia desde sua primeira companhia, a Sociedade do Drama Novo, logo após sua saída do TAM. A rigor, todos os textos, clássicos ou modernos, encenados por ele, foram de alguma forma retrabalhados, analisados, recompostos – sofreram cortes ou acréscimos, até que chegassem a compor uma nova obra, original, que cumprisse aqueles requisitos pelos quais o encenador sempre buscava: possibilidades cênicas antinaturalistas e conteúdo revolucionário. Hormigón estabelece um paralelismo com as adaptações efetuadas por Brecht, porque em ambos os casos a recusa a uma reverência histórica e ao sentimento arqueológico de reconstrução do texto visava "contemplar o passado com um novo olhar e legar a cada personagem novas funções, que permitam ao espectador ver a realidade com novos olhos"[78].

A iniciativa de adaptar textos e lidar com fragmentos, é mister que se diga, era comum na prática de encenação de sua época. Era fruto, como já foi visto anteriormente, da popularização da linguagem cinematográfica, assim como dos propósitos futurista e cubista, dos quais se imbuíram muitos encenadores e cineastas russos pós-revolucionários que remanejavam e adaptavam peças já existentes. Não se tratava,

78 Ibidem, p. 90.

repito, de reconstituir o passado, mas de atualizá-lo. No caso de Meierhold, tratava-se antes de tudo de oferecer, à maneira cubista, diversos pontos de vista sobre o mesmo tema, e de dessacralizar o texto, retirando-lhe a premissa de intocável, para que os outros signos teatrais também pudessem ganhar independência.

Essa montagem literária demandava, obviamente, uma metodologia de encenação que escapava à construção linear realista, exigindo do encenador também a criação de um "texto" pessoal, fruto de seu diálogo com o texto autoral. Segundo Odette Aslan, Meierhold não fabricava em geral diálogos suplementares, mas adicionava ao texto preexistente o que chamava de "segundo andar" da peça. Entenda-se com isso: tudo o que o autor já escrevera sobre o tema; ou seja, adicionar sua leitura pessoal com todas as associações que ela pudesse comportar, e traduzir tudo em procedimentos cênicos, isto é, repensar articulações, acrescentar personagens mudas que participavam através de pantomimas, introduzir coros e figurantes eventuais[79].

A opção por trabalhar com episódios, exercida igualmente em outros espetáculos[80], também se baseia nessa recusa a uma condução linear da trama. "Os episódios permitem ao teatro acabar com a lentidão do ritmo imposto pela unidade de ação e de tempo do neoclassicismo", afirma Meierhold[81]. Por "lentidão do ritmo" podemos entender a necessidade de verossimilhança das pausas psicológicas e das passagens de tempo naturalistas, não a duração temporal. Afinal, *O Inspetor Geral* chegava a durar quatro horas e, apesar dos propósitos do encenador, descritos ainda na época dos ensaios, de realizar uma obra enxuta, foi considerada pelos críticos uma obra cheia demais de detalhes, pausas, poses estáticas e pantomimas – os quais acabariam por retardar-lhe o ritmo.

Meierhold formatou a peça em quinze episódios, aos quais chamou de episódios-transformações, para assinalar as mutações dramatúrgicas do espetáculo. Isso não chegava a significar

---

79 Cf. O. Aslan, *O Ator no Século XX*.
80 Por exemplo: *A Floresta*, de 1924; *O Mandato*, de 1925; *33 Desmaios*, de 1935; e outras.
81 *Textos Teóricos*, p. 491.

que os episódios fossem completamente autônomos, como na obra de Brecht. Contudo, também nesse caso os elos lógicos de continuidade da intriga eram substituídos por elos associativos. Para construir esse jogo de associação entre os fragmentos, Meierhold lançou mão do que denominava pontes, que consistiam na repetição de determinadas réplicas, trechos de música ou jogos de cena. Essas repetições conseguiam estabelecer vínculos entre cenas separadas no tempo e no espaço em episódios distintos; serviam também para preparar cenas futuras, estabelecendo ainda no início do espetáculo certos códigos que só seriam reconhecidos pelo espectador posteriormente.

Esse procedimento musical é chamado de *variação*: a repetição, com modificações mais ou menos profundas, de um mesmo modelo. Não é um procedimento inédito, muito menos restrito ao encenador russo. Michael Chekhov chamou a esse jogo, como vimos, de "lei das ondas rítmicas", e seu exemplo era o "tema majestático" que se repetia três vezes na tragédia de *O Rei Lear*, de Shakespeare[82].

Nas artes cênicas, esse jogo é baseado no princípio do *leitmotiv* – termo que surgiu originalmente a propósito do drama musical wagneriano. Em música, o *leitmotiv* é um tema musical recorrente, uma espécie de refrão melódico associado, no decurso do drama musical, a uma personagem, uma situação, um sentimento, ou um objeto. Aplicado à literatura, trata-se de uma figura de repetição, imagem ou forma que retorna periodicamente para anunciar um tema, para marcar uma obsessão, para assinalar uma recorrência. No teatro, seus exemplos são abundantes; a comédia, por exemplo, é basicamente erigida em cima da criação de bordões e da repetição de elementos[83]. Toda variação, ou seja, toda repetição de um *leitmotiv* nunca é mera repetição; ela apresenta sempre alguma transformação, quiçá um aprofundamento do tema. O "tema majestático" de *O Rei Lear* que aparece três vezes sugere na verdade três diferentes contextos, com Lear rei, Lear

---

82 *Para o Ator.*

83 A repetição pode produzir dois tipos de efeitos cômicos: um é a "coisificação" do tema, expressão ou personagem, isto é, sua transformação em evento mecânico, tornado coisa, não natural, o que gera efeito risível para o espectador, que ri de tudo que foge à naturalidade; o outro é justamente a quebra da expectativa de repetição, que gera o riso – o caso das piadas de salão, que resultam em final catártico, justamente porque surpreendentes; cf. H. Bergson, *O Riso.*

destronado, Lear à morte. A frase: "Silêncio! Sou um homem do Partido!", dita pelo pequeno-burguês Guliatchkin, de *O Mandato* (1925), de Meierhold, traduz diferentes matizes da personagem, conforme o momento em que é dita: prepotência no início, perplexidade quase no fim, aniquilamento no final.

Patrice Pavis considera que esse procedimento é, efetivamente, musical, uma vez que sua função principal é a de criar uma familiarização, um efeito de repetição, sendo assim secundário o sentido da expressão que é a cada vez retomada: "Eis por que o tema não tem necessariamente um valor central para o texto global [...] Os *leitmotive* funcionam como código de reconhecimento e como índice de orientação para o espectador."[84]

De um modo geral, toda retomada de temas, toda assonância constitui um *leitmotiv*. A dramaturgia musical, ou seja, a música composta para a cena teatral frequentemente trabalha com esse princípio, atesta Livio Tragtenberg, no procedimento habitual de se criar um tema musical para cada personagem; este tema sofre pequenas variações de andamento, timbres e tonalidade de acordo com os diferentes estados de ânimo da personagem no decorrer da peça[85]. As encenações de Meierhold, notadamente *O Inspetor Geral*, adotavam esse princípio, formatados pela estreita colaboração do diretor com o compositor Gnessin. A peculiaridade é que o princípio musical do *leitmotiv* era adotado para além da trilha sonora, incorporando gestos, traçados espaciais, fragmentos de cena, de diálogo. Essa repetição funcionava exatamente para criar os elos associativos emocionais, as pontes entre os episódios que ele julgava necessárias.

O Grotesco

A "lei dos contrastes" fundamenta o famoso conceito de grotesco na obra meierholdiana. Para Meierhold, "a noção de grotesco não tem nada de misterioso. Trata-se simplesmente de um estilo cênico que joga com os contrastes e não cessa de deslocar os

---

84 P. Pavis, *Dicionário de Teatro*, p. 226.
85 Cf. *Música de Cena*.

176   RITMO E DINÂMICA NO ESPETÁCULO TEATRAL

planos de percepção", afirma ele na coletânea *Sobre o Teatro*, em 1913[86].

É interessante colher em Wolfgang Kayser algumas das pistas que parecem ter norteado os fundamentos de Meierhold na opção por esta forma estilística. Kayser, em um trabalho que empreende uma robusta história do conceito de grotesco e seu emprego como categoria artística, chama a atenção para as sutis variações do termo de acordo com a tradição de cada país. A palavra "grotesco", no original italiano (*la grottesca* ou *grottesco*) deriva de *grotta* (gruta), e foi usada para designar um estilo de arte ornamental, encontrada em fins do século xv, em escavações realizadas primeiramente em Roma e depois no restante da Itália. De substantivo que tentava delimitar um tipo de pintura ornamental antiga até então desconhecida, a palavra foi gradualmente ampliada até chegar a caracterizar uma categoria estética, passando a consistir em uma adjetivação. Na tradição francesa, a palavra se reveste de um caráter eminentemente cômico, burlesco, ridículo, que remete ao ser ou coisa disforme, destoante da ordem geral, do mundo tal como o conhecemos. Já a tradição alemã distingue o "espírito cômico" do "espírito grotesco", reconhecendo neste último uma forma de representação do real muito mais perturbadora, porque desloca a noção de real cotidiano e instaura um mundo onde formas híbridas, que mesclam os reinos animal, vegetal, humano e das máquinas, de forma não hierarquizada, se convertem em nova e ameaçadora ordem. Kayser entende que o grotesco consiste, assim, em uma "desordem" do mundo real, um deslocamento da antiga ordem – e não um descolamento total das estruturas vigentes. "O grotesco é o mundo alheado (tornado estranho)."[87] Para se tornar estranho, é preciso que nosso mundo familiar se transforme, apresente surpresas. Nisso Kayser discorda dos autores, como Christoph Martin Wieland (citado por ele), que definem o universo grotesco como um universo "paralelo" ao universo oficial, totalmente imaginário – portanto inofensivo.

Assim, parece-me que é por meio da tradição alemã que Meierhold entende e formula seu conceito de grotesco. Em um artigo intitulado "O Grotesco Como Forma Cênica", ele

---

86   V.E. Meierhold, apud A. Conrado, op. cit., p. 215.
87   *O Grotesco*, p. 159.

rejeita a definição do grotesco como a apresentação de eventos estranhos, monstruosos, unicamente em um estilo cômico, ou, ainda, como uma subclasse do cômico, e aferra-se à convicção de que se trata mesmo é de um deslocamento da percepção, do real[88]. Fica claro, na leitura desse texto, que, mais uma vez, o que o encenador almeja e reclama é pela teatralidade, pelo artificialismo teatral – como o de um nariz de cera inserido em meio a um quadro naturalista. Seus expoentes seriam os desenhos de Goya, os desenhos de Callot sobre a *Commedia dell'Arte*, os contos de terror de Poe e os autômatos de Hoffmann – não por acaso, os exemplos também levantados por Kayser. O componente essencial, em todos os casos, é o deslocamento súbito de percepção no espectador, deslocamento contínuo que não o deixa acomodar-se. "O repentino e a surpresa são partes essenciais do grotesco", afirma Kayser[89]. Para Meierhold, um exemplo de cena "grotesca" seria a seguinte:

> Em um dia outonal, chuvoso, pela rua se arrasta um cortejo fúnebre. Pela atitude que adotam os que seguem o féretro, se nota um profundo sentimento de condolências; de repente, o vento arranca o chapéu da cabeça de um dos abatidos acompanhantes. Ele se inclina a recolhê-lo, mas o vento o carrega de um lugar a outro. Cada pulo do compungido senhor atrás de seu chapéu obriga seu corpo a contorções tão cômicas que uma mão diabólica transforma de repente o tétrico cortejo fúnebre em multidão festiva.[90]

Impossível não lembrar da "missa cômica" de Nelson Rodrigues – imagem criada pelo dramaturgo reiteradas vezes em suas crônicas: que súbito estranhamento não se apoderaria dos fiéis presentes em uma missa na qual, de repente, o coroinha e o padre começassem a dançar! Para Nelson Rodrigues, a situação era indesejável. Para Meierhold, era o tipo de deslocamento essencial ao teatro.

A cena narrada por Meierhold exemplifica que o contraste criado não é o de temas, mas o de ritmos: o ritmo severo e fúnebre converte-se em um impossível ritmo ágil, pouco natural em uma situação fúnebre. Um dos fundamentos da comédia, essa

88 *Textos Teóricos.*
89 Op. cit., p. 159.
90 *Textos Teóricos*, p. 195.

inversão de ritmos foi amplamente trabalhada por ele também nos dramas, com o cuidado de que, em vez de suscitar o efeito cômico, suscitasse o efeito distanciado.

O conceito de grotesco amadureceu e ganhou diferentes matizes no decorrer da obra do encenador. No entanto, as bases lançadas nesse artigo são suficientes para nos mostrar que a escolha por esse, digamos, método de encenação se deve à extrema liberdade que o estilo carrega em amalgamar correntes, linguagens e eventos que, em um teatro naturalista, estariam "fora de contexto". A associação dos contrários em um jogo consciente das contradições deu-lhe a oportunidade de se tornar síntese e linguagem artística, superando a categoria de subproduto da comédia. Afinal, "não pode haver, em arte, métodos proibidos; existem somente métodos mal-empregados"[91]. Maria Thais declara:

> Ao conceder à obra de arte a possibilidade de associar livremente e de reunir conceitos dessemelhantes, Meierhold assumia a responsabilidade, por meio da ação unificadora do encenador, de estabelecer uma leitura, um olhar original, sobre o mundo e sobre o homem[92].

Nessa leitura original, o ator era rompido em sua totalidade psíquico-física, ao contrário do que ocorria no teatro naturalista, que almejava a integração de sentimento, pensamento e ação correspondentes. O ator deveria ser capaz de cindir essa totalidade, ser capaz de operar concomitantemente com diferentes níveis de percepção e expressão, amalgamar linhas de desenvolvimento na cena por vezes em linguagens díspares. Talvez ocorresse a Meierhold chamar a esse ator de "grotesco". Mas ele preferiu chamá-lo de biomecânico.

O Jogo Musical na Forma Teatral

Um último olhar sobre Meierhold será lançado para resumir o que foi discutido, condensar e lançar luzes sobre as formas de manifestação do jogo musical nos espetáculos do encenador.

---

91   Idem, em M. Thais, op. cit., p. 48.
92   Ibidem.

POLIFONIA, CONTRAPONTO, MEIERHOLD E O GROTESCO

O primeiro aspecto a chamar a atenção é a forma de pensar essa organização da encenação em camadas, em diversos planos significativos que, à maneira musical, jogavam o tempo inteiro com os acentos, com a qualidade de conferir ênfase em aspectos pontuais da encenação – uma determinada canção, a pausa para uma pantomima, um bordão de personagem, um balé coreografado – e, em contrapartida, com a criação de texturas, nas quais vários eventos ocorrem ao mesmo tempo. É como nos explica muito bem a definição de Murray Schafer:

> Há tempos em que apenas uma coisa é cantada ou dita; e há tempos em que muitas coisas são cantadas ou ditas. Desse modo, temos de um lado o gesto, o único evento, o solo, o específico, o perceptível, e, de outro, a textura, o agregado generalizado, o efeito salpicado, a imprecisa democracia das ações conflitantes.[93]

É fácil ratificar o quanto essa democracia das ações conflitantes está implícita no princípio de polifonia que orientava suas encenações, fosse no aspecto da harmonização – ou contraponto – dos diferentes signos apresentados na cena (as partituras de ator, a dramaturgia sonora, a ambientação visual, e finalmente o texto), fosse no trato com um ator, em si mesmo, polifônico, porque dotado da capacidade de lidar, também em concordância ou dissonância, com seus variados níveis expressivos – entonação e pausas, prosódia, desenho de movimento, relacionamento espacial, contracena, música etc.

Em *A Dama de Espadas*, de Púschkin-Tchaikóvski, encenada em 1935, reconhece-se o ápice dessa teoria que aspira por não fazer coincidir o tecido musical e o cênico sobre a base do metro, mas numa fusão contrapontística dos dois. A crítica da época reconhece o "ator autenticamente musical", que conserva interiormente uma liberdade de comportamento, mas liga-se de fato à música em complexo contraponto rítmico. Seus movimentos são por vezes invertidos em relação à música, acelerados, ralentados; há pausas estáticas sobre movimento rápido de orquestra e, em contrapartida, gestual rápido sobre pausa geral na música. É perceptível, nesse duelo com a música, o quanto o sincronismo inicial de Dalcroze já tinha sido superado: ao

93 *O Ouvido Pensante*, p. 247.

180   RITMO E DINÂMICA NO ESPETÁCULO TEATRAL

contrário do que este preconizava, os atores dessa montagem agitavam-se nas colcheias e ralentavam os movimentos nas semicolcheias. Na opinião de Picon-Vallin, "há nessa *Dama de Espadas* um balanço das pesquisas meierholdianas, seja no domínio da ópera seja no teatro musical, da 'musicalização do teatro'; todo o trabalho de Meierhold sobre a música no espetáculo serve tanto à ópera quanto ao teatro"[94].

Em *O Professor Bubus*, é a relação dos fragmentos de tempo, com durações diferentes, que suscita a emoção no espectador. Diversos exemplos de cenas de pantomima sem palavras, rigorosamente cronometradas, mostram-nos que Meierhold pensou o tempo como um significante prioritário, um produtor de significados por si só. A mímica, nesses casos, era acessória ao significante principal, que consistia na alternância de períodos de movimento e pausa – não o contrário.

Picon-Vallin ressalta, ainda, os jogos diretamente sobre música, tanto a música clássica – mais uma vez em *Bubus,* e seu fundo de acompanhamento contínuo – como o jazz, que é introduzido na Rússia em cena do Teatro Meierhold, na segunda temporada de *O Corno Magnífico,* de 1922, depois em *D.E.,* de 1924, de M. Podgaetsky, e de novo em *O Professor Bubus*. Meierhold ficou particularmente encantado por esse gênero musical em que o som e o gesto estão ligados, na mímica do rosto e do corpo do instrumentista, ainda mais quando este acompanha a execução do instrumento com exclamações vocais[95].

A dança, como tema e como técnica, é utilizada assiduamente nas encenações de Meierhold. Tratada nos ateliês com a mesma importância da biomecânica, a dança conferia ao ator habilidades plásticas e musicais distintas. Como tema, representava a diversão social coletiva de uma época, como as quadrilhas do *Baile de Máscaras,* de 1917, de Mikhail Lérmontov, e de *O Inspetor Geral,* de 1926. Picon-Vallin exemplifica, ainda, as ocasiões em que a dança era um meio de exprimir estados psicológicos particulares de determinadas personagens, naquelas cenas em que "a palavra já não podia dizer tudo", como Meierhold acreditava: danças de desespero, danças de exaltação, danças de triunfo.

94   B. Picon-Vallin, La Musique dans le jeu…, op. cit., p. 42.
95   Ibidem.

POLIFONIA, CONTRAPONTO, MEIERHOLD E O GROTESCO 181

Porém, é no tratamento dramatúrgico que a música mais contribui, talvez, para a encenação meierholdiana. Chamo de tratamento dramatúrgico o modo de organizar a cena, de articular suas partes, o que viemos discutindo nos capítulos anteriores, e que no caso de Meierhold se encontra profundamente impregnado por seu conhecimento musical. Os roteiros de encenação preparados pelo diretor demonstram que a obra teatral era pensada como uma obra musical (*opus*), estruturada com base nos procedimentos de introdução, exposição do tema principal, aparição de temas secundários, desenvolvimento, repetição do tema principal, culminância, final; e na qual a distribuição das cenas e dos acentos seguia as leis da forma da sonata, na qual uma parte lenta é intercalada entre duas rápidas. Um exemplo elucidativo é o roteiro de *A Dama das Camélias*, de 1934, cujos cinco atos foram divididos em episódios designados por termos musicais, cada qual pertinente ao colorido, ao ritmo ou à velocidade do episódio. Em Picon--Vallin encontramos a descrição de um deles:

> I Ato, 2ª Parte – *Capriccioso*
> *Lento*
> *Sherzando*
> *Largo e maestro*[96]

Ao designar os blocos de cena ("partes") de cada ato por denominações musicais, Meierhold demonstra que sua organização dramatúrgica se fundamenta na forma, na coloratura e na dinâmica da narrativa, não no sentido do texto. Por isso também o texto sofre cortes e acréscimos na montagem: deslocado de seu papel de centro aglutinador da encenação, ele também se sujeita às leis da sonata, à pulsação rítmica predeterminada, ao domínio do tempo.

O encenador deve sentir o tempo sem tirar o relógio do bolso. Um espetáculo é uma alternância de momentos dinâmicos e estáticos, e os momentos dinâmicos são igualmente de diferentes espécies. É por isso que o dom do ritmo me parece ser um dos mais necessários para o encenador. Não é possível montar um bom espetáculo sem uma noção exata do tempo de encenação.[97]

---

96 Ibidem.
97 Apud A. Conrado, op. cit.

Foi visto também que Meierhold adota muitas vezes o princípio do *leitmotiv*, um tema "condutor", por assim dizer, posto que é o responsável pela condução "emotiva" de um contexto específico – seja um personagem, um assunto, ou uma situação.

Todas as vezes que foi perguntado sobre qual seria o principal atributo do encenador, Meierhold respondeu que seria o domínio do tempo e o conhecimento musical. Ao longo de sua carreira, ele experimentou esse jogo de diferentes formas: com e sem acompanhamento de música, na ópera e no espetáculo recitativo, na mescla com o teatro de variedades, no formato em episódios, na autolimitação imposta ao trabalho do ator. O que nasceu como uma convicção, a de que só a música poderia tocar a esfera dos sentimentos, como acreditava Appia, tornou-se uma lei básica de encenação. Em 1927, declarava em alto e bom som que o diretor teatral que não fosse músico, que não tivesse um ouvido musical, não conseguiria montar espetáculo autêntico algum ("não me refiro à ópera, nem ao drama ou comédia musical, me refiro ao teatro dramático, onde não há acompanhamento musical"[98]). Ansioso por conseguir um meio seguro de controlar o tempo, desejoso de remover a oscilação e casualidade das representações, propôs-se a enxugar o trabalho cênico por meio de fórmulas e números, chegando a tentar compendiar seus axiomas em uma espécie de manual, que, no entanto, nunca foi publicado[99]. Clamava por um sistema de notação da montagem – uma partitura escrita, como a musical – e cogitou a invenção de uma mesa de comando, com alavancas e taquímetros, através da qual, como um maestro, ele regeria os atores, por sinais combinados, dependendo das reações do público a cada noite[100]. São ideias que hoje soam ingênuas, mas pertencem à linhagem de pensamento que pretendia banir o improviso da arte, conferindo-lhe leis próprias. Particularmente, partilho da crença de que, se não fosse precocemente impedido de perpetrar suas pesquisas, Meierhold teria possivelmente seguido uma trajetória como encenador na qual, por rigor rítmico e plástico, chegaria a abolir a música da

---

98 Ibidem, p. 254.
99 Cf. A.M. Ripellino, op. cit., p. 265.
100 Ibidem.

cena, sem jamais abolir um estreito senso de musicalidade. Para ele, o senso de musicalidade é que assegurava organicidade, rigor, espontaneidade e forma à linguagem poética da cena. Stanislávski também chegou a desejar um "regente elétrico", capaz de orientar seus alunos-atores a achar o "ritmo certo", e, portanto, a "emoção certa" da cena. A associação entre o ritmo da cena e o senso de verdade, essencial em sua psicotécnica, faz do reconhecimento de tal ritmo um dos pilares de edificação de seu famoso "Método".

A propósito, penso que já é hora de dedicarmos algumas considerações mais específicas a esse outro artista russo e seu Método ou Sistema.

6. O Ator Que Pulsa no Ritmo

Onde quer que haja vida haverá ação;
onde quer que haja ação, movimento;
onde houver movimento, tempo;
e onde houver tempo, ritmo.[1]

O Ator Múltiplo

Até aqui, foram apontados dois tipos de equívocos frequentes quando o assunto consiste no fenômeno da musicalidade no teatro. O primeiro é a tendência redutora de se considerar o sistema de ritmos de um espetáculo teatral uma mera questão de velocidade das réplicas e das ações. O outro é o de só reconhecer atributos de musicalidade em um espetáculo que ofereça canções ou trilha sonora musical, sem perceber que a musicalidade é o elemento organizador do espetáculo como um todo, na articulação e proporção entre suas partes, qualquer que seja sua estética.

Esse equívoco acontece também em relação ao trabalho do ator, de quem frequentemente se diz que é um ator "musical" quando, e somente quando, se reconhece nele uma técnica apurada para o canto ou o virtuosismo em um instrumento musical.

Não obstante ter sido eleito, especialmente no último século, o objeto preferencial de pesquisa nas artes cênicas, o ator ainda

---

1 C. Stanislávski, *A Construção da Personagem*, p. 222.

sofre, por sua própria natureza, a dicotomia de pertencer tanto ao universo inefável do espírito (no sentido original da palavra *spiritus*, o "sopro" divino da inspiração, que o dotaria de sensibilidade artística), como ao universo volitivo da aprendizagem cognitiva, que o leva, através de sistemas de treinamento e de prática, a conquistar terrenos que o "espírito" original não pode suprir. Justamente por descartar a tendência de considerar a habilidade artística uma manifestação, *a priori*, que dotasse o artista de alguma espécie de dom inato, as linguagens contemporâneas confiam a ele a possibilidade de adquirir saberes que o dotem de possibilidades expressivas cada vez maiores. Nesse terreno movediço entre o talento, a vocação e a aprendizagem, o ator ainda se vê às voltas com a expectativa de se tornar, cada vez mais, um artista completo, capaz de dar conta das múltiplas e interdisciplinares tarefas que o teatro contemporâneo lhe impõe: lidar com a palavra em verso e prosa; conquistar uma organização corporal fluida e equilibrada, dotada de resistência e flexibilidade; ter formação musical e boa versatilidade vocal; ser detentor de uma cultura geral ampla; converter-se em cidadão consciente e responsável pelo equilíbrio social; conhecer e se possível dominar uma gama diversa de tradições e convenções teatrais etc.

Não há como reverter, nem se deseja isso, esse processo de aprimoramento contínuo de novas demandas do artista do palco. Mas é preciso ressaltar a diferença de mentalidade, na formação pedagógica do ator, entre adquirir habilidades técnicas e imbuir-se dos elementos essenciais que cada disciplina artística – literatura, música, artes circenses, artes corporais, artes plásticas – oferece, no sentido de formar artistas múltiplos, não multivirtuosos.

Cada linguagem artística pode dotar o ator de elementos essenciais que contribuirão, de forma integrada, para sua formação contínua de intérprete. Vale ressaltar que a aquisição de habilidades não deve ser encarada como um processo fragmentado, e sim como um processo interdisciplinar de diálogo entre os pilares da criação artística. O estudo da música, das artes corporais, das artes visuais, não visa à formação de atores-músicos, atores-bailarinos, atores-cenógrafos etc. Visa à formação de artistas múltiplos, dotados de sensibilidade ao tempo e ao espaço, possuidores de um apurado senso de ritmo, dinâmica, timbre, altura, intensidade e também de forma, cor, espaço, volume, textura, plasticidade, destreza, tonicidade, equilíbrio, força, agilidade, flexibilidade; justamente os aspectos essenciais de cada linguagem, já citados.

Enfocamos alguns desses elementos, os quais foram mapeados em sua gênese no campo musical, pertinentes ao amplo e pouco esclarecido aspecto que se costuma denominar musicalidade. Embora creia ser desnecessário, parece conveniente ressaltar que esse aspecto não pode e não deve ser tratado tampouco como uma questão fragmentada, isolada dos outros elementos essenciais que conferem à obra teatral seu específico caráter de teatralidade. O que se vem tentando delinear aqui é justamente a imbricação dessas noções de plasticidade, dinâmica, ritmo, espacialidade etc., quer seja no tocante à escrita dramatúrgica, quer seja na composição cênica.

Por isso, é importante ter em mente que, somente para efeito de discussão, foram tomadas aqui em separado as noções de ritmo e dinâmica, que a partir de agora serão abordadas, segundo os olhares de Constantin Stanislávski e Rudolf Laban, no trabalho do ator. Sem jamais perder de vista a complexidade e o alcance do espectro de possibilidades que o assunto suscita, serão retomadas as teorias desenvolvidas pelos dois mestres, dois dos poucos que se dedicaram a tentar sistematizar procedimentos, processos e respectivos efeitos que estes aspectos suscitavam nos artistas e público de suas épocas.

O Tempo-Ritmo de Stanislávski

A questão se repete: da mesma forma que nos deparamos com a dificuldade de delimitar uma – ou poucas – definições possíveis sobre o ritmo, quando aplicado à arte musical, encontraremos dificuldade em apreender o conceito à luz da teatrologia – até porque poucos autores se aventuraram a fazê-lo.

Stanislávski foi um dos primeiros e maiores colaboradores para essa reflexão, com seu estudo sobre o que ele chamava de "tempo-ritmo" no trabalho do ator. Não pretendemos fazer uma exposição das ideias contidas nos dois capítulos de seu livro *A*

Construção da Personagem, nos quais ele explicita a questão. Há incontáveis estudos que problematizam e lançam luzes sobre o pensamento do velho mestre, incluindo um clássico brasileiro, o livro *Ator e Método* de Eugênio Kusnet que, embora não tenha sido jamais aluno ou ator de Stanislávski, foi-lhe contemporâneo e observou os efeitos, na prática e na academia, da influência dos ensinamentos do encenador russo no Ocidente.

Importa-me, não obstante, nomear quais papéis Stanislávski atribuiu ao ritmo na construção de sua técnica psicofísica, uma vez que esses papéis parecem ter passado a nortear boa parte da pesquisa atorial do século xx.

Para Vasili Toporkov, ator que ingressou aos 28 anos no Teatro de Arte de Moscou (tam), e que lá trabalhou sob a orientação de Stanislávski por onze anos, até a morte deste último, ninguém antes jamais soubera dizer com clareza no que consistia o trabalho sobre o ritmo para o ator. Toporkov descreveu em um livro os anos finais do trabalho do encenador, no qual alguns dos aspectos de seu processo criativo foram relatados pela primeira vez, dado que o próprio Stanislávski não chegara a publicar a totalidade de suas reflexões teóricas em vida[2].

A partir da constatação de que só encontrava, da parte de teatrólogos, diretores, atores e críticos, vagas generalizações sobre o conceito de ritmo, o ator russo constatou que a ideia do "ritmo" da cena era – como ainda o é, eu acrescentaria – confundida, de maneira imprecisa, com o "tom" da cena, o que no jargão teatral poderia significar sua temperatura "energética". Ele lança o exemplo, tantas vezes vivido por quem atua em teatro, da sessão do espetáculo que, em um determinado dia, corre arrastada, pesada, "abaixo do tom". Percebendo isso, o elenco pede, na coxia, ao ator que vai entrar em cena, que "levante o tom" com sua entrada – responsabilidade que, em geral, resulta em correria na fala e nos movimentos do pobre coitado! E, ao contrário, quantas vezes, sem se aperceberem como, os atores encontram uma justa adequação do "tom" da cena, sem que consigam dar conta da forma de repeti-lo todas as noites[3].

"Eu penso que o que eles estavam procurando corresponde à ideia que Stanislávski mais tarde definiu como ritmo", afirma

2   *Stanislávski in Rehearsal.*
3   Ibidem, p. 30.

Toporkov[4]. Para o mestre, a correspondência entre os sentimentos adequados à cena e os ritmos em que ela transcorre é que poderia lhe conferir o "tom" adequado. Isso valia tanto para a ação física, expressa em movimentos e fala, como na ação internalizada, aparentemente sem movimento. O exemplo mais famoso desse ritmo na imobilidade também vem do livro de Toporkov: em uma cena em que a personagem contava com pouquíssima ação física e só uma fala, o ator tinha que cultivar – e expressar – um forte sentimento que mesclava angústia e urgência. Stanislávski reclama que o ator não está sentindo o ritmo da cena, "não está de pé no ritmo certo". O estranhamento é total. Como ficar parado, em pé, "no ritmo certo"? Então o diretor orienta um exercício simples, no qual cabe ao ator ficar de pé e em vigília, com um porrete imaginário nas mãos, aguardando um rato sair da toca em um canto da sala. A uma palma do diretor, o rato imaginário passa por ele, e o ator tem que acertá-lo. Diversas tentativas são feitas, até o diretor reconhecer que o ator finalmente "pulsa" sua ansiedade em um ritmo correto, e está pronto para acertar o "rato" no momento em que este surgir[5].

O exercício faz vir à lembrança a expressão "estar decidido", com a qual o encenador Eugenio Barba alcunha um estado de prontidão do ator[6]. A capacidade de *estar decidido* é resultado, para Barba, de um treinamento de energias extracotidianas, que possibilitam a criação de um estado pré-expressivo (anterior mesmo, portanto, à expressão de um conteúdo), de prontidão do ator para responder aos estímulos da cena. Para ele, esse estado energético é conseguido pela modelagem do uso do tempo e do espaço. Ao fazer essa associação entre os pensamentos dos dois encenadores, tento colocar em evidência o fato de ambos atribuírem a "temperatura" energética do ator ao domínio consciente, ao uso apropriado, do sentido de ritmo da cena. Sem falar em "corpo dilatado" como Barba, Stanislávski reconhece no ritmo o fator de criação da tensão, do tônus, do "tom" apropriado da cena, necessariamente dilatado e distinto do corpo cotidiano. Um tônus verdadeiramente emocional e, ao mesmo tempo, físico.

4   Ibidem.
5   Ibidem, p. 31.
6   *A Canoa de Papel.*

Ritmo = Emoção?

Eis, provavelmente, o ponto central do interesse de Stanislávski sobre o ritmo: a associação imediata (reconhecida anos mais tarde pelas neurociências[7]) entre o ritmo e a emoção. Comecemos pensando que toda a estruturação do que poderia ser considerado o seu Método de Ações Físicas parte do pressuposto de que as ações materiais, concretas, resultam em estados psíquicos necessários à exequibilidade do trabalho do ator, ao qual concerne o necessário senso de credibilidade da cena – o sentimento de verdade. Em outras palavras, as ações físicas definidas por um objetivo proveniente das circunstâncias dadas pelo texto dariam ignição às emoções correspondentes a essas circunstâncias. Toporkov relata como, nos anos finais, Stanislávski já não acreditava que o trabalho sobre a memória das emoções pudesse consistir em um suporte para a repetição diária do ator, porque a memória, assim como as emoções, é volátil, de difícil fixação. As ações físicas, ao contrário, são passíveis de repetição, são passíveis até mesmo de serem fixadas em uma partitura. O trabalho sobre as ações físicas consiste em: criar uma sequência de ações, inspirada pelos objetivos imediatos das personagens, objetivos por sua vez emanados do texto; em seguida, modelar essa sequência em sua dinâmica, experimentando variações, alterações e repetições, até se chegar a uma partitura delineada em detalhes. Os estados emocionais criados seriam, necessariamente, resultantes desse processo. O exercício com o ritmo se converteria, dessa forma, em uma verdadeira ferramenta de trabalho, um meio material e tangível de acessar as emoções. "Vocês não dominarão as ações físicas se vocês não dominarem o ritmo", esclarecia o diretor, segundo Toporkov[8].

Nos dois capítulos destinados ao tempo-ritmo[9] que mencionamos, Stanislávski busca demonstrar, com diversos

---

7 As emoções são "processadas" (termo genérico que engloba um complexo sistema de operações que não cabe aqui descrever) nas mesmas redes neurais e no mesmo nível do córtex cerebral que o sentido do ritmo. Cf. O. Sacks, *Alucinações Musicais*.

8 Op. cit., p. 122.

9 "Tempo-Ritmo no Movimento" e "Tempo-Ritmo na Fala", ambos em *A Construção da Personagem*.

exercícios, que a aceleração e a desaceleração da velocidade em que uma mesma ação é executada chegam a alterar as imagens mentais de seu executor, sendo capaz, assim, de criar novos estímulos para a cena. Em uma já famosa atividade, o exercício da bandeja, o mestre exemplifica essa hipótese. Nele, o aluno que deve distribuir entre os demais atores diversos objetos, dispostos em uma bandeja, imagina para si contextos diferentes para aquela mesma ação, em virtude dos diferentes andamentos que o professor "bate" para acompanhar seus movimentos: o andamento lento lhe evoca uma solenidade, com distribuição de medalhas; o andamento acelerado lhe suscita a imagem de um garçom em uma festa, servindo bebidas; o acréscimo da síncope (deslocamento do acento) lhe faz supor que seu garçom está bêbado, posto que tropeça nas "frases" rítmicas. Em outro exercício, uma mesma cena – a chegada à estação para embarque em um trem – adquire contornos cada vez mais tensos com a aceleração progressiva do andamento. O professor pede também a seus alunos que reproduzam, com palmas e batidas de pés, uma história imaginária. Ou que tentem fazer coincidir, em suas falas, as sílabas tônicas das palavras com as ênfases na ação. São diversos os expedientes para fazer despertar, nos alunos-atores, o que Stanislávski chama de "sensibilidade" ao ritmo. Uma vez dotados dessa sensibilidade, os alunos poderiam até mesmo esquecer a necessidade de fazer recaírem as ênfases sobre os momentos certos – afinal esse fenômeno passaria a acontecer "naturalmente". Um "ritmo certo" da cena seria, então, "naturalmente" intuído. Uma vez adestrados na sensibilidade aos ritmos da cena, seus corpos e mentes já estariam *decididos*.

O único problema, nesse interessante raciocínio, é a premissa de que existe um ritmo "certo" que o ator precisa acessar – em contraposição a ritmos e sentimentos "inadequados" (sobre os quais o diretor chega a advertir). É preciso levar em consideração que, como de resto em todos os aspectos, a técnica de interpretação de Stanislávski se baseia em uma tentativa de apreensão de verdades emanadas do texto, ao encontro das quais o ator precisa aprender a caminhar, para despertar em si os sentimentos e objetivos "adequados" que lhe bem correspondam. Hoje, quando o texto dramático já tem perdida a sua prerrogativa de centro aglutinador do fenômeno teatral, quando já não é mais detentor de uma essência irredutível, seria no mínimo discutível nos atermos a essa busca por sua suposta verdade.

Outro problema, este bem lembrado por Ana Dias[10], é o da própria definição de "tempo-ritmo". Segundo suas considerações, o termo conjugado é eleito por Stanislávski, embora ele nunca justifique o motivo dessa escolha, aparentemente para "se desobrigar a especificar quando está mencionando apenas as pulsações que definem um andamento (logo, o tempo) e quando quer chamar atenção para o ritmo como agrupamento de valores de diferentes durações"[11]. Eugênio Kusnet pensa que Stanislávski elege o termo por entender que "os dois não podem existir em separado, a não ser em teoria"[12], e compreende que, pelas definições do autor, "o termo 'tempo' é igual à velocidade do ritmo"[13].

Concordo com Dias que essa compreensão, que emana das definições que Stanislávski usa para caracterizar cada um dos termos, é um tanto discutível, e de difícil apreensão para leigos e mesmo para não leigos. O problema maior não está, como ressalta a autora, na delimitação dos termos, sobre a qual, já vimos, é realmente difícil chegar a um consenso. O problema maior é a associação obrigatória do termo ao estabelecimento do compasso, portanto a um sistema métrico ocidental codificado, como parâmetro primordial. Stanislávski, ao estudar música e canto na juventude, chegou a sonhar por breve tempo em ser cantor de ópera. Tentou elaborar, com seu professor de canto daqueles anos, um sistema de treinamento baseado na música, como relata: "passávamos fins de tardes inteiros em movimentos, *sentados ou calados em ritmo* [...] Aqueles fundamentos então vagos eu vislumbrei também na cena dramática"[14]; uma antecipação dos exercícios que usaria posteriormente com seus alunos. De fato, foi a partir da forte impressão causada pelo trabalho realizado junto aos atores-cantores de ópera do Teatro Bolshoi que ele passou a dar mais importância ao trabalho com o ritmo. O uso sistemático do treinamento de fala e movimentos

---

10   Cf. supra, Em Verso e Prosa.
11   A. Dias, *A Musicalidade do Ator em Ação*, p. 54.
12   *Ator e Método*, p. 84.
13   Ibidem.
14   *Minha Vida na Arte*, p.132, grifo nosso.

O ATOR QUE PULSA NO RITMO 193

sobre durações definidas – semínimas, colcheias, semicolcheias etc.; a preocupação em fazer coincidir acentos lógicos e temporais; o uso da síncope; todos confirmam as bases métricas de seu trabalho com o ritmo.

Sabe-se, hoje, que Stanislávski conheceu Dalcroze e sua Eurritmia, chegando a assistir a uma apresentação de seus alunos no Instituto Jaques Dalcroze, situado em Hellerau, na Alemanha, em 1913[15]. Dalcroze, por seu turno, visitara a Rússia no ano anterior, onde ministrou algumas sessões de Ginástica Rítmica e assistiu à montagem de *Hamlet* no TAM, encenada por Edward Gordon Craig (que fora convidado por Stanislávski). Nada nos impede de imaginar o quanto esses dois criadores podem ter conversado, a ponto de Stanislávski ir à Alemanha conferir a escola de Dalcroze. Não é de se admirar, então, que os exercícios de tempo-ritmo sugeridos em *A Construção da Personagem* sejam tão familiares aos que conhecem o princípio de concordância entre métrica e movimento, acento musical e acento plástico, com que trabalha a Ginástica Rítmica.

Por conta disso, a grande dificuldade surge no momento de conduzir o ator no trabalho rítmico sobre a prosa. Se o verso possui, em si, uma musicalidade definida, tanto mais definida é a experiência dos pensamentos e das emoções subjacentes às palavras do texto. Já na prosa, que não conta com uma métrica regular, a busca por sua forma rítmica oferece maior dificuldade para se atingir essa clareza. De forma um tanto contraditória, o conceito de tempo-ritmo atrelado à métrica do compasso usado por Stanislávski distancia-se de sua aplicação nos exercícios em que busca reconhecer esse mesmo conceito na prosa e nos movimentos não dançados.

Um bom resumo da prática sobre a qual discorrem seu livro seria o que engloba suas tentativas em dois tipos de experiência. Uma seria a dos exercícios que visam reconhecer os ritmos apropriados de uma cena ou situação: os ritmos sugeridos pelas circunstâncias dadas pela história, ou seja, os que surgem "de dentro para fora". A outra seria a dos exercícios que traçavam o caminho inverso: a partir de tempos-ritmos aleatoriamente "batidos" pelo encenador, os alunos eram levados a imaginar

15 A. Dias, op. cit.

diferentes situações, em um exercício de criatividade a partir de um ritmo surgido "de fora para dentro". Ambos tinham a mesma finalidade: reconhecer a existência tangível de ritmos identificáveis, responsáveis pela criação dos estados emocionais. A partir daí, Stanislávski amplia a questão para o reconhecimento dos tempos-ritmos da peça inteira, ressaltando que eles podem, e devem, ser variados, múltiplos, e tanto mais interessantes quanto mais variados forem. Bons atores seriam, justamente, os que passeiam por uma grande diversidade de ritmos, tomando os devidos cuidados para não fazer sua atuação desandar no cabotinismo e na vaidade da própria técnica. Stanislávski remete sempre ao exemplo de Tommaso Salvini, ator italiano que foi seu modelo de observação e que era capaz de, com o uso apropriado de variações rítmicas e grande riqueza de entonações, evocar diversas imagens mentais e todo tipo de associações emocionais em seus espectadores, mesmo os que, como Stanislávski, ignoravam a língua italiana. Eis uma experiência que todos nós já tivemos oportunidade de confirmar: quando encontramos intérpretes em língua diferente da nossa capazes de fazer-nos acompanhar a narrativa pela coloração, dinâmica e plasticidade de sua atuação; como sucede, por exemplo, com quem acompanha uma performance, ao vivo ou filmada, de Dario Fo.

Tempo-Ritmo Interno Versus Tempo-Ritmo Externo

A despeito da predominância de uma ideia de ritmo atrelada ao compasso, penso que pode ter sido na imbricação de vários tempos-ritmos diferentes, nem sempre calcados na métrica, que Stanislávski fez uma de suas maiores contribuições à prática do ator. Refiro-me ao jogo de contraposições entre os tempos-ritmos das diversas personagens que atuam em uma mesma cena, que fazem lembrar o sistema de contraponto de Meierhold; e refiro-me, principalmente, à impressão de vivacidade e riqueza de detalhes que pode suscitar a discrepância entre os tempos-ritmos interno e externo da mesma personagem.

Se em personagens trágicas "imperam a certeza e a convicção de suas obrigações morais", estabelecendo uma linha rítmica dominante, Stanislávski lembra que, em uma personagem

O ATOR QUE PULSA NO RITMO

com um espírito como o de Hamlet, "onde a decisão luta com a dúvida", tornam-se necessários vários ritmos em conjunção simultânea. "Em tais casos, vários tempos-ritmos diferentes provocam um conflito interior de origens contraditórias. Isto acentua a experiência do ator em seu papel, reforça a atividade interior e excita os sentimentos."[16] Vários exemplos de cenas improvisadas por seus alunos reforçam a ideia de que uma complexidade muito interessante é criada quando, a um tempo-ritmo externo calmo, ponderado, corresponde um tempo-ritmo interior agitado.

Essa chave de compreensão abre, a meu ver, passagens para pesquisas laboratoriais sobre o trabalho do ator que serão desenvolvidas por encenadores e *performers* do século xx: a abordagem física, por vezes matemática, de um fenômeno que até então pertencia exclusivamente ao terreno do imponderável – o poder de concentração do ator, o jogo com suas emoções. Toda a linha de pesquisa intitulada antropologia teatral, por exemplo, se pauta na "dança das oposições" como um dos princípios radicais da pré-expressividade[17]. E, dentre essas oposições, está arrolada a oposição rítmica entre a ação interna e a externa. Em termos de convenção, de linguagem cênica, esse "tempo-ritmo composto", segundo Kusnet, "dá a verdadeira dimensão da contradição humana"[18]. Basta nos remetermos mais uma vez à Mãe Coragem de Helene Weigel, na cena em que precisa ocultar sua alta intensidade emocional com uma aparente tranquilidade gestual. Tal como também acontece na cena meierholdiana, a contradição humana se apresenta pelo contraste, pelo paradoxo da representação de uma pessoa em aparente estado de serenidade, que na verdade omite (ou se omite em) suas múltiplas motivações, diante de uma situação opressora demais, perturbadora demais, forte demais para ela.

A impressão que fica da leitura dos textos de Stanislávski é de que, diferentemente de Meierhold, ele pretendia menos que o ritmo fosse um instrumento de precisão de seus atores, e mais uma ferramenta para acessar estados emocionais sinceros. Entretanto, de maneira semelhante à de seu ex-discípulo,

16 *A Construção da Personagem*, p. 230.
17 E. Barba, op. cit.; E. Barba; N. Savarese, *A Arte Secreta do Ator*.
18 Op. cit., p. 91.

Stanislávski percebeu que a sensibilidade ao ritmo, ou aos ritmos, da encenação, era um dos meios mais poderosos para conseguir aquele rigor, aquele domínio "científico" sobre a obra de arte; preocupação que impregnava, como já foi visto, a prática desses e de outros pensadores do teatro. "Até mesmo a desordem e o caos têm seu tempo-ritmo", ponderou o diretor do TAM[19]. Os objetivos é que parecem ser diferentes nos dois casos. Para Meierhold, o domínio do tempo e a montagem das durações podem, por si só, comportar sentidos. Para Stanislávski, eles são um meio, um canal, para se atingir estados psíquicos. Na tríade pensamento-vontade-sentimento, sobre a qual repousa todo o sistema de interpretação deste último, o ritmo tem importância fundamental:

> O efeito direto sobre a nossa *mente* é obtido com as palavras, o texto, o pensamento, que despertam consideração. Nossa *vontade* é afetada diretamente pelo superobjetivo, por outros objetivos, por uma linha direta de ação. Nossos *sentimentos* são trabalhados diretamente pelo tempo-ritmo.[20]

Laban e o Tempo da Decisão

A correspondência entre estados emocionais e o tempo-ritmo não era novidade na época de Stanislávski. Na Alemanha, estava em curso no início do século XX um processo de consolidação da dança moderna, cuja linhagem se iniciara no Ocidente com Isadora Duncan e François Delsarte, e que tinha no húngaro Rudolf Laban, coreógrafo, pedagogo e pensador da dança, um emblema. Esse processo entendia a dança como manifestação de pulsões para o movimento nascidas da fusão de atitudes internas e estímulos externos, que lhe imprimiam as mais variadas qualidades expressivas; tal abordagem estabelecia uma ruptura com o olhar consolidado sobre a dança como um código postulado *a priori*, como no caso do balé clássico. As vertentes do trabalho de Laban e seus discípulos/sucessores, que foram das mais férteis que a arte ocidental já produziu, espraiaram-se das artes

19 *A Construção da Personagem*, p. 249.
20 Ibidem, p. 268.

O ATOR QUE PULSA NO RITMO

cênicas para a educação, os esportes, a terapia e as ciências cognitivas. Até hoje, seus desdobramentos influenciam as técnicas, linguagens e convenções da dança contemporânea e do teatro.

Quando estabelece relações entre os fatores constitutivos do movimento – Peso, Tempo, Fluência e Espaço – e os inter-relaciona, chamando de Esforço a pulsão interior que dá origem ao movimento[21], Laban conclui a associação entre impulsos psíquicos e fatores de realização no tempo e no espaço que Stanislávski, por exemplo, intuíra. Desconheço se os dois artistas chegaram a se conhecer, mas a correlação entre suas nomenclaturas e definições é imediata, mormente no tocante à abordagem dos aspectos dinâmicos e energéticos do trabalho do ator.

Laban considera que, quando organizados em sequências, os elementos do movimento compõem um ritmo. Até aí, não há novidade. Porém, é interessante que ele faça a distinção entre ritmos-espaço, ritmos-peso e ritmos-tempo. Na realidade, três formas que estão, obviamente, sempre associadas, apesar de cada uma delas ocupar um lugar de destaque em uma determinada ação[22].

Ritmo-Espaço

A categorização ritmo-espaço diz respeito ao uso das direções espaciais relacionadas entre si, as quais resultam em formas e configurações espaciais do corpo. São duas linhas preponderantes de combinação: na primeira, há um desenrolar sucessivo de mudanças de direção; na segunda, há ações simultâneas de alguns segmentos corporais. A distinção entre ações sucessivas ou simultâneas no espaço remete, imediatamente, às noções de melodia e harmonia na música; relação, aliás, que o pensador também efetua[23]. Em todo caso, estamos falando de formas e figuras que o corpo assume no espaço, ou seja, que supõem um ritmo visual no movimento. Curiosamente, não é à simetria ou assimetria das partes do corpo envolvidas na ação que Laban atribui esse ritmo – que seria o procedimento mais comum

---

21 Cf. R. Laban, *Domínio do Movimento*.
22 Ibidem, p. 195.
23 Ibidem. Alguma dúvida de que também Laban estudara música?

para nós, se buscássemos reconhecer o ritmo visual que emana de um cenário, por exemplo. Porém, ele se refere ao movimento, e o movimento é dinâmico, mesmo em suas pausas – o ritmo plástico é analisado, então, sob a ótica da realização dos movimentos no tempo.

Ritmo-Peso

Importantes são as correlações que Laban produz a respeito do ritmo-peso. Antes, contudo, é preciso esclarecer, para os que não são familiarizados com o vocabulário do Sistema Laban de Análise do Movimento, que o Peso é um dos fatores de movimento que diz respeito ao grau de energia, comumente dito "força", dispendida em uma ação física. Isso significa que diferentes níveis de força são necessários para ações corporais simples e complexas; níveis que vão dos mais leves – no caso dos movimentos flutuados, deslizados, esvoaçantes – aos mais pesados – nos movimentos de torcer, socar, empurrar, puxar, calcar etc. A mobilização da energia física, como em todos os Esforços, corresponde ao grau de motivação psíquica do ser movente. Quanto mais obstáculos, físicos ou emocionais, ele precisar vencer para realizar seu movimento ou ação, maior será o emprego de energia física ou emocional, de força. Se lutar contra o obstáculo, os movimentos resultantes serão enérgicos, com tônus elevado. Se abandonar-se ao peso, os movimentos resultarão pesados, "desabados". Se a resistência do obstáculo for pequena, o Esforço resultante dará impressão de leveza, suavidade. Essas são, é claro, as polaridades terminais de um campo de múltiplas possibilidades de gradação entre um e outro. Fica patente, também, o caráter altamente emocional que essa nomenclatura suscita, com sua terminologia de "força", "leveza", "abandono", "tensão".

O conceito de ritmo-peso é atribuído inicialmente ao valor emocional que os gregos davam a suas combinações rítmicas, que, como foi visto no início da presenta obra, consistiram na base de toda a sua cultura – da poesia, da música, da dança e, posteriormente, do teatro[24]. Para Laban, os gregos

24   Ibidem, p. 198.

O ATOR QUE PULSA NO RITMO 199

atribuíram significado definido a cada um dos seis ritmos fundamentais; sendo cada um deles expressão de uma disposição emocional[25]. Assim, padrões rítmicos de duração temporal assumiriam um caráter afetivo de acordo com a força (peso) sugerida pela disposição dos intervalos. Dessa maneira, uma nota longa seguida de uma curta (o troqueu) configuraria um "ritmo calmo, plácido, gracioso" se fosse interpretado como um som forte seguido por um fraco[26]. Essa é uma configuração tônica considerada, em música, como "feminina" (com a qual podemos associar o "final feminino" dos versos de onze sílabas em Shakespeare). O padrão oposto, o iambo, em que a uma nota curta segue-se uma longa, se for lido como um som fraco seguido de um forte, delinearia um ritmo mais agressivo, frequentemente empregado como o contraste masculino do troqueu. "É alegre e energético, sem ser rude ou beligerante."[27]

E assim continua Laban, caracterizando o dáctilo como "solene"; o anapesto como "uma marcha que indica avanços'"; o peão como "expressão de excitação e insensatez, evocando alternadamente estados de espírito aterrorizantes e lastimáveis. Aparece em danças de guerra" (me indago se seria o resultado de uma nota curta intercalada entre duas longas, como a desestabilizar o ambiente); e o jônio como "violenta agitação ou, ao contrário, depressão profunda" – expressão da embriaguez dos festivais dionisíacos, "em seu langor e desespero"[28]. A combinação desses seis ritmos fundamentais produziria ritmos cada vez mais complexos, que expressariam as disposições internas que permeiam a arte grega: "austera, beligerante, festiva, voluptuosa, terna, apaixonada, entusiasmada e sobrenatural"[29]. Digna de nota é sua noção de que esses ritmos "não apenas expressam estados de ânimo, como também *criam hábitos* de estado de ânimo, se forem repetidos com alguma frequência"[30]. A crença no caminho "de fora para dentro", isto é, na materialidade do movimento físico como sendo capaz de suscitar estados anímicos no intérprete, é um dos conceitos basilares do

25 Combinados, os seis ritmos fundamentais davam origem a todos os outros.
26 R. Laban, op. cit., p. 198.
27 Ibidem.
28 Ibidem, p. 198-199.
29 Ibidem, p. 199.
30 Ibidem, p. 200, grifo nosso.

RITMO E DINÂMICA NO ESPETÁCULO TEATRAL

pensamento de Laban, como parece ter sido do de Meierhold e, ainda que frequentemente mal-entendido, de Stanislávski.

Ritmo-Tempo

O pensamento do ritmo-tempo considera a atitude do ser que se move diante do tempo, atitude que pode ser caracterizada, de um lado, como uma luta contra o tempo – nos movimentos curtos e/ou súbitos –, e, de outro lado, por uma espécie de condescendência, também chamada indulgência, em relação a ele, através de movimentos lentos e sustentados. Isso significa que, da mesma maneira que nos outros fatores – Espaço e Peso –, pode-se "lutar" contra o Tempo ou "ser indulgente" com ele. Tanto faz se os ritmos produzidos pelos movimentos corporais são ou não marcados por durações de tempos determinadas, isto é, obedecendo ou não a uma métrica. As "partes" em que um fluxo contínuo de movimento é dividido podem ter comprimentos iguais ou desiguais, pulsação contínua ou irregular – elas sempre serão, quando relacionadas umas com as outras, consideradas indulgentes ou resistentes ao tempo. Em outras palavras, serão mais "aceleradas" ou "desaceleradas" no tempo, sempre que comparadas umas em relação às outras.

Ciane Fernandes atenta para o fato de que os termos originais *quick* e *sustained*, usados por Laban, traduzidos como "súbito" e "sustentado", já denotam uma atitude interna de aceleração ou sustentação do tempo, portanto aspectos qualitativos; os termos "rápido" e "lento" poderiam, segundo a autora, reduzir a questão a aspectos mais quantitativos[31]. Ainda assim, Fernandes entende que, sendo as qualidades de movimento dinâmicas, "como o próprio nome indica, refletem [sempre] uma mudança [...], nas gradações entre *condensada* e *entregue*"[32]. Por isso, ela prefere usar a terminologia "acelerado" e "desacelerado", em substituição a "súbito" e "sustentado". Justamente para expressar o amplo espectro de graduações

---

31 *O Corpo em Movimento.*
32 Ibidem, p. 102, grifo nosso.

possíveis entre o tempo mais rápido e o mais demorado em que um movimento pode ser realizado, estando ambos os polos nas extremidades dessa variação.

Mais uma vez, ressalto que aos fatores componentes do movimento Laban sempre associava um estado emocional e uma qualidade resultante do movimento. De acordo com Lenira Rengel, que compendiou toda a bibliografia mais significativa a respeito do sistema do coreógrafo, a tarefa do fator Espaço é a comunicação, e a atitude interna que desperta é a *atenção*. O Peso, fator que traz o aspecto mais físico da personalidade, é o que dá ao agente estabilidade, proporciona segurança, é auxiliar na assertividade. Desperta o grau de *intenção* necessário para a realização da tarefa. E o Tempo, relacionado a um aspecto mais intuitivo da personalidade, atua na *decisão*. "O indivíduo que aprendeu a relacionar-se com o Espaço, dominando-o fisicamente, tem Atenção. Aquele que detém o domínio de sua relação com o fator de esforço Peso tem Intenção; e quando a pessoa se ajustou no Tempo, tem Decisão", diz o próprio Laban[33].

O Fraseado Expressivo e o Acento

Além das disposições internas que motivam a realização dos Esforços, o estudo do ritmo e do relacionamento com o tempo suscita outro aspecto importante da análise de movimentos efetuada por Laban: a composição do Fraseado Expressivo.

Uma "frase de movimentos" é o desenvolvimento de uma ação que responde a uma estrutura de organização intrínseca a ela; portanto, trata-se de uma sequência de movimentos que tem uma lógica interna. Na linguagem corporal, uma frase de movimento completa é composta pelas fases de *preparação*, *ação* e *recuperação*[34]. Ações corporais simples, como sentar-se em uma cadeira, pegar uma caneta ou beber um copo d'água, constituem frases de movimentos. Trechos de coreografia que combinam as ações de sustentar, cair, recolher e expandir,

---

33 Apud L. Rengel, op. cit., p. 131.
34 L. Rengel, op. cit.

articuladas em complexos movimentos corporais e rítmicos também são frases de movimento. A diferença imposta por sua sistematização é a atribuição de qualidades expressivas a essas frases, de acordo com a distribuição de acentos.

Mais uma vez, voltamos ao princípio de que toda pulsação contínua, sem mudanças rítmicas, produz um fluxo regular que leva à monotonia. Em todo movimento pode ser reconhecida, em princípio, uma polaridade bifásica, como a pulsação binária em música, e, no caso do movimento físico, de esforço/recuperação[35] – como as polaridades dormir/despertar, trabalho/descanso, condensação/dissipação da tensão, luta/indulgência[36]. A partir do estabelecimento dessa célula inicial, as ações vão se tornando mais complexas, até chegarem a formar um padrão de comportamento – no caso da dança e do teatro, comportamentos codificados. A riqueza expressiva desse comportamento reside no fato de que, como em música, a pulsação básica é enriquecida, quebrada, retomada e variada por seus desdobramentos rítmicos e pela distribuição de acentos.

Quando ocorre essa distribuição de qualidades expressivas na frase de movimento, ela passa a ser considerada, na terminologia de Laban, um Fraseado Expressivo[37]. É em função da colocação do acento que Laban faz a classificação do Fraseado Expressivo. Esse acento pode ser uma intensificação de qualquer um dos fatores do movimento – uma intensificação do Peso, uma aceleração do Tempo, uma mudança na direção espacial, um súbito controle da fluência livre. Ou, ainda, uma reversão no fluxo do movimento (outras quedas após uma queda, quando se esperava uma recuperação); uma pausa; uma mudança súbita de tônus. Ou seja, à semelhança dos acentos musicais, os acentos do movimento podem ser rítmicos, plásticos, dinâmicos; e, nesse caso, espaciais. Sua colocação na frase resulta nas seguintes possibilidades:

1. Quando o acento recai sobre o início da frase, ou o movimento inicia com uma qualidade expressiva intensa que

---

35 O termo "esforço" é aplicado em seu sentido mais corriqueiro, de ação física vigorosa, não com a conotação que tem na gramática labaniana.

36 I. Bartenieff, *Body Movement*.

37 C. Fernandes, op. cit.

diminui gradualmente, temos a sensação de que um impulso inicial foi tomado. Por isso o Fraseado, nesse caso, é *Impulsivo*. Exemplos de Fraseado Impulsivo são: o lançamento de um pião que gira até parar; um grito que vai esmorecendo ao final; o início da *Sinfonia nº 25 em Sol Menor*, de Mozart, que "ataca" com todos os instrumentos em dinâmica de *forte* para *decrescendo*.

2. Quando o acento recai sobre o fim da frase, o movimento inicia "morno", vai gradualmente se intensificando, até atingir um clímax no fim. A sensação é a de um impacto ao final, como um soco, um golpe, o disparo de um arco. Metaforicamente falando, é o suspense revelado no fim do filme, a descoberta do "assassino". Desse Fraseado se diz que é *Impactante*.

3. Na frase com *Balanço* há um aumento gradual da intensidade expressiva, que depois arrefece, como um clímax seguido de um anticlímax. Ou seja, o acento está "em meio" à frase. Assim como um movimento pendular (embora não seja necessariamente simétrico), ele estabelece certo equilíbrio na distribuição das expectativas do movimento. A maior parte dos textos dramáticos, mormente os realistas e naturalistas, comporta esse tipo de "curva". Outros movimentos que se distinguem por igual importância nas fases de preparação, realização e recuperação: lançar uma bola com qualquer parte do corpo; executar uma *pirouette* (pirueta) no balé clássico; iniciar, acelerar e desacelerar uma corrida.

4. Vários acentos de igual importância, distribuídos ao longo da frase, formam o Fraseado do tipo *Acentuado*. Ele comporta uma série de ênfases. Esse tipo de acentuação produz uma sensação de regularidade, sem ser tediosa. As encenações que trabalham cenas como unidades autônomas, como as de Brecht, ou os textos organizados em quadros/ fragmentos, como os discutidos anteriormente, distribuem dessa forma seus acentos.

5. Quando a frase não altera seu grau de expressividade do início ao fim, o Fraseado é *Constante*, seja ele em pausa ou movimento. Tenhamos em mente o quanto são necessários

esses momentos em uma cena ou coreografia. (A acentuação infinitamente variada produz o mesmo efeito de acomodação da atenção que a não variação contínua.)

6. E, finalmente, uma frase com movimentos quase imperceptivelmente acentuados, de forma constante, produz um estado *Vibratório*. São os movimentos vibrados.

Considero que o estudo do Fraseado, por parte do ator-bailarino, não só é um dos maiores instrumentos de precisão e autonomia na composição de suas partituras psicofísicas, mas é também em si um estimulante generoso para seu processo criativo. Em um exercício de abstração, esse conceito tão eminentemente plástico, físico, pode ser ampliado para as estratégias de análise de texto, para a composição dos jogos de cena, para a criação de estados corporais e emocionais específicos. Pensando dessa forma, analisar uma cena sob a ótica de seus acentos, tentando decifrar um caráter impulsivo ou impactante, pode abrir surpreendentes caminhos para o intérprete e o encenador. A ambos seria dada a opção de, em vez de percorrer intrincados meandros psicológicos na análise de personagem, buscar fazê-lo através do ritmo e da respiração do texto, reconstituindo aos poucos um sentimento integrado na maneira de dizer esse texto. Da mesma forma, organizar uma cena levando em conta seus acentos principais e secundários, constantes ou irregulares, faz tangível, palpável, aquele aspecto imponderável do teatro que permanece ainda quase sempre sob o domínio da intuição: como prender a atenção do espectador?

7. De Partituras e Pausas

Fraseado Expressivo, desenho de movimento, partitura corporal, partitura de ator... Essas expressões similares, usadas em contextos diferentes, traduzem uma busca pela autonomia de pesquisa do trabalho atorial que tem polarizado as investigações estéticas desde a virada do século XIX para o XX. A noção de *partitura de ator* sempre trouxe consigo duas questões problemáticas. A primeira é a sua própria delimitação, porquanto ela pode diferir ligeiramente do termo original na teoria musical. A segunda é lidar com a ideia de limitação, de engessamento, com a qual se debatem os que adotam esse conceito.

Na música, *stricto sensu*, a partitura consiste em um sistema de notação que permite reproduzir melodia, harmonia e ritmo da composição, por meio de símbolos gráficos que indicam tonalidade, duração, pausa, timbre, expressão, andamento, acentos etc. A dança e o teatro sempre se confrontaram com a dificuldade de encontrar um meio de notação similar, que pudesse dar conta também da presença, frequência e intensidade de todos os elementos do acontecimento cênico-corporal. O texto dramático, frequentemente o único "documento" que subsiste à encenação teatral, constitui uma partitura restrita, que indica predominantemente a sucessão de eventos que se

206 RITMO E DINÂMICA NO ESPETÁCULO TEATRAL

desenrolam, as relações nexo-causais entre eles (quando existem) e os diálogos resultantes dessas relações (também quando
existem). As didascálias são iniciativas do autor dramático de
pontuar os climas, ritmos e disposições espaço-temporais da
encenação. Tentativas que nem sempre logram êxito na encenação, diga-se de passagem, uma vez que novos dramaturgos (encenador, atores, equipe de criação) remodelam o texto
dramático. É certo, entretanto, como observamos antes, que a
estrutura formal do texto, sua sintaxe e pontuação, que incluem
tanto as réplicas como as didascálias, indicam uma partitura
de respirações, impulsos e retrocessos no movimento e na
fala. No teatro contemporâneo, é possível identificar, segundo
Patrice Pavis, autores que empreendem um trabalho específico
de notação dramatúrgica, elaborando seus textos dramáticos
de forma a explicitar as pausas e encadeamentos, as cadências,
ligações, tempos rápidos e lentos[1]. Os exemplos citados pelo
autor são de autores franceses; Michel Vinaver é um dos que
já podemos ler em tradução para o português.

Entretanto, ainda parece ser pouco factível um sistema de
notação que dê conta das inúmeras vozes que ecoam no espetáculo, cada uma delas com discurso próprio. A semiologia do
teatro, da qual Pavis e Anne Ubersfeld são dois dos autores mais
divulgados em língua portuguesa, dedica seus esforços para analisar o fenômeno teatral na decupagem de suas unidades de linguagem. Entretanto, a não ser por esparsas iniciativas, não me
parece ser o propósito desse campo de estudo empreender um
projeto de criação de uma grafia do espetáculo, projeto que, sob
meu ponto de vista, continua soando como ingênua tentativa de
apreensão de um fenômeno, por natureza, irrepetível.

No campo da dança foram feitos alguns empreendimen-
tos nesse sentido, dos quais o sistema de Laban é um dos mais
notáveis. Laban dedicou uma parte considerável de suas pesquisas a esse propósito, e a partir delas seus colaboradores chegaram a cunhar duas vertentes de observação e registro do
movimento: a *Labanotação* (*Labanotation*), e a *Labanálise* ou
Sistema Laban de Análise do Movimento (LMA)[2], esta última
já abordada. Ambas consistem em ferramentas com dupla

---

1 *Dicionário de Teatro*, p. 280.
2 L. Rengel, *Dicionário Laban*.

DE PARTITURAS E PAUSAS

função: reconhecer as principais características do movimento no ato da performance e permitir sua posterior reprodução. A Labanotação tem o propósito de funcionar como um registro o mais exato possível de uma coreografia (sequência, partes do corpo que se movem, deslocamentos, gestos), deixando os aspectos mais qualitativos a cargo da sensibilidade de quem a reproduz. O Sistema Laban investiga, além disso, as qualidades mais importantes ou elementos mais enfatizados, e deixa uma margem mais abrangente de liberdade para a ressignificação do movimento pelo intérprete.

No teatro, o termo "partitura" tem sido usado muito mais para designar o procedimento de composição da cena/personagem, em si, do que visando sua posterior representação por outrem. Stanislávski usa a expressão quando se refere à sequência exata, detalhada, de ações físicas que o ator executa na consecução dos objetivos da personagem. Na fase final de sua vida, em que investigava um método de interpretação baseado nas ações físicas, a delineação dessa partitura de gestos, pausas, micro e macroações, deslocamentos, movimentos e até palavras (a princípio improvisadas, depois as do texto) ainda obedecia à lógica do enredo. É com Jerzy Grotowski que o termo alcança maior abrangência, pois, partindo da premissa das ações físicas stanislavskianas (das quais se considera uma espécie de "sucessor"), ele atribui a esse trabalho de composição do ator uma importância axial na montagem dramática – à qual ele incorpora o trabalho sobre materiais diversos, como memória, associações mentais, improvisação e rigorosos exercícios psicofísicos de despojamento de entraves e autolimites[3].

A partir da colaboração com o diretor polonês, Eugenio Barba adota esse viés de trabalho com seus atores do Odin Teatret. Em sua experiência, relatada no livro *A Canoa de Papel*, ele problematiza a questão, definindo as implicações do termo "partitura", seu procedimento de trabalho, comparando-o aos de outros encenadores – dos quais Meierhold é um dos exemplos mais citados – e rebatendo o temor de que a composição dessa partitura representasse risco de "congelar" o ator em estruturas que, uma vez fixadas, tornar-se-iam definitivas.

3   J.D. Freitas, *O Que o Ator Revela em Sua Ação?*

208 RITMO E DINÂMICA NO ESPETÁCULO TEATRAL

Essa foi, de forma efetiva, uma das mais constantes críticas dirigidas a Meierhold por seus opositores[4]. O encenador respondeu com sua convicção de que a assimilação de um certo número de regras, como em todo jogo, libera a imaginação e convida o ator a aproveitar a abertura, mínima, porque em um tempo/espaço autolimitados, dessa margem de liberdade. "A assimilação das regras lhe dá, enfim, e sobretudo, talvez a possibilidade de transgredi-las", afirma Picon-Vallin a respeito do ator meierholdiano[5]. É nessa oscilação entre "a utopia da improvisação e a do rigor científico", ainda segundo ela[6], que consiste a perfeita associação, para o encenador, do ideal de habilidade do novo ator biomecânico.

A questão interessa profundamente aos pesquisadores do Ista[7], que partem da premissa de que a composição de partituras psicofísicas é a base para a confecção do *texto de ator*, como o chama Luis Otávio Burnier[8]. Tal texto, por sua vez, contribuirá decisivamente para a composição da partitura cênica final do espetáculo. "A alma, a inteligência, a sinceridade e o calor do ator não existem sem a precisão forjada pela partitura", reitera Barba[9].

Uma vez que essa questão é pertinentemente discutida em vários de seus escritos, recorremos apenas aos aspectos da composição da partitura, os quais podem nos auxiliar no entendimento da importância das pausas no conjunto final.

O Ator Como Escultor

Para Barba, o termo "partitura" implica que, a partir de uma "forma geral da ação, isto é, seu ritmo em linhas gerais, com início, meio e fim determinado"[10], pode-se especular (e especular,

---

4   Cf. M.Thais, *Meierhold*; J.A. Hormigón, em V.E. Meyerhold, *Textos Teóricos*.
5   Meierhold e a Cena Contemporânea, em F. Saadi (org.), *A Arte do Teatro*, p. 64.
6   Ibidem. p. 47.
7   International School of Theatre Anthropology, grupo de pesquisadores liderados por Eugenio Barba que se dedica à Antropologia Teatral, que consiste no estudo dos princípios do uso extracotidiano do corpo e sua aplicação ao trabalho do ator e bailarino em situação de representação; cf. E. Barba; N. Savarese, *A Arte Secreta do Ator*.
8   Cf. *A Arte de Ator*.
9   *A Canoa de Papel*, p. 182.
10 Ibidem, p. 174.

DE PARTITURAS E PAUSAS 209

nesse caso, implica experimentar, cambiar e abandonar caminhos) sobre o *dínamo-ritmo* (expressão que ele usa para conjugar qualidades de intensidade e ritmo) de cada segmento. É o trabalho sobre as velocidades, intensidades e amplitudes das ações, que estabelece sua dinâmica de acentuações, suas partes fortes e fracas, sua métrica[11]. A formulação final da partitura implica: a precisão dos detalhes uma vez fixados – mudanças de direção, variações na velocidade, diferentes qualidades de energia, segmentos do corpo usados, em uma formatação muito próxima da observação proposta pelo Sistema Laban; e a orquestração entre diferentes partes do corpo, as quais podem atuar em consonância (na qual todas as partes concorrem para compor uma única ação físico-vocal), em complementaridade (a forma geral tem uma característica expressiva, e uma parte do corpo atua com discrição em uma qualidade contrária) ou em contraste (profunda divergência de qualidade entre as partes do corpo ou entre corpo e voz). Como se pode deduzir, Barba, pesquisador de tradições teatrais, embebeu-se nas fontes de Dalcroze, Meierhold, Laban e Delsarte.

O que pode nos interessar neste ponto é o conceito de que a partitura de ações, além de ser um conceito psicofísico que engloba o impulso interno aliado ao movimento externo, supõe um trabalho consciente de manipulação, de modelagem das qualidades expressivas do movimento. Poderíamos considerar, como o faz Patrice Pavis, que nesse caso também o ator se torna o realizador de uma montagem, no sentido fílmico, mesmo, do termo. Trabalhando conscientemente sobre a sua partitura,

ele compõe seu papel a partir de fragmentos: [podem ser] índices psicológicos e comportamentos para a atuação naturalista, que acaba por produzir, apesar de tudo, a ilusão da totalidade; [podem ser] momentos singulares de uma improvisação ou de uma sequência gestual incessantemente reelaborados, laminados, cortados e colados para uma montagem de ações físicas em Meierhold, Grotovski ou Barba[12].

As qualidades expressivas modeladas em uma partitura, se adotarmos apenas o vocabulário de Laban como referência,

11 Ibidem.
12 *A Análise dos Espetáculos*, p. 57.

210 RITMO E DINÂMICA NO ESPETÁCULO TEATRAL

abrangem: Peso, Tempo, Espaço e Fluência – e seus conceitos derivativos, de equilíbrio, oposição, dilatação etc. De acordo
com o recorte estabelecido aqui, tomaremos como nosso último
assunto o trabalho de significação sobre um dos elementos ope-
rantes nessa partitura, componente de igual importância na atribuição do ritmo (ou dínamo-ritmo, expressão a meu ver bem
feliz) no trabalho do ator: o trabalho sobre as pausas.

O Som e o Silêncio

José Miguel Wisnik tem um jeito poético de discorrer sobre a
complexidade da onda sonora, no capítulo "Física e Metafísica
do Som" de seu livro *O Som e o Sentido*: sabendo que o som
é onda, compreendemos que ele é o produto de uma sequência rapidíssima e geralmente imperceptível de impulsões (que
representam a ascensão da onda) e de quedas cíclicas desses
impulsos – momentos de repouso seguidos de sua periódica
reiteração. A onda sonora, vista como um microcosmo, contém sempre a partida e a contrapartida do movimento, ao que
Wisnik associa o princípio do tao oriental, que em si contém o
ímpeto *yang* e o repouso *yin,* ambos coexistindo na totalidade
de todas as coisas. "A onda sonora é formada de um sinal que
se apresenta e de uma ausência que pontua desde dentro, ou
desde sempre, a apresentação do sinal", comenta o autor[13]. Não
há som sem pausa, até porque o tímpano auditivo entraria em
espasmo se assim o fosse. O som é ao mesmo tempo presença e
ausência, e consequentemente está, ainda que de forma imperceptível, permeado de silêncios.

A peculiaridade da onda sonora, que em última instância é
um meio transmissor de energia, parece de certa forma impregnar, poeticamente, as práticas de teatro orientais, pelo menos
as que temos podido observar com mais frequência. Devido ao
recorte temático deste estudo, não me dedico à tarefa de tentar
decifrar os códigos de interpretação e as convenções teatrais
de tantas tradições culturais riquíssimas, como o teatro nô, o
kabuki, o *kyogen* e o teatro de bonecos *bunraku* japoneses; nem

---

13 *O Som e o Sentido*, p. 18.

DE PARTITURAS E PAUSAS

o teatro chinês ou o vietnamita. Consolo-me com a existência de um número cada vez maior de trabalhos publicados por pesquisadores ocidentais que tentam lançar luzes sobre tradições tão peculiares a éticas e filosofias de vida cujos fundamentos ainda nos escapam. Faço uma alusão breve a essas tradições menos com uma pretensão etnográfica e mais no intuito de lembrar que, à semelhança da filosofia taoísta, ou, antes, formada nela, muito do teatro oriental se alimenta da ideia dos opostos complementares e, principalmente, do trabalho sobre as energias do ator e da cena baseado na complementaridade entre pausa e movimento.

A observação e o conhecimento do teatro oriental talvez tenham embasado a importância que Meierhold atribuía à pausa no trabalho do ator. De maneira análoga à descrição de Wisnik, ele enfatiza, em 1914, que "a pausa não significa ausência ou interrupção dos movimentos, assim como na música a pausa contém em si o elemento de movimentação"[14]. Essa importância é capital para entendermos não somente os momentos em que a imobilidade e a pausa estática deram o tom de suas montagens, como nas encenações simbolistas das peças de Maeterlinck, mas também no conceito de *freamento do ritmo* que dominava a técnica de movimentos de seus atores instruídos na biomecânica.

Pausas-em-Vida: Freando os Ritmos

O "freamento do ritmo" é um termo cunhado pelo próprio Meierhold, e dizia respeito à capacidade de manipulação do tempo da atuação, pelos intérpretes, de forma a moldar uma cena não naturalista e calcada na precisão. Foi interpretado pelos pesquisadores Eugenio Barba e Nicola Savarese de forma bem interessante, em suas análises etnometodológicas sobre técnicas e convenções teatrais. O freamento seria, no entendimento deles, a técnica de autolimitação da energia, no tempo e no espaço, da ação física do ator, que condensaria, em um átimo de duração temporal, toda a sua energia potencial, antes

---

14 Meierhold apud M. Thais, *Na Cena do Dr. Dapertutto*, p. 402.

RITMO E DINÂMICA NO ESPETÁCULO TEATRAL

da realização da ação, em si. Barba e Savarese ilustram, com o exemplo do teatro nô, que tradicionalmente recorre à máxima de que, em uma ação cênica, três décimos devem acontecer no espaço, e sete décimos, no tempo. O que equivale a dizer que uma grande condensação de energia latente, potencial, fica retida na pausa antes e após a realização da ação, e um mínimo grau é liberado na efetiva realização espacial, visível, da mesma[15].

Para Meierhold, essa condensação da energia muscular e afetiva do ator também toma a forma de uma contenção, de um momento em que a ação física, ou melhor, psicofísica, é retida, por brevíssimos instantes, antes que sua energia seja liberada.

No treinamento biomecânico, os atores são instruídos a, conscientemente, responder a cada estímulo dado na cena com uma ação física que envolva a totalidade do corpo, mas que seja segmentada em uma série de fases bem delimitadas, com princípio e fim demarcados. Cada fase passa, necessariamente, por três momentos distintos: 1. A preparação (ou intenção), momento em que a tarefa é assimilada intelectualmente, e se ativa o grau de energia física necessária, condensando-a; 2. A efetiva realização (todo um ciclo de reflexos volitivos, miméticos e vocais) da ação física e; 3. A reação, momento de atenuação dos reflexos, que, uma vez realizados, se arrefecem e já esperam o próximo estímulo, funcionando como transição para a próxima ação[16]. Essa segmentação analítica do movimento, assume Meierhold, deriva da observação do movimento corporal do operariado, em situação produtiva; o que, por sua vez, é também reflexo da corrente de "taylorização" da atuação teatral que ecoava, via movimento do Outubro Teatral, nos princípios ideológicos das vanguardas construtivistas – a imagem do ator-operário, do palco-oficina de fábrica, como um fenômeno social, não individual[17]. O estudo do movimento dos operários em situação de trabalho, aliás, também foi fonte para Laban elaborar seu sistema de análise. Embora em nenhum momento dos textos a que tive acesso haja menção a algum tipo de contato travado entre Meierhold e Laban, que foram

---

15 Op. cit.
16 V.E. Meierhold, *Textos Teóricos*.
17 Cf. B. Picon-Vallin, Meierhold e a Cena Contemporânea, op. cit.; J.A. Hormigón, em V.E. Meierhold, *Textos Teóricos*; E. Barba; N. Savarese, op. cit.

DE PARTITURAS E PAUSAS 213

contemporâneos, é bastante óbvia a similaridade entre as três fases da ação, definidas pelo primeiro, e a noção de "fraseado" de movimento sugerida pelo segundo. Já que as coincidências parecem ser tão evidentes, é o caso de nos perguntarmos se os dois efetivamente se conheceram – e, se isso aconteceu, por que razão não é citado em suas biografias – ou se o "ambiente" intelectual que perpassava a Europa e chegava até a Rússia é que foi responsável por essas similaridades.

O momento mais crucial no exercício biomecânico é o da preparação: com um *dactyle*[18] (no caso uma batida das mãos, acompanhada por um rápido movimento do corpo que ascende e descende, como que "tomando impulso"), o ator condensa sua energia, prepara-se para a realização da ação e avisa o parceiro de sua intenção. Semelhante ao *hop* das artes circenses, ou mesmo ao levantar da batuta do regente de orquestra, trata-se da chamada à concentração à equipe para um único, preciso e necessariamente infalível momento de união na execução de uma iniciativa.

Outro tipo de preparação dinâmica e energética acontece, na biomecânica, sob a forma de um movimento de recusa – de negação – da ação principal, que se realizará em seguida. O princípio é simples: assim como uma mola, que saltará mais longe e com mais força quanto mais for comprimida antes, o ator que direcionar sua atenção, seu movimento e sua vontade em uma direção contrária à da realização efetuará o gesto com mais vigor, precisão e controle. É o princípio do *otkaz*, termo também originado da música[19]. Nos exercícios, traduz-se como um gesto na direção contrária, por exemplo: o braço que retesa o arco antes de dispará-lo, no "tiro ao alvo"; os joelhos que dobram antes do salto; o pé que apoia atrás antes de começar a correr. O encadeamento dessas "recusas" em ações sucessivas acaba criando um sistema de "freamento" não só energético, mas essencialmente rítmico – pensemos o quão é não natural um movimento ser desenvolvido a partir de uma sucessão de

18 O "dáctilo", como foi visto, é um termo musical de origem grega, e designa uma métrica poética, em que a uma unidade longa de tempo seguem-se duas unidades curtas.

19 Na linguagem musical é a alteração de uma nota que provoca uma ruptura na evolução da melodia, fazendo-a retornar a seu tom natural; cf. A. Dias, *A Musicalidade do Ator em Cena*.

214   RITMO E DINÂMICA NO ESPETÁCULO TEATRAL

rupturas, de recuos, de preparações para o impulso. Isso cria no sentido cinestésico do espectador – aquele sentido que nos faz "acompanhar" muscularmente um movimento observado – uma "dança de microrritmos", segundo Barba e Savarese[20].

O Sats

A ponte entre os encenadores é clara e quase óbvia: no livro *A Arte Secreta do Ator*, Barba e Savarese elaboram estreita associação entre os conceitos de ritmo e energia, entendendo o primeiro como a capacidade de dilatar ou retesar a segunda; esta última seria, por sua vez, o grau potencial de realização da ação física em situação de representação.

> O ator ou dançarino é quem sabe *como esculpir o tempo*. Concretamente: ele *esculpe o tempo em ritmo*, dilatando ou contraindo suas ações. [...] Durante a representação, o ator ou dançarino sensorializa o fluxo de tempo que na vida cotidiana é experimentado subjetivamente (e medido por relógios e calendários). [...] Ao esculpir o tempo, o ritmo torna-se tempo-em-vida.[21]

Nesse pequeno trecho estão embutidos vários núcleos ideológicos do pensamento dos autores, à frente da pesquisa sobre a Antropologia Teatral. A começar pelo conceito de *tempo-em-vida*, que supõe uma vida (*bios*) cênica, só existente em situação espetacular, diferente, portanto, seja na concisão, seja na dilatação, do tempo da vida cotidiana. O tempo-em-vida, um tempo extracotidiano, é um tempo cênico, esculpido diligentemente pelo ator-bailarino. O ato de esculpir o tempo não molda apenas o tempo que transcorre ali, naquele instante-já diante do espectador; ele também articula caminhos futuros, cria expectativas para o instante-que-virá.

Os autores fundamentam seu olhar sobre os princípios pré-expressivos da atuação justamente na capacidade do espectador de não apenas acompanhar e até antecipar, em nível fisiológico e muscular, os movimentos do ator, mas também

20   Op. cit., p. 212.
21   Ibidem, p. 211.

DE PARTITURAS E PAUSAS   215

pela possibilidade de ser modificado interiormente, inclusive
em nível psíquico, pela cena. Afinal, a cinestesia (propriedade
de percepção que nossos corpos têm do movimento, peso e
posição dos ossos e músculos) tem dupla função: além de
"informar" continuamente o cérebro de nosso atual estado corporal, ela também nos auxilia a perceber a qualidade de tensão
em outra pessoa. O nível cinestésico de interação entre a plateia
e os atores diz respeito à comunicação entre os corpos desse
estado de tensão, em nível pré-consciente; e, também, à resposta fisiológica do espectador a uma impressão causada pelo
ator-bailarino em cena. A dança conhece muito bem e opera
todo o tempo com esse impacto da cinestesia, pois sabe que o
espectador "dança" com o bailarino. Barba e Savarese susten-
tam, como Jaques-Dalcroze já o fizera, que essa propriedade é
fruto de um sentido muscular que regula as nuanças de ritmo,
velocidade e força dos movimentos corporais organicamente
integrados às emoções inspiradoras desses movimentos. Assim,
cabe ao ator-dançarino a responsabilidade por conduzir e provocar estados de ânimo, tensão ou relaxamento no espectador,
que cinestesicamente "pulsa" com ele, não só em termos mus-
culares, mas também, e principalmente, em termos emocionais.
Essa condução se dá através de sua arte de modelar o tempo e
o espaço: tomar um fluxo contínuo e inserir nele períodos de
duração que se repetem, variam, se repetem...

Para eles, falar de ritmo equivale a falar de silêncios e pausas. Elas formam a rede de sustentação sobre a qual o ritmo se
desenvolve. "O ator torna-se 'ritmo' não apenas por meio de
movimento, mas por meio de uma alternância de movimentos
e repousos, por meio de harmonizações de impulsos do corpo,
retenções e apoios, no tempo e no espaço."[22]

Com os atores de seu grupo, o Odin Teatret, na Dinamarca,
Barba praticou durante anos o treinamento de "absorção da
ação", chamado por eles de *sats*[23]. A julgar pelo que pude observar em algumas demonstrações públicas dos processos criativos dos integrantes do Odin, ocorridas no Rio de Janeiro, à
época em que eu era estudante de teatro e atriz iniciante, o *sats*
teria como fundamento o mesmo princípio de "preparação da

22   Ibidem, p. 212.
23   *A Canoa de Papel.*

ação", o instante em que a ação física é modelada, de forma tangível, externa, visível e audível, para sua próxima execução. Não necessariamente um movimento de recusa (mas podendo também cumprir essa função de negação, ou de mudança de rumo), o *sats* é sempre um momento de passagem, a passagem de uma "temperatura" a outra. É a essas diferenças de temperatura que se dá o nome de energia.

> Constatamos, então, que o que chamamos de "energia" são, na realidade, *saltos de energia*. [...] Estes saltos são variações em uma série de detalhes que, montados sabiamente em sequência, serão chamados "ações físicas", "desenho de movimentos", "partitura" ou "*kata*", pelas diversas linguagens de trabalho.[24]

Pausas Psicológicas: O Subtexto

Para Stanislávski, as pausas, frequentemente recheadas por aquela diferença entre tempo-ritmo interno e tempo-ritmo externo, consistiam no momento certo de deixar aflorar o subtexto. O subtexto é entendido como uma corrente subterrânea, uma sequência de pensamentos e desejos que o intérprete constrói para si, paralela ao texto, não para ser dita, mas para embasar sua crença na verdade do que é dito. Essa sequência é alimentada pelas imagens mentais e ritmos internos do intérprete. Sob forma fluida, ininterrupta, ela acompanha o desenvolvimento das ações físicas e das palavras pronunciadas. Na verdade, é essa corrente subliminar que dá suporte à "linha direta de ações" físicas, colorindo-lhe as intenções, acrescentando-lhe significados, comentando o próprio texto, embasando as tomadas de decisão da personagem. É uma operação subjetiva, íntima, do ator, que lhe permite tomar para si, com propriedade, as palavras de outrem e torná-las suas. Como ratifica o diretor:

> Todo o sentido de qualquer criação [...] está no subtexto latente. Sem ele, as palavras não têm nenhuma desculpa para se apresentarem no palco. Quando são faladas, as palavras vêm do autor, o subtexto

24 E. Barba; N. Savarese, op. cit., p. 105.

vem do ator. Se assim não fosse, o público não teria o trabalho de vir ao teatro, ficaria em casa, lendo a peça impressa.[25]

O subtexto, que, na maior parte do tempo, consiste nessa espécie de corrente subterrânea, por vezes, aflora à superfície na forma de signos múltiplos: olhares, gestos, suspensões, comentários, suspiros, pausas. Os tempos de pausa revelaram-se, no trabalho dos atores do TAM sobre os textos de Tchékhov, perfeitos para a revelação daqueles climas alusivos, o "curso subáqueo dos diálogos", segundo Angelo Ripellino[26], que Stanislávski diz ter reconhecido no autor. Em Tchékhov, teoriza Patrice Pavis,

o texto dramático tende a ser um pré-texto de silêncios: as personagens não ousam e não podem ir até o fim de seus pensamentos, ou se comunicam por meias-palavras, ou, ainda, falam para nada dizerem, cuidando para que esse *nada-dizer* seja entendido pelo interlocutor como efetivamente carregado de sentido[27].

Nascia, assim, um estilo de encenação, dirigido à sondagem interior, na qual as famosas pausas – inúmeras, demoradas, densas, prenhes de múltiplos sentidos – eram uma tentativa de transpor em imagens cênicas o *mood*, a atmosfera[28]. Nascia ali também um subtexto de diretor, se é que assim podemos chamar, que orquestrava uma trilha sonora como um texto paralelo ao das palavras: ruídos, sonoplastia detalhista dentro e fora de cena, pausas, réplicas e canções compunham um pano de fundo absolutamente "musical" nas encenações de Stanislávski. Críticos mordazes de sua obra, inclusive Meierhold, consideravam um exagero a montagem da sonoplastia em seus espetáculos: toda uma orquestração de ruídos de bondes, de cavalos e carruagens que partiam e chegavam, de sinos e campainhas anunciando visitas, de danças e cantos ao longe, coaxar de sapos, cricrilar de grilos, chaleiras apitando e tilintar de xícaras, passos dos que se iam e vinham fora do campo de visão dos espectadores, fragor de chuva e vento, portas batendo etc. Recursos dos quais o encenador se valia para delinear uma cena

25 *A Construção da Personagem*, p. 129.
26 *O Truque e a Alma*, p. 29.
27 *Dicionário de Teatro*, p. 359.
28 A.M. Ripellino, op. cit.

naturalista, sem dúvida. Mas também é possível acreditar que essa trilha sonora compunha muito mais do que uma moldura descritiva – ela provavelmente compunha uma moldura musical para as cenas. Tal forma de organização sonora, que poderíamos chamar de descritiva, não é, em princípio, menos cuidadosa e eficaz do que aquela que vai "contra" a cena, em contraponto a ela. Ambas revelam um intenso desvelo, conhecimento e sensibilidade rítmicos, divergindo apenas na opção por ilustrar ou comentar o que é mostrado.

A pausa entra nessa partitura de encenação naturalista como um componente importantíssimo, tão significativo quanto a palavra. Ela entra para preencher o compasso, isto é, para intercalar os tempos de ação e fala, permitindo, nessa (aparente) não ação, que seja dito o que não pode ser verbalizado.

O Vazio Impossível

Toda essa operação de desvelamento das ações internas, do subtexto ou da subpartitura, conceito que amplia o anterior, parece ressoar mais alto onde se faz silêncio. Parece óbvio pensarmos que, quando cala a palavra, o vazio pode aparecer. Nesse vazio, transparecem todos os significados ocultos que jazem sob a força avassaladora e dominante do discurso que é proferido seja em voz alta, seja em movimento, ou através da ação.

Podemos concluir, então, que, se transparecem os significados, não há vazio. O silêncio, sabemos, é também mensagem. Muitos linguistas dedicaram-se ao estudo da pausa no discurso, atribuindo-lhe um número considerável de funções, desde a juntura até o acento, chegando mesmo a considerar que o silêncio é sempre eloquente, isto é, evoca, implicitamente, comunicação, mesmo quando objetiva renegá-la ou rejeitá-la[29]. O discurso artístico apropriou-se, como nenhum outro, dessa prerrogativa, abarcando o silêncio como signo. Susan Sontag explica por que o silêncio é, conceitualmente, impossível na arte: mesmo quando pretende falar do vazio, do vácuo, ou quando pretende apenas criar a sensação de vácuo (que são intenções diferentes), a obra

29 M.C. Bacalarski, *Algumas Funções do Silêncio na Comunicação Humana*, p. 37.

DE PARTITURAS E PAUSAS 219

sempre e ainda produz um discurso[30]. Visto dessa forma, não existe sequer o "espaço vazio", uma vez que o olho humano está observando, sempre há algo a ser visto. Olhar para algo vazio ainda é olhar, ainda é ver algo, mesmo que sejam "os fantasmas de suas próprias expectativas", relata Sontag[31].

São notórios os dramaturgos que trabalham com o silêncio como uma matéria moldável, fazendo dele veículo de valorização dos sentidos ocultos: Tchékhov, Eugene O'Neill, August Strindberg, entre outros. A obra de Samuel Beckett, para tomar apenas o exemplo mais comentado, é uma modelar construção de sentidos baseada no uso das pausas, assim como no uso da simetria da estrutura rítmica, dos tempos circulares. Os silêncios de Beckett, ainda que atendam ao princípio do autor "de que nada há a expressar, nada do que expressar, nenhum desejo de expressar"[32], constituem uma atitude, eloquente e volitiva, como se sentenciassem eles mesmos: "Nada a fazer."[33] Mesmo uma peça como Ato Sem Palavras, que, como o próprio nome indica, não contém falas, não é uma peça "em silêncio". Como não o é O Pupilo Quer Ser Tutor, de Peter Handke. Em ambas, um ruidoso universo de monólogos interiores, diálogos implícitos e subtextos se "faz ouvir", só que através de ações físicas desprovidas de fala – ou ações que amplificam os pequenos barulhos do nada, como o de uma tesourinha cortando unha (Handke) ou alguém mastigando um pão (Beckett).

O estudo da música nos ensina que os tempos vazios de pausa são tão carregados de sentido quanto os tempos preenchidos. O teatro, da mesma forma, nunca se fez em silêncio, mesmo quando não há palavras: no corpo do clown que efetua um número de pantomima sem falas, desde o bufão da Idade Média até Buster Keaton, há um discurso articulado, convencional e codificado – seu corpo, mesmo parado, é linguagem. Na imobilidade mais aparente, no vazio de uma cena vazia, uma respiração pulsa sempre.

Freando o ritmo, imbuído do monólogo interno, instante de preparação da ação, pré-jogo ou discurso eloquente, o

30 A Estética do Silêncio, A Vontade Radical.
31 Ibidem, p. 18.
32 Fim de Partida, p. 10-11.
33 Ibidem, p. 19.

silêncio tem múltiplas funções no teatro. É até fácil percebê-lo como pausa. Mas há, ainda, o silêncio contido na fala, naquele limbo onde jaz o não dito, o interdito, o que não se pode ou não se quer dizer, mas que se deixa revelar por expressões enganosas, duplos sentidos, reticências. Nesse caso, o silêncio vale ouro – não por guardar segredos, mas por revelá-los da maneira mais engenhosa. Cleise Furtado Mendes recorda o diálogo entre Otelo e Iago, na tragédia de Shakespeare, no qual as entrelinhas do discurso de Iago insinuam – e influenciam seu interlocutor – mais do que as próprias palavras[34].

Eis, por fim, os dois equívocos para os quais eu gostaria de chamar atenção: em primeiro lugar, uma cena sem palavra não significa uma cena silenciosa, posto que as mensagens continuam sendo emitidas; e, em segundo lugar, a ausência de palavras, e mesmo de ação externa, não deve ser confundida e muito menos temida como um momento vazio, inexpressivo – porque esse momento só existe na iminência da falta de coerência na cena. Esse equívoco acaba criando por vezes uma necessidade, reconhecível em certas encenações, da hiperoferta da palavra, como se sua falta fosse suscitar apatia no espectador. A pausa é encarada com desconfiança no teatro verborrágico; é indesejada no teatro de comédia – a não ser aquela micropausa que antecede e prepara a piada – e nos espetáculos de caráter mais, digamos, "digestivo". E acaba sendo associada, o mais das vezes, a um momento denso, sério, da narrativa, pertinente àquele teatro "de estados d'alma". Afinal, lembra Susan Sontag, "todos têm a experiência de como as palavras, quando pontuadas por longos silêncios, adquirem maior peso – tornam-se quase palpáveis"[35]. Para completar o quadro, o silêncio é frequentemente empregado, lembra Mary Cecília Bacalarski[36], como um procedimento mágico ou mimético nas relações sociais repressivas (como nos métodos educacionais em que se impõe silêncio às crianças, ou nos votos punitivos de silêncio em instituições de todo o tipo), como expressão de luto em diversas culturas e como sinal de respeito e reverência em tantas outras. Como dissociá-lo desse sentido "ascético", "solene", na cena?

34 *Estratégias do Drama*, p. 33-34.
35 Apud C.F. Mendes, op. cit., p. 27.
36 Op. cit.

DE PARTITURAS E PAUSAS 221

Silêncio decifrável (o que revela os aspectos psicológicos da fala recalcada), silêncio metafísico (que revela a impossibilidade congênita de se comunicar), silêncio de suspensão (o instante da pausa, da preparação do discurso ou ação); o silêncio permanece matéria de difícil análise e apreensão, sujeito a perigos em sua utilização. Por implicar um significado que não pode ou não deseja ser explicitamente revelado, o silêncio em cena pode tornar-se um "mistério insondável – e, portanto, dificilmente comunicável – ou um procedimento vistoso demais, e, portanto, rapidamente cansativo"[37]. O que é forçoso reconhecer é que o silêncio faz parte da linguagem, e na linguagem da cena ele tem peso ainda maior, porque se constitui em pausa, em instante de suspensão, em tempo cheio do compasso. Reconhecer isso é o mesmo que reconhecer que, como na literatura, o silêncio não remete a um tempo vazio, mas ao momento de ocorrência do indizível, do que não pode ser dito, sob pena de fazer ruir todo o discurso.

(*Última Breve Digressão*)

Há uma manifestação do imponderável em todo momento de silêncio; mas a manifestação é avassaladora no momento de pausa.

E existe diferença entre um e outro? Penso que sim.

Imaginemos a seguinte situação, em uma peça que começasse com a indicação: "(*Silêncio*)".

Nesse momento, tudo seria suspense, expectativa, preparação. Tudo ainda é porvir, está por acontecer – mas efetivamente nada ainda aconteceu. O silêncio pode se revelar apenas um tempo para acostumar o olhar do espectador; pode ser a incômoda dilatação de um nada a fazer; pode resultar em efeito cômico ou angustiante.

No entanto, o quanto não seria realmente instigante, potencialmente criativa para o encenador, recheada de subterfúgios e circunstâncias prévias, à espera de elucidação, uma peça que iniciasse com a indicação: "(*Pausa*)"?

37 P. Pavis, *Dicionário de Teatro*, p. 360.

Referências

Sobre Música

ANDRADE, Mário de. *Introdução à Estética Musical.* Introdução e notas de Flavia Camargo Toni. São Paulo: Hucitec, 1995. (Col. Marioandradiando, 4)

BENNETT, Roy. *Elementos Básicos da Música.* Tradução de Maria Teresa de Resende Costa. Rio de Janeiro: Jorge Zahar, 1990. (Cadernos de Música da Universidade de Cambridge)

KIEFER, Bruno. *Elementos da Linguagem Musical.* 2. ed. Porto Alegre: Movimento/INL/MEC, 1973.

MAGNANI, Sérgio. *Expressão e Comunicação na Linguagem da Música.* 2. ed. Belo Horizonte: Editora da UFMG, 1996.

MED, Bohumil. *Teoria da Música.* 4. ed. revista e ampliada. Brasília: Musimed, 1996.

PIROTTA, Nilthe Miriam. *O Melos Dramático: Pequena Introdução ao Estudo das Relações Drama-Música no Teatro.* Dissertação de Mestrado, Escola de Comunicações Artes, São Paulo, USP, 1992.

SACKS, Oliver. *Alucinações Musicais: Relatos Sobre a Música e o Cérebro.* Tradução de Laura Teixeira Motta. São Paulo: Companhia das Letras, 2007.

SADIE, Stanley (ed.). *Dicionário Grove de Música.* Tradução de Eduardo Francisco Alves. Rio de Janeiro: Jorge Zahar, 1994. Edição concisa.

SADIE, Stanley; GROVE, George (eds.). *The New Grove Dictionary of Music and Musicians.* London: Macmillan, 1980.

SCHAFER, Raymond Murray. *O Ouvido Pensante.* São Paulo: Editora da Unesp, 1992.

SEASHORE, Carl Emil. *Psychology of Music.* New York: Dover, 1967.

WILLEMS, Edgar. *El Ritmo Musical: Estudio Psicológico.* 3. ed. Buenos Aires: Eudeba, 1993.

224 RITMO E DINÂMICA NO ESPETÁCULO TEATRAL

WISNIK, José Miguel. *O Som e o Sentido: Uma Outra História das Músicas*. 2. ed. São Paulo: Companhia das Letras, 1989.

Textos Dramáticos

BRECHT, Bertolt. *Teatro Completo*. 2. ed. Rio de Janeiro: Paz e Terra, 1991. 12 v.
_____. *Teatro Dialético*. Seleção e introdução de Luiz Carlos Maciel. Rio de Janeiro: Civilização Brasileira, 1967.
ÉSQUILO. *Oréstia: Agamêmnon, Coéforas, Eumênides*. 2. ed. revista. Tradução e apresentação de Mario da Gama Kury. Rio de Janeiro: Jorge Zahar, 1996. (Col. Tragédia Grega)
HANDKE, Peter. Grito de Socorro. *Teatro*. Tradução de Anabela Drago Miguens Mendes. Lisboa: Plátano, 1975. (Col. Teatro Vivo)
KOLTÈS, Bernard-Marie. *Dans la solitude des champs de coton*. Paris: Minuit, 1986.
RODRIGUES, Nelson. *Teatro Completo*. Organização e introdução de Sábato Magaldi. Rio de Janeiro: Nova Fronteira, 1990. 4 v.
SHAKESPEARE, William. *The Complete Works*. Introduction and glossary by Peter Alexander. London/Glasgow: Collins, 1960.
TCHÉKHOV, Anton Pavlovitch. *O Cerejal*. Tradução de Bárbara Heliodora. São Paulo: Edusp, 2000. (Col. Em Cena)

Sobre Artes do Espetáculo e Artes do Corpo

ABIRACHED, Robert. *La Crisis del Personaje en el Teatro Moderno*. Traducción de Borja Ortiz de Gondra. Madrid: Asociación de Directores de Escena de España, [s.d.].
ALBUQUERQUE, Marcos Barbosa de. *Reflexo das Sombras: Mímesis e Jogo em uma Tradução de "A Tragédia de Ricardo Terceiro", de William Shakespeare*. Tese de doutorado, Programa de Pós-Graduação em Artes Cênicas. Salvador, UFBA, 2008.
ANDRADE, Fábio de Souza. Matando o Tempo: O Impasse e a Espera. In: BECKETT, Samuel. *Fim de Partida*. Tradução e apresentação de Fábio de Souza Andrade. São Paulo: Cosac Naify, 2002.
ARISTÓTELES. *Arte Retórica e Arte Poética*. Tradução de Antônio Pinto de Carvalho. São Paulo: Ediouro, [s.d.].
ASLAN, Odette. *O Ator no Século XX: Evolução da Técnica/Problema da Ética*. 1. ed., 4. reimpr. Tradução de Rachel Araújo de Baptista Fuser, Fausto Fuser e J. Guinsburg. São Paulo: Perspectiva, 2010. (Col. Estudos, 119)
BABLET, Denis. Appia y el Espacio Teatral: De la Rebelión a la Utopía. In: *Adolphe Appia (1862-1928): Actor – Espacio – Luz*. Catálogo. Zurich: Fundación Suiza de Cultura Pro Helvetia, 1984.
BARBA, Eugenio. *A Canoa de Papel: Tratado de Antropologia Teatral*. São Paulo: Hucitec, 1994.
_____. *Além das Ilhas Flutuantes*. Tradução de Luís Otávio Burnier. São Paulo/ Campinas: Hucitec/Editora da Unicamp, 1991.
BARBA, Eugenio; SAVARESE, Nicola. *A Arte Secreta do Ator: Dicionário de Antropologia Teatral*. São Paulo/Campinas: Hucitec/Unicamp, 1995.
BENJAMIN, Walter. O Que É Teatro Épico? *Magia e Técnica, Arte e Política: Ensaios Sobre Literatura e História da Cultura. Obras Escolhidas*, v. 1. 3. ed. Tradução de Sérgio Paulo Rouanet. São Paulo: Brasiliense, 1987.

REFERÊNCIAS 225

BOLESLAVSKI, Richard. *A Arte do Ator*. Tradução de J. Guinsburg. 1. ed., 4. reimpr. São Paulo: Perspectiva, 2012. (Col. Debates, 246)

BONFITTO, Matteo. *O Ator Compositor: As Ações Físicas Como Eixo: De Stanislávski a Barba*. 3. ed. São Paulo: Perspectiva, 2013. (Col. Estudos, 177)

BRECHT, Bertolt. *Estudos Sobre Teatro*. Rio de Janeiro: Nova Fronteira, 2005.

BURNIER, Luís Otávio. *A Arte de Ator: Da Técnica à Representação*. Campinas: Editora da Unicamp, 2001.

CARLSON, Marvin. *Teorias do Teatro: Estudo Histórico-Crítico, dos Gregos à Atualidade*. Tradução de Gilson César Cardoso de Souza. São Paulo: Editora da Unesp, 1997. (Col. Prismas)

CAVALIERI, Arlete. *O Inspetor Geral de Gógol / Meierhold*. São Paulo: Perspectiva, 1996. (Col Estudos, 151)

CONRADO, Aldomar (org.). *O Teatro de Meierhold*. Tradução e apresentação de Aldomar Conrado. Rio de Janeiro: Civilização Brasileira, 1969.

DIAS, Ana. *A Musicalidade do Ator em Ação: A Experiência do Tempo-Ritmo*. Dissertação de mestrado, Centro de Letras e Artes, Rio de Janeiro, UNIRIO, 2000.

_____. Meierhold e a Revolução no Teatro Ou Quando a Revolução Política Exclui a Revolução Artística. *ArtCultura*, Uberlândia, n. 1, v. I, jan.-dez. 1999.

EISENSTEIN, Sergei. *Reflexões de um Cineasta*. Tradução de Gustavo A. Dória. Rio de Janeiro: Zahar, 1969.

FERNANDES, Silvia. Notas Sobre Dramaturgia Contemporânea. *O Percevejo – Revista de Teatro, Crítica e Estética*, Rio de Janeiro, ano 8, n. 9, 2000.

FREITAS, Jeane Doucas. *O Que o Ator Revela em Sua Ação? Das Ações Físicas de Stanislávski e Grotowski a Duas Experiências Brasileiras*. Dissertação de mestrado, Centro de Letras e Artes, Rio de Janeiro, UNIRIO, 2004.

GARAUDY, Roger. *Dançar a Vida*. Rio de Janeiro: Nova Fronteira, 1980.

KUSNET, Eugênio. *Ator e Método*. 6. ed. São Paulo/Rio de Janeiro: Hucitec/Funarte, 2003.

LOPES, Ângela Leite. O Tempo É Espaço. In: RILKE, Rainer Maria. *A Princesa Branca: Cena à Beira-Mar*. 2. ed. Tradução e prefácio de Ângela Leite Lopes. Rio de Janeiro: 7Letras, 2005. (Col. No Bolso)

_____. O Trágico no Teatro de Nelson Rodrigues. *Folhetim*, Rio de Janeiro, n. 12, jan.-mar. 2002.

_____. "Nelson Rodrigues e a Teia das Traduções". *Folhetim*, Rio de Janeiro, v. 7, 2000.

_____. Nelson Rodrigues e o Fato do Palco. In: SOARES, Lúcia Maria McDowell; LOPES, Ângela Leite; KÜHNER, Gilberto de Oliveira. *Monografias 1980*. Rio de Janeiro: MEC/INACEN, 1983.

MALETTA, Ernani de Castro. *A Formação do Ator Para uma Atuação Polifônica: Princípios e Práticas*. Tese de doutorado, Faculdade de Educação. Belo Horizonte, UFMG, 2005.

MARQUES, Fernando. A Palavra no Palco: Por Que Usar o Verso em Cena? *Folhetim*, Rio de Janeiro, n. 16, jan.-abr. 2003.

MENDES, Cleise Furtado. *As Estratégias do Drama*. Salvador: Editora da UFBA, 1995.

MEYERHOLD, Vsevolod Emilevich. *Meyerhold: Textos Teóricos*. Seleção, estudos, notas e bibliografia de Juan Antonio Hormigón. 2. ed. Madrid: Asociación de Directores de Escena de España, 1992.

NIETZSCHE, Friedrich Wilhelm. *A Origem da Tragédia*. São Paulo: Moraes, [s.d.].

226   RITMO E DINÂMICA NO ESPETÁCULO TEATRAL

OLIVEIRA, Jacyan Castilho. *Arte do Movimento: Uma Proposta de Abordagem do Texto Dramático Através da Análise Laban de Movimento*. Dissertação de mestrado, Rio de Janeiro, CLA-UNIRIO, 2000.

OLIVEIRA, Vanessa Teixeira. A *Montagem de Atrações* na Teoria do Espetáculo de Serguei M. Eisenstein. IV Congresso de Pesquisa e Pós-Graduação em Artes Cênicas, Rio de Janeiro, 2006. *Memória Abrace X: Anais do IV Congresso...* Rio de Janeiro: 7Letras, 2006.

PASTA JR., José Antonio. Bertolt Brecht: A Beleza Materialista. *Folha de S. Paulo*, São Paulo, 8 fev. 1998. Caderno Mais.

PAVIS, Patrice. A *Análise dos Espetáculos*. São Paulo: Perspectiva, 2003.

_____. *Dicionário de Teatro*. São Paulo: Perspectiva, 1999.

PICON-VALLIN, Béatrice. Meierhold e a Cena Contemporânea. In: SAADI, Fátima (org.). *A Arte do Teatro: Entre Tradição e Vanguarda*. Tradução de Claudia Fares, Denise Vaudois e Fátima Saadi. Rio de Janeiro: Teatro do Pequeno Gesto/Letra e Imagem, 2006. (Col. Folhetim/Ensaios)

_____. Meierhold. Paris: CNRS, 1990. (Les voies de la création théâtrale, v. 17).

_____. La Musique dans le jeu de l'acteur meierholdien. *Le Jeu de l'acteur chez Meierhold et Vakhtangov*. Paris: Laboratoires d'études théâtrales de l'Université de Haute Bretagne, 1989. Études & Documents, T. III. Tradução de Roberto Mallet. Disponível em: < http://www.oficinadeteatro.com>. Acesso em: 15 ago. 2004.

RIPELLINO, Angelo Maria. O *Truque e a Alma*. São Paulo: Perspectiva, 1996. (Col. Estudos)

RODENBURG, Patsy. *Speaking Shakespeare*. New York: Palgrave Macmillan, 2002.

RODRIGUES, Stella. *Nelson Rodrigues: Meu Irmão*. Rio de Janeiro: José Olympio, 1986.

ROSENFELD, Anatol. *Prismas do Teatro*. 1. ed, 2. reimpr. São Paulo: Perspectiva, 2008. (Col. Debates, 256)

_____. O *Teatro Épico*. 6. ed., 2. reimpr. São Paulo: Perspectiva, 2011. (Col. Debates, 193)

_____. *Teatro Moderno*. 2. ed., 3. reimpr. São Paulo: Perspectiva, 2008. (Col. Debates, 153)

RYNGAERT, Jean-Pierre. *Introdução à Análise do Teatro*. Tradução de Paulo Neves. São Paulo: Martins Fontes, 1996.

STANISLÁVSKI, Constantin. *Minha Vida na Arte*. Tradução de Paulo Bezerra. Rio de Janeiro: Civilização Brasileira, 1989.

_____. A *Construção da Personagem*. Rio de Janeiro: Civilização Brasileira, 1982.

_____. A *Criação de um Papel*. Rio de Janeiro: Civilização Brasileira, 1972. (Col. Teatro Hoje, Série Teoria e História)

SZONDI, Peter. *Teoria do Drama Moderno (1880-1950)*. Tradução de Luiz Sérgio Rêpa. São Paulo: Cosac Naify, 2001.

TCHÉKHOV, Mikhail. *Para o Ator*. Tradução de Álvaro Cabral. São Paulo: Martins Fontes, 1986. (Opus 86)

THAIS, Maria. *Na Cena do Dr. Dapertutto: Poética e Pedagogia em V.E. Meierhold, 1911 a 1916*. São Paulo: Fapesp/Perspectiva, 2009.

_____. *Meierhold: O Encenador Pedagogo*. Tese de doutorado, Escola de Comunicações e Artes, São Paulo: USP, 2002.

TOPORKOV, Vasily Osipovich. *Stanislávski in Rehearsal: The Final Years*. Translated by Christine Edwards. New York: Theatre Arts Books, 1979.

REFERÊNCIAS 227

TRAGTENBERG, Livio. *Música de Cena: Dramaturgia Sonora*. 1. ed., 1. reimpr. São Paulo: Perspectiva/Fapesp, 2008. (Col. Signos Música, 6)

UBERSFELD, Anne. *Para Ler o Teatro*. 1. ed., 1. reimpr. Tradução de José Simões Almeida Júnior, Edvanda Bonavina da Rosa, Lídia Fachin e Maria Celeste Consolin Dezotti. São Paulo: Perspectiva, 2010. (Col. Estudos, 217)

_____. *Reading Theatre III: Theatrical Dialogue*. Ottawa/Toronto/Montreal: Legas, 2002.

VERNANT, Jean-Pierre; VIDAL-NAQUET, Pierre. *Mito e Tragédia na Grécia Antiga*. Tradução de Anna Lia A. Prado et al. São Paulo: Duas Cidades, 1977.

De e Sobre Rudolf Laban

BARTENIEFF, Irmgard. *Body Movement: Coping with the Environment*. 7. printing. Langhorne: Gordon and Breach, 1993.

FERNANDES, Ciane. *O Corpo em Movimento: O Sistema Laban/Bartenieff na Formação e Pesquisa em Artes Cênicas*. São Paulo: Annablume, 2002.

LABAN, Rudolf. *Domínio do Movimento*. Organizado por Lisa Ullmann. São Paulo: Summus, 1978.

_____. *Modern Educational Dance*. London: MacDonald and Evans, 1975.

LABAN, Rudolf; LAWRENCE, F.C. *Effort: Economy in Body Movement*. 2. ed. Boston: Plays, 1974.

MOMMENSOHN, Maria; PETRELLA, Paulo (orgs.). *Reflexões Sobre Laban: O Mestre do Movimento*. São Paulo: Summus, 2006.

RENGEL, Lenira. *Dicionário Laban*. São Paulo: Annablume, 2003.

Sobre Estética, Teoria Literária e Linguística

BACALARSKI, Mary Cecília. *Algumas Funções do Silêncio na Comunicação Humana*. Dissertação de mestrado, Faculdade de Filosofia, Letras e Ciências Humanas. São Paulo, USP, 1991.

BAKHTIN, Mikhail Mikhailovich. *Questões de Literatura e de Estética: A Teoria do Romance*. São Paulo: Annablume/Hucitec, 2002.

BERGSON, Henri. *O Riso: Ensaio Sobre a Significação do Cômico*. Tradução de Nathanael C. Caixeiro. Rio de Janeiro: Zahar, 1980.

CARONE NETTO, Modesto. *Metáfora e Montagem: Um Estudo Sobre a Poesia de Georg Trakl*. São Paulo: Perspectiva, 1974. (Col. Debates, 102)

HOISEL, Evelina de Carvalho Sá. *A Leitura do Texto Artístico*. Salvador: Editora da UFBA, 1996.

HUIZINGA, Johan. *Homo Ludens: O Jogo Como Elemento da Cultura*. 7. ed. São Paulo: Perspectiva, 2012. (Col. Estudos, 4)

JAKOBSON, Roman. *Linguística e Comunicação*. 4. ed. Tradução de Izidoro Blikstein. São Paulo: Cultrix, 1970.

JAUSS, Hans Robert. *A História da Literatura Como Provocação à Teoria Literária*. 2. ed. São Paulo: Ática, 1994.

KAYSER, Wolfgang. *O Grotesco: Configuração na Pintura e na Literatura*. 1. ed., 2. reimpr. Tradução de J. Guinsburg. São Paulo: Perspectiva, 2009. (Col. Stylus, 6)

OSTROWER, Fayga. *A Sensibilidade do Intelecto: Visões Paralelas de Espaço e Tempo na Arte e na Ciência*. Rio de Janeiro: Campus, 1998.

228 RITMO E DINÂMICA NO ESPETÁCULO TEATRAL

OLIVEIRA, Marinyze Prates de. *Olhares Roubados: Cinema, Literatura e Nacionalidade*. Salvador: Fapesp/Quarteto, 2004.

SONTAG, Susan. A Estética do Silêncio. *A Vontade Radical*. São Paulo: Companhia das Letras, 1987.

STAIGER, Emil. *Conceitos Fundamentais da Poética*. 3. ed. Rio de Janeiro: Tempo Brasileiro, 1997.

TARKOVSKI, Andrei. *Esculpir o Tempo*. 2. ed. Tradução de Jefferson Luiz Camargo. São Paulo: Martins Fontes, 2002.

ZUMTHOR, Paul. *A Letra e a Voz: A "Literatura" Medieval*. Tradução de Amalio Pinheiro e Jerusa Pires Ferreira. São Paulo: Companhia das Letras, 1993.

Dicionários

BRENET, Michel. *Diccionario de la Música: Histórico y Técnico*. 4. ed. Barcelona: Iberia, 1981.

CUNHA, Antonio Geraldo da. *Dicionário Etimológico Nova Fronteira da Língua Portuguesa*. 2. ed. Rio de Janeiro: Nova Fronteira, 1989.

FERREIRA, Aurélio Buarque de Holanda. *Novo Dicionário da Língua Portuguesa*. 2. ed. Rio de Janeiro: Nova Fronteira, 1986.

NOVO *Dicionário das Línguas Inglesa e Portuguesa*. New York: Appleton Century Crofts, 1972.

THE COMPACT *Edition of the Oxford English Dictionary*. 2. ed. Oxford University Press, 1981.

Filme

PALITZSCH, Peter; WEKWERTH, Manfred. *Mutter Courage und ihre Kinder* (Mãe Coragem e Seus Filhos). Alemanha Oriental: Berliner Ensemble / Deutsche Film DEFA, 1961. P&B, 16 mm, 148'.

Originais Consultados

ALBUQUERQUE, Marcos Barbosa de. *O Engenho e a Arte: Breve Itinerário da Tradução em Verso do Verso Dramático de Shakespeare no Brasil*. Inédito.

LE-QUÉAU, Pierre. O Ritmo e os Efeitos da Narrativa. Palestra proferida no GIPE-CIT em 7 de junho de 2000. Tradução de Antonia Ferreira. Original reproduzido. Salvador: PPGAC-UFBA, 2000.

TEATRO NA ESTUDOS

João Caetano
Décio de Almeida Prado (E011)

Mestres do Teatro I
John Gassner (E036)

Mestres do Teatro II
John Gassner (E048)

Artaud e o Teatro
Alain Virmaux (E058)

Improvisação para o Teatro
Viola Spolin (E062)

Jogo, Teatro & Pensamento
Richard Courtney (E076)

Teatro: Leste & Oeste
Leonard C. Pronko (E080)

Uma Atriz: Cacilda Becker
Nanci Fernandes e Maria T. Vargas
(orgs.) (E086)

TBC: Crônica de um Sonho
Alberto Guzik (E090)

Os Processos Criativos de Robert Wilson
Luiz Roberto Galizia (E091)

Nelson Rodrigues: Dramaturgia
e Encenações
Sábato Magaldi (E098)

José de Alencar e o Teatro
João Roberto Faria (E100)

Sobre o Trabalho do Ator
Mauro Meiches e Silvia Fernandes
(E103)

Arthur de Azevedo: A Palavra e o Riso
Antonio Martins (E107)

O Texto no Teatro
Sábato Magaldi (E111)

Teatro da Militância
Silvana Garcia (E113)

Brecht: Um Jogo de Aprendizagem
Ingrid D. Koudela (E117)

O Ator no Século XX
Odette Aslan (E119)

Zeami: Cena e Pensamento Nô
Sakae M. Giroux (E122)

Um Teatro da Mulher
Elza Cunha de Vincenzo (E127)

Concerto Barroco às Óperas do Judeu
Francisco Maciel Silveira (E131)

Os Teatros Bunraku e Kabuki:
Uma Visada Barroca
Darci Kusano (E133)

O Teatro Realista no Brasil: 1855-1865
João Roberto Faria (E136)

Antunes Filho e a Dimensão Utópica
Sebastião Milaré (E140)

O Truque e a Alma
Angelo Maria Ripellino (E145)

A Procura da Lucidez em Artaud
Vera Lúcia Felício (E148)

Memória e Invenção: Gerald Thomas
em Cena
Sílvia Fernandes (E149)

O Inspetor Geral de Gógol/Meyerhold
Arlete Cavaliere (E151)

O Teatro de Heiner Müller
Ruth C. de Oliveira Röhl (E152)

Falando de Shakespeare
Barbara Heliodora (E155)

Moderna Dramaturgia Brasileira
Sábato Magaldi (E159)

Work in Progress na Cena Contemporânea
Renato Cohen (E162)

Stanislávski, Meierhold e Cia
J. Guinsburg (E170)

Apresentação do Teatro Brasileiro Moderno
Décio de Almeida Prado (E172)

Da Cena em Cena
J. Guinsburg (E175)

O Ator Compositor
Matteo Bonfitto (E177)

Ruggero Jacobbi
Berenice Raulino (E182)

Papel do Corpo no Corpo do Ator
Sônia Machado Azevedo (E184)

O Teatro em Progresso
Décio de Almeida Prado (E185)

Édipo em Tebas
Bernard Knox (E186)

Depois do Espetáculo
Sábato Magaldi (E192)

Em Busca da Brasilidade
Claudia Braga (E194)

A Análise dos Espetáculos
Patrice Pavis (E196)

As Máscaras Mutáveis do Buda Dourado
Mark Olsen (E207)

Caos / Dramaturgia
Rubens Rewald (E213)

Para Ler o Teatro
Anne Ubersfeld (E217)

Entre o Mediterrâneo e o Atlântico
Maria Lúcia de S. B. Pupo (E220)

Teatro da Natureza
Marta Metzler (E226)

Margem e Centro
Ana Lúcia Vieira de Andrade (E227)

Ibsen e o Novo Sujeito da Modernidade
Tereza Menezes (E229)

Teatro Sempre
Sábato Magaldi (E232)

O Ator como Xamã
Gilberto Icle (E233)

A Terra de Cinzas e Diamantes
Eugenio Barba (E236)

A Ostra e a Pérola
Adriana Dantas de Mariz (E237)

A Crítca de um Teatro Crítico
Rosangela Patriota (E240)

O Teatro no Cruzamento de Culturas
Patrice Pavis (E247)

Eisenstein Ultrateatral
Vanessa Teixeira de Oliveira (E249)

Teatro em Foco
Sábato Magaldi (E252)

A Arte do Ator entre os Séculos XVI e XVIII
Ana Portich (E254)

A Gargalhada de Ulisses
Cleise Furtado Mendes (E258)

A Cena em Ensaios
Béatrice Picon-Vallin (E260)

O Teatro da Morte
Tadeusz Kantor (E262)

Escritura Política no Texto Teatral
Hans-Thies Lehmann (E263)

Na Cena do Dr. Dapertutto
Maria Thais (E267)

A Cinética do Invisível
Matteo Bonfitto (E268)

Luigi Pirandello: Um Teatro para Marta Abba
Martha Ribeiro (E275)

Teatralidades Contemporâneas
Sílvia Fernandes (E277)

Conversas sobre a Formação do Ator
Jacques Lassalle e Jean-Loup Rivière (E278)

A Encenação Contemporânea
Patrice Pavis (E279)

As Redes dos Oprimidos
Tristan Castro-Pozo (E283)

O Espaço da Tragédia
Gilson Motta (E290)

A Cena Contaminada
José Tonezzi (E291)

A Gênese da Vertigem
Antonio Ararújo (E294)

*A Fragmentação da Personagem
no Texto Teatral*
Maria Lúcia Levy Candeias (E297)

*Alquimistas do Palco: Os Laboratórios Teatrais na
Europa*
Mirella Schino (E299)

*Palavras Praticadas:O Percurso Artístico de Jerzy
Grotowski, 1959-1974*
Tatiana Motta Lima (E300)

*Persona Performática: Alteridade e Experiência na
Obra de Renato Cohen*
Ana Goldenstein Carvalhaes (E301)

Como Parar de Atuar
Harold Guskin (E303)

*Metalinguagem e Teatro:
A Obra de Jorge Andrade*
Catarina Sant Anna (E304)

Função Estética da Luz
Roberto Gill Camargo (E307)

A Poética de Sem Lugar
Gisela Dória (E311)

Entre o Ator e o Performer
Matteo Bonfitto (E316

Ritmo e Dinâmica no Espetáculo Teatral
Jacyan Castilho (E320)

A Voz Articulada Pelo Coração
Meran Vargens (E321)

Este livro foi impresso em São Bernardo do Campo,
nas oficinas da Paym Gráfica e Editora, em dezembro de 2013,
para a Editora Perspectiva.